本书的出版得到国家自然科学基金项目（项目编号：71472082）的资助

经济管理学术文库·管理类

知识团队反思：测量、前因与结果

Reflexivity in Knowledge Team:
Measures, Antecedents, and Consequences

张文勤／著

图书在版编目（CIP）数据

知识团队反思：测量、前因与结果/张文勤著. —北京：经济管理出版社，2017.9
ISBN 978-7-5096-5367-8

Ⅰ.①知… Ⅱ.①张… Ⅲ.①企业管理—组织管理学 Ⅳ.①F272.9

中国版本图书馆 CIP 数据核字（2017）第 231165 号

组稿编辑：杨国强
责任编辑：杨国强　张瑞军
责任印制：黄章平
责任校对：雨　千

出版发行：经济管理出版社
（北京市海淀区北蜂窝 8 号中雅大厦 A 座 11 层　100038）
网　　址：www.E-mp.com.cn
电　　话：（010）51915602
印　　刷：玉田县昊达印刷有限公司
经　　销：新华书店
开　　本：720mm×1000mm/16
印　　张：14.25
字　　数：240 千字
版　　次：2017 年 10 月第 1 版　2017 年 10 月第 1 次印刷
书　　号：ISBN 978-7-5096-5367-8
定　　价：68.00 元

·版权所有　翻印必究·
凡购本社图书，如有印装错误，由本社读者服务部负责调换。
联系地址：北京阜外月坛北小街 2 号
电话：（010）68022974　　邮编：100836

前　言

当代企业越来越依赖于富有创造性的知识型团队,高效团队能够实现稀缺资源共享与跨职能的合作,并通过协同作业来创造性地完成任务。一支团队能否取得成功,不仅取决于团队领导与团队成员的能力和团队可获得的各种资源,更取决于团队成员为完成任务而进行的各种互动。团队反思就是一项重要的团队互动过程,它是团队成员对团队的目标、策略与程序进行公开反思,以使他们适应当前或预期环境变化的过程。从事创新活动的知识团队往往会面临严重的环境不确定性,这要求团队成员能够对团队的工作方式进行公开、持续的集体反思,并制订应变计划,从而能够根据环境变化对团队的目标、策略与程序做出相应的调整。从理论上讲,团队反思是团队关注环境并根据环境变化做出反应的关键所在。

现实中,一些组织已开始借助集体反思的方法管理团队,例如,源于美国军方的事后反省法已经成功应用到一些商业组织,如通用电气、波音公司、可口可乐、IBM和美国石油公司等;我国的一些企业家如任正非、马云等,也要求他们的管理团队能够坚持自我批判,要不断地进行自我否定与自我反省。

虽然当前有些组织鼓励团队成员自我反省和集体反思,但深入考察和分析组织管理领域团队反思的规范性研究,特别是在中国背景下展开的此类研究,还相对缺乏。本书在回顾知识员工行为理论、团队绩效理论、团队过程理论、团队反思理论、团队研究方法等相关研究的基础上,开展了四个方面的研究工作。

研究一:探索知识团队反思的结构维度。通过借鉴国外相关研究结论、团内企业访谈与问卷调查,本研究编制了中国背景下的知识团队反思问卷,并使问卷尽可能测量到团队反思的不同要素与不同水平。从量表结构看,知识团队反思包含三个要素:一是任务反思,主要是对任务完成情况进行反思;二是过程反思,主要是对决策、沟通等团队过程进行反思,与任务反思相比,它是更深层次的反思；三是行动调整，主要用于测量团队根据环境变化对团队目标、决策和计划进行调整的程度。

研究二：知识团队反思的影响因素分析。首先通过理论推导，从不同层次提出了影响知识团队反思的关键变量及其作用关系。这些关键因素包括团队任务特征、团队成员特征、团队领导角色与心理安全气氛。进而通过对正式样本（134支知识团队，含134名团队主管与656名团队成员）的调查，对团队层次样本数据进行回归分析与结构方程模型分析，发现团队学习目标取向、促进型领导与团队心理安全为知识团队反思的三个主要影响因素。

研究三：知识团队反思的团队层次效应。研究发现，团队反思及其不同维度，即任务反思、过程反思与行动调整，对团队效能和团队效率会产生不同程度的影响作用，且在不同的团队任务特征下，任务反思、过程反思与行动调整也会对团队效能与团队效率产生不同程度的影响作用。通过检验知识团队反思的中介效应，发现团队学习取向、促进型领导及心理安全气氛对知识团队效能的影响，主要是通过其对知识团队反思的中介影响而实现的。

研究四：知识团队反思的个体层次效应。知识员工行为是一种复杂的组织行为，会受到不同层次因素的直接影响与交互影响。通过多层次线性模型分析，发现知识团队反思对知识员工的知识获取行为、知识创新行为与知识分享行为均具有显著的正向影响。团队反思除了具有这种主效应外，还对知识员工目标取向与知识员工行为间的关系具有不同程度的调节效应。

本书可能的创新主要体现在以下几点：

（1）知识团队反思结构研究的新发现。本书研究编制了中国背景下的知识团队反思问卷，并使问卷尽可能测量到团队反思的不同要素与不同水平。本书开发的知识团队反思量表并没有将深度反思从其他反思中区分出来。作者认为，深度反思不会像轻度反思与中度反思那样经常发生，特别是在中国背景下，大部分团队都趋于认同自己的文化，而不会经常讨论自身的文化准则与价值观。此外，本书首次将行动调整因素真正纳入到测量团队反思的量表中，使本书开发的团队反思量表具有了"整体性"。总之，本书为研究者从事中国背景下的团队反思研究提供了有价值的测量工具。

（2）团队效能与效率研究的新视角。本书从团队反思的新视角研究知识团队绩效。研究发现，反思对知识团队效能与团队效率的影响存在较大差异。团队反思的三个维度，即任务反思、过程反思与行动调整对知识团队的效能均具有显著的正向影响；但除了行动调整外，任务反思、过程反思对团队效率不会产生显著的正向影响。本书还发现，任务依赖性与任务例行性对团队反思与团队绩效的关系具有不同程度的调节作用。说明在执行不同类型任务的团队中，团队反思对团队绩效存在不同的影响效应。此外，本书还发现，团队反思作为一种团队过程，在一些团队投入因素与团队结果之间起到一定程度的中介作用。

（3）基于多层次的团队研究新思路。本书同时涉及两种团队研究模式：同层模式与跨层模式。本书中的以团队投入因素为前因变量、以团队反思为中介变量、以团队绩效为结果变量的结构模型构建，就是基于同层模式的研究。而本书中用跨层次方式探讨个人层次目标取向与团队层次反思对知识员工行为的交互影响，正是基于跨层模式的研究。本书从方法上为研究者从事知识团队反思研究进行了有价值的尝试。

总之，本书基于多层次研究方法，提出并验证中国背景下知识团队反思的多维度构思，深入分析了知识团队反思对知识团队绩效与知识员工行为的影响机制，开拓了知识团队绩效与知识员工行为研究的新视角。这些理论观点，也为我国企业规范知识员工行为、提升知识团队绩效、适应内外环境变化提供了思路。

本书参考了国内外专家和同行们的先进理论及研究成果，在此郑重地向所有参考文献的作者表示感谢。同时感谢母校上海交通大学在读博期间对我的培养和磨炼；感谢恩师石金涛教授给予我的信任和指导；感谢协助本书问卷调查实施的众多朋友和同学；感谢国家自然科学基金项目（项目编号：71472082）对本书的出版资助。

本书在写作过程中难免有不足之处，敬请各位专家和同行不吝赐教！

目 录

第一章 绪 论 ·· 1

    第一节 研究背景与动机 ·· 1

    第二节 团队研究的多层次方法 ·· 5

    第三节 本书总体结构 ··· 16

第二章 文献综述 ·· 19

    第一节 知识员工行为研究综述 ·· 19

    第二节 知识团队绩效研究综述 ·· 26

    第三节 团队过程研究综述 ··· 40

    第四节 团队反思研究综述 ··· 45

    第五节 以往研究的评述 ··· 54

第三章 总体研究设计 ·· 59

    第一节 研究问题的提出 ··· 59

    第二节 研究目标与框架 ··· 61

    第二节 研究内容与设计 ··· 62

第四章 知识团队反思的结构与测量 ·· 69

    第一节 研究背景 ·· 69

    第二节 知识团队反思的结构分析 ·· 71

    第三节 知识团队反思量表的编制 ·· 73

    第四节 知识团队反思量表的验证 ·· 82

    第五节 本章总结 ·· 92

第五章　知识团队反思的影响因素 ························· 95
第一节　研究目的与初步模型 ······························ 95
第二节　理论推导与研究假设 ······························ 97
第三节　研究方法 ······································· 103
第四节　研究结果 ······································· 109
第五节　本章总结 ······································· 124

第六章　知识团队反思的团队层次效应 ····················· 127
第一节　研究目的与初步模型 ····························· 127
第二节　理论推导与研究假设 ····························· 128
第三节　研究方法 ······································· 133
第四节　研究结果 ······································· 135
第五节　本章总结 ······································· 145

第七章　知识团队反思的个体层次效应 ····················· 151
第一节　研究目的与初步模型 ····························· 151
第二节　理论推导与研究假设 ····························· 153
第三节　研究方法 ······································· 159
第四节　研究结果 ······································· 160
第五节　本章总结 ······································· 179

第八章　研究结论与研究展望 ····························· 183
第一节　主要研究结论 ··································· 184
第二节　主要理论贡献 ··································· 188
第三节　本书实践意义 ··································· 191
第四节　本书局限与研究展望 ····························· 193

附　录　调查问卷 ······································· 195

参考文献 ·· 201

第一章 绪 论

第一节 研究背景与动机

一、现实问题

在全球高度竞争与科技快速发展的知识经济时代,构筑企业持续竞争优势的视角开始转向提高企业的动态适应能力,这已成为管理者思考的重要问题。在复杂多变的竞争环境中,创造知识和应用知识的能力成为支持企业不断发展的动力,知识工作者已经成为这个时代的主角。同时,随着科技的发展,职场中的工作越来越复杂,也使得知识工作者越来越难靠一己之力完成工作,转而必须依赖于知识工作者团队的协助与支持。当前,传统科层制组织已经无法有效适应企业动态变化的外在环境,企业需要运用更具弹性的组织设计方式,以适应新经济体系下的环境需要。团队型组织就是在这样的需求下发展出来的一种高度弹性化的运作模式。已有调查表明,《财富》(Fortune) 杂志在全球一千多的企业当中,有68%左右的企业实行团队工作形态 (Lawler, Mohrman & Ledford, 1995)。

在我国,产品开发和技术创新日益成为企业成功经营的核心(周辉,2012)。卓有成效的产品开发和技术创新又取决于优秀的研发类知识型团队。当前,中国虽然涌现了华为、腾讯等一大批优秀的创新企业,但总体而言,中国企业在研发成效上要落后于欧美发达国家企业。重技术、轻管理是我国企业的通病,一些企业在组建研发团队时考虑更多的是研发员工的技术水平,对更加深层次的核心能力考察不够;一些研发人员重视技术,但对研发过程中的团队管理重视不够(张利华，2012）。中国企业要走出研发困境，提升核心竞争力，根本出路是实施研发管理变革（郭富才，2011）。然而，实践中对产品开发和技术创新活动的管理是我国企业的薄弱环节，提升研发团队的效能也是一项管理难题（柯江林等，2007）。虽然现有研发团队的失败并不完全是管理问题，还可能包括投融资问题，但在人力资源成为第一大生产要素的知识经济时代，如何从管理角度提高团队的绩效，真正构建学习型团队，是值得探讨和迫切需要解决的实践问题。

构建学习型组织与学习型团队的关键在于反思，知识型员工与知识团队的学习都离不开反思活动（Mathieu et al.，2014）。知识员工的个人反思，就是知识员工在获取书本知识和工作技能的基础上，通过不断的反省，感悟个中道理，全面审视自身的优势与不足，客观地评价自我，明确前进的方向，进而反复修正，不断提升，超越自我。人类很多重大的发明和突破，都来自于对以前实验成败的总结和反思，很多企业家的英明决策常来自于对以前错误决策的总结和反思。而知识团队的反思是学习型组织得以改变心智模式、实现系统思考的关键。随着技术的快速发展和企业竞争的加剧，大多数企业的研发团队均面临复杂多变的外部环境。而这种复杂多变的环境要求团队成员能够持续反思团队的工作方式及所面临的外部环境，并根据环境变化及时确定应对措施。

起源于美国军队的"事后评估法"（After Action Review，AAR），即要求军队每次完成任务后必做的一件事就是进行反思和学习，已经被美国众多企业，如通用电气、波音公司、可口可乐、IBM、哈利戴维森和美国石油公司等所效仿和成功运用。国内也有众多企业和企业家们经常会用集体反思的形式，促进个人、团队和组织绩效的提升。对一些成功企业来说，"自我反思"会伴随微进的"行"或大刀阔斧的"动"。比如，华为公司总裁任正非坚持自我批判、慎思笃行，并能用批判的眼光审视过去的成功，同时识别未来十年将面临的挑战，这也是为什么任正非在很多国人眼中是一位颇具影响力的商业领袖的原因。① 阿里巴巴集团董事局主席马云也告诫其管理者："企业管理者需要反思自己，而不是反思别人；不是反思你的员工，而是反思自己的问题。只有先改变自己，你的组织才会改

---

① 大卫·德克莱默，田涛.引领华为：任正非的七大领导力启示 [EB/OL]. http://tech.163.com/15/1104/12/B7J1DCL4000915BE.html，2015.

变。只有改变自己,企业才会改变,然后坚持给自己足够的时间。"① 然而,团队中的反思总是有效吗?虽然有些组织鼓励群体成员自我反省,但是深入考察和分析组织管理领域团队反思的规范性研究,特别是在中国背景下展开的此类研究,还相对缺乏。

二、理论发展

(一) 丰富创新理论与团队绩效理论

创新是决定组织绩效甚至存亡的关键因素 (Damanpour, 1996)。组织创新交互学派认为个人创新同时受到个人层次与情境因素的影响,团队创新则会受到个人创新、团队特性与情境因素的影响,最后组织创新受到团队创新与情境因素的影响 (Woodman et al., 1993)。本书的一个主要目的是以跨层次观点,检验个人层次与团队层次因素对知识员工创新的影响效果。

近 20 年来,团队研究的主要领域逐渐由社会心理学转变到组织心理学,随着团队在组织中的广泛应用,团队研究越发受到组织管理领域研究者的关注。如何提高团队绩效是研究者长期以来一直关注的研究主题,过去研究者从领导、任务与结构等角度研究团队绩效,但这些研究并没有将知识型团队与非知识型团队区分开来,即没有抓住知识型团队最突出的"知识特征"。知识团队的反思与学习对团队的成长至关重要。本书从团队反思的角度剖析团队效能形成过程,为理解团队绩效形成提供新视角,从而丰富现有的团队绩效理论。

(二) 中国背景下团队反思理论的验证与拓展

构建一个有效团队是一项需要投入很多的困难工作,因为大多从事创新活动的团队都面临一个持续变化的内外环境,不确定性(对特定行为的后果与影响缺乏认识)与含糊性(在需要做什么问题上模棱两可、含混不清)始终伴随着从事创新活动的团队。对一个创新团队来讲,要成功应对这种不确定性与含糊性,需要不断审视团队的环境变化并根据这些变化做出快速反应,团队反思 (Team Reflexivity) 正是基于这一论断而提出来的。团队反思是团队能够审视环境并根据环境变化做出反应的一个关键点,它是影响团队创新与团队有效性的一个决定

---

① 正和岛.马云、马化腾等 8 位中国企业家的集体"自我反思"[EB/OL]. http://finance.sina.com.cn/chanjing/gsnews/2016-11-20/doc-ifxxwrwk1527938.shtml, 2016.

性因素（West，1996）。

以往文献中学者们对团队反思的研究主要侧重于考察团队反思对团队绩效的影响效应，但学者们并没有根据反思的不同程度或维度展开研究。此外，团队效能除了包含团队绩效，还包含团队成员态度与行为（Cohen & Bailey，1997），但以往文献中团队反思对团队成员态度与行为的影响研究相对缺乏。需要关注的是，不同程度的团队反思对团队绩效是否会产生不同的影响？对团队成员的态度与行为又会产生怎样的影响呢？此外，除了要进一步认识团队反思对结果变量的影响机理，还要加强对团队反思前因变量的研究。未来研究的一个重要领域是探讨这些前因变量对团队反思及其结果变量的作用机理（Somech，2006），从而为组织如何提升团队反思水平以及团队效能提供理论上的依据。

团队反思对于团队绩效与个人创新行为将有重要影响。本书将在前人研究的基础上开发中国背景下的团队反思量表并进行相应实证研究，进一步分析团队反思的影响因素以及团队反思在个人层次与团队层次上的影响效果，从而为有志于从事相关课题研究的学者提供参考。

三、理论与实践的碰撞

一个好的理论在于为实践问题提供简单而有效的思考框架。针对知识团队运用的普遍性与运作的困难性，团队反思理论的兴起为研究者理解团队绩效形成机制提供了新的视角，这为研究者拓展知识团队绩效理论提供了重要机遇。究其原因，这个前沿理论能很好地与知识团队的特征相结合。正是这种理论与实践碰撞所创造出的机遇与挑战激发了作者的研究动机。当然，团队反思理论仍然在发展与完善之中，这也给本书提出了严峻的挑战。

本书从微观层次上，围绕团队反思中的何种因素引发了团队内的创新行为，以及何种机制有助于提升团队绩效展开研究，对揭示我国背景下提升和阻碍企业创新能力的主要管理行为因素具有重要意义。为管理者提供这方面的理论依据，也是本书的目标之一。

四、多层次方法的应用

从研究方法上讲，检验变量间关系是否会在不同层次上有跨层次（Cross-level）模型构建的效果，是组织研究发展的主要方向（Klein，Dansereau & Hall，

1994)。以往探讨创新议题时，大都是从宏观或微观观点出发，分析角度也大都从单一层次进行（Ostroff & Bowen，2000），即使一些同时考虑群体层次与个体层次变量的实证研究中，研究者也只是进行跨层次的资料收集（Neuman & Wright，1999），而未真正落实到跨层次的分析策略上。

此外，以往研究由于受限于统计技术，跨层次的研究很少出现（Kozlowski & Klein，2000）。直到最近研究者才开始运用跨层次分析模式讨论不同群体因素（如产业因素、组织因素、群体因素）对个体行为的影响，而其中最受研究者关注的分析方法为多层线性模型（Hierarchical Linear Modeling；HLM）。近十年来的组织行为与人力资源管理研究领域，关于创新议题的跨层次研究越来越多。本书将运用跨层次分析思路，从个人与团队两个层次同时进行分析，并采用跨层次分析的方法探讨创新行为与团队绩效的多层影响因素。

总之，借助于对团队反思现象的认识，深入研究知识团队反思的结构测量与影响因素，以及知识团队反思对团队成员行为与对团队整体绩效的作用机制，不但可以丰富对知识员工行为决策规律与团队绩效形成机制的认识，而且可以为组织具体的知识团队管理实践提供更有效的引导。

第二节 团队研究的多层次方法[①]

组织是一个多层次的系统（Kozlowski & Klein，2000），所以组织的活动通常都发生在具有层级特性的嵌套结构（Nested Structure）情境中（Raudenbush & Bryk，2002），例如个人嵌套于工作团体、工作团体嵌套于部门、部门再嵌套于组织、组织则嵌套于社会大环境之中。所以从层级结构的视角看待一项团队活动，可能同时涉及同一层次的不同群体，或不同层次的不同群体。以团队成员创新行为为例，影响员工创新行为的因素，可能不只是员工本身的个人特质或能力，员工所属的团队或组织也有其不能忽视的影响，因为部门团队或组织的各种

---

① Hofmann D. A. Issues in Multilevel Research：Theory Development, Measurement, and Analysis in Rogelberg S. G. (Eds). Handbook of Research Methods in Industrial and Organizational Psychology [M]. Blackwell Publishers, 2002.

特性都有可能（明显的或潜在的）影响员工的知觉、态度及行为。因此，组织和团队研究正在朝着一个可以把宏观层面和微观层面结合起来的新范式迈进，这就是多层面理论（Multilevel Theory）。既然未来理论的走向是多层次的，那应如何发展多层次理论呢？如何分析呢？如何研究呢？这也是本节研究主要讨论的目的。

一、团队研究的构念与层次

（一）构念的层次（Level of Construct）

团队研究中建构多层模型，必然涉及微观（如个体）与宏观（如团队、组织）构念的描述，从而需要进一步界定各层次间的关系（如个体、团体与组织）。所以多层理论模型的建构，必须首先确认不同层次的现象，进而分析不同层次间可能的联系。同一构念在一项研究中通常会涉及不同的层次。个体层次的构念比较单纯，一般不会发现构念层次与测量层次的混淆；而单位层面构念（Unitlevel Constructs）处于个体层次之上，往往比较复杂，很容易在测量中出错。关于构念层次的界定，首先需要澄清构念的原始层面（Level of Origin）与表现层面（Level of Manifestation）两个概念。以团队气氛为例，它是指团队所知觉到的团队现象的构念，其显示层次为团队层次，但团队气氛是源自个体的认知活动，即心理气氛。高层的构念会出现原始层次与显示层次的不同，此时对于高层构念的界定则必须确定衍生过程的特征。

层次之间的基本过程如图 1-1 所示。不同层次构念间的联系可以分为下行（Top-down）与上行（Bottom-up）两种基本过程（Kozlowski & Klein，2000）。

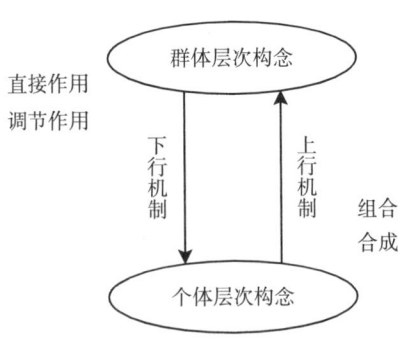

图 1-1 组织层级之间的基本过程

1. 下行过程

组织系统中的任一层次，都被嵌套（Embedded）或包含（Included）于更高层次的情境之中，例如个体是嵌套在团体内，团体则嵌套在组织内，组织嵌套于产业之中，等等。下行过程是描述高层的情境因素对组织系统中较低层行为或现象的影响，其影响方式又可分为直接影响或间接影响。例如，组织服务气候（组织层次）对组织内员工服务动机（个人层次）的影响；间接影响是上层因素调节（Moderate）低层现象中变量间的关系。例如，群体凝聚力（群体层次）将干扰"员工人格特征对员工公民行为的影响"（个人层次命题），因此下行过程一般使用在假设推论上。

2. 上行过程

众多高层次的组织现象一般处于个体层次以上，其理论基础是由个体层次的行为特征（认知、情感、行为），经由社会互动、交换，进而通过高层次的衍生特征（Emergent Properties）表现出来的。因此，上行过程是描述低层特征的个体现象如何衍生成高层特征的集体现象。上行过程的衍生机制，可区分为组合（Composition）与生成（Compilation）两种类型，而实际上，不同组织现象中的上行过程，通常是介于两者之间的混合型。

组合（Composition）的基本假设是同质异构（Isomorphism），是指不同层次现象中的组成成员及成员间关系相同，不同层次的差异是连续性的量的转变。往往研究的关键在于提取不同层次所表现的共同特征，这种跨层次的共同特征称作共享特性（Shared Properties）。例如，组织气氛（上层）即为心理气氛（低层）"组合"后的共同特性构念（James，1982；Kozlowski & Klein，2000）。

生成（Compilation）的基本假设是异质异构（Heteromorphism），是指不同层次的现象在不同的层次有不同的特征，不同层次的差异是一种非连续的质的转变。往往研究的关键在于结合低层次不同的特征以产生上层（功能等同）的特征，这种跨层次的特征称作合成特征（Configural Properties）。例如，团队绩效是个体绩效生成后的合成特征构念，两者功能等同但具有不同的前置因素与影响过程（Kozlowski & Klein，2000），如个体绩效会受知识、技能的影响，而团队绩效则决定于角色互动的协调性以及团队网络的影响。因此，描述上行过程首先必须确认衍生方式是组合还是生成，即是组合的共同特征还是生成的合成特征。

(二) 测量的层次 (Level of Measurement)

测量层次是指衡量构念时资料收集的层次，根据构念原始层次与显示层次相同与否，可分为单层概念与混层构念两种：一是单层构念 (Single Level Construct)，指构念所描述现象显示层次与原始层次在同一层次上，这种构念比较单一，如工作满意度可以对员工进行直接测量；而整体集体构念，如企业规模则可由专家个体 (CEO 或档案) 获得。二是混层构念 (Mixed Level Construct)，指构念现象显示层次与原始层次不同，因此涉及如何对原始层次所收集的资料进行处理，进而上升到上层集体构念。许多组织层次的构念，如组织气氛等构念都是通过个体行为构念来表现组织层次的集体现象，所以这些构念不易分辨的原因不在于定义描述，而在于操作与测量上的效度检验问题。

混层集体构念的测量，必须先辨别其衍生机制：如果是由组合低层成员共同性的共享特征，则需要检验组内变异，常用方法有同意取向或一致取向两种 (Kozlowski & Klein, 2000)。当组内同质性高时，表示以个体层次聚合测量作为该集体构念的共享特征。若是由合成所衍生的生成特征，此种构念的测量将依构念的理论模型而决定如何整合在原始层次所收集的变异特征，再决定采取资料组成的统计技术，常用的资料处理方式有最大值或最小值、神经网络、多向度量尺等方法。

(三) 团队层次构念的特征

在对团队层面构念进行界定与测量之前，首先要区分团队层面构念的类型，因为构念的类型体现了构念的性质，而构念的性质会影响构念的组合方式和测量方法。根据 Kozlowski 和 Klein (2000) 划分单位层面构念的三种特征，将团队层次构念划分为三种类型的特征：整体特征 (Global Unit Properties)、共享特征 (Shared Unit Properties) 和生成特征 (Configural Unit Properties)。

具有整体特征的团队层面构念 (简称整体构念) 与后两种不同，该类构念一般是那些相对客观、容易观察、原始层次与显示层次均源自同一团队层面的构念，比如团队结构、团队规模或劳动力市场的整体特征等构念，该类构念没有低层面的对应物，所以它不依赖于个体的知觉、经验、行为或个体的交互作用而存在，但它会影响到团队内的成员个体。

具有共享特征的团队层面构念 (简称共享构念) 主要是基于"组合"方式的衍生模型，该构念描述团队内成员的共同特征，如团队气氛、团队效能等构念，研究者必须注意对团队内的一致性进行界定和测量，以检测其共享特征，因为该类构念源自团队成员的经验、认知和行为，只有当团队内的个体共享相似知觉时它才存在，并在团队中发挥某种作用。个体可以产生对环境的知觉以形成某种心理气氛，但只有当这些知觉被共享时才会形成某种组织气氛。因此，当研究者探讨共享构念时，需要阐明个体特征的组内一致性或可信性，以及团队成员之间的交互作用过程。

具有生成特征的团队层面构念（简称生成构念）主要是基于"合成"方式的衍生模型，该构念描述团队中个体特征的排列方式或组合模式。尽管生成构念与共享构念同样都源自个体特征，但个体在这两类构念中的地位和作用是不同的，生成构念并不是团队中个体成员之间的相似性结合。共享构念假设团队成员具有某种相似知觉，而生成构念中个体的特征却不是同质的，它体现了个体特征在团队层面上的另一种结合方式：个体特征以间断、复杂而非线形的合成（Compilation）方式结合为团队特征。以团队绩效为例，团队中每个成员都承担不同的角色，从而产生了整个团队的绩效与每个成员绩效不同的概念。有两种类型的生成构念：描述性（Descriptive）构念与潜在（Latent）构念。描述性构念是那些外显的、可观察到的特征（如团队的性别多样性）；而潜在的构念则是指那些假设的、无法观察到的团队特征（如团队的价值观念）。当研究者研究生成构念时，他们需要深入说明的是：不同功能的个体是如何聚合成为团队现象，以及不同个体在团队构念中的地位是什么。

总而言之，整体构念在来源的层面上与共享构念、生成构念有所区别，整体构念来源于团队层面，也在团队层面上得以体现，整体构念是一个层面上的现象。而共享构念和生成构念则来自于低层面，但却在高层面上体现。共享构念和生成构念来自于团队成员的特征、行为或认知，而成员的这些特征的交互作用形成了团队层面的构念。共享构念和生成构念代表了跨层面的团队特征；共享构念在各个层面上的功能和组织都是相似的；生成构念在各个层面上的功能是等价的，但组织上却是不同的。团队构念种类的不同特征提醒研究者必须清楚界定所探讨组织现象所涉及的团队构念的种类，而不同的团队层次构念将有不同的测量模式与分析方法。

（四）团队层次构念的测量

将个体层次的构念延伸或转换到团队层次的构念或变量，可以通过不同的方式进行。根据集体层次构念转换的五种模式，可以将团队层次构念测量的转换模式分为五种：累加模式、共同性模式、参照转换模式、离散度模式和过程模式(Hofmann，2002)。

累加模式（Additive Models）。是对不同水平构念之间的关系进行直截了当的界定，高水平变量的取值是低水平变量数据情况的汇总，无论是构念的界定还是具体操作上都忽略低水平分析单元之间存在的变异情况。一种典型的做法是直接对低水平变量的数据求和或求平均数作为高水平变量的取值。以团队气氛为例，研究者可以将团队内个体气氛知觉的均值或总和作为团队气氛变量的取值，进而确定团队气氛与绩效之间的关系。但是，如果个体之间对于工作环境的认识差异很大，那么团队气氛的构念是否还有实际意义？这一问题实际上被忽略了。

共同性模式（Direct Consensus Models）。考虑到累加模式存在的问题，共同性模式以低水平分析单元之间的共同性部分界定高水平构念。其典型的做法是以内部一致性指标衡量较低水平变量数据之间的共同性，如果该指标能够达到一定的水平，研究者就可以将较低水平上的数据进行汇总作为高水平变量的取值。可以通过计算群体内的一致性系数（rwg）作为能否对个体反应情况进行整体描述的依据。共同性模式相对于累加模式的区别在于增加了一个环节，它没有忽略个体反应的变异情况。在气氛研究中，研究者可以将心理气氛解释为组织内个体对于工作环境的稳定认识，而团队气氛则是指团队内个体气氛知觉一致的部分。

参考转换模式（Referent-shift Consensus Models）。参考转换模式有点类似于共同性模式，在从低水平构念到高水平构念的转换过程中，它也要用到群体内一致性程度这一指标。这两种模式的区别在于：在参考转换模式中，在对群体内一致性进行评估之前要有构念转换，然后以转换后得到的新构念界定群体或组织水平的构念。在气氛研究中，研究者在心理气氛和组织气氛基础上，通过一种简单的转换就可以产生两个新的构念：①心理群体气氛（Psychological Group-climate），即个体对于组织内其他个体气氛知觉的知觉；②心理群体气氛仍然是一个个体水平上的构念，其在群体内的一致性情况也可以用于进行群体水平的分析，这样就有了第二个新的构念——群体心理气氛（Group Psychological Climate）。

离散度模式（Dispersion Models）。不管是在共同性模式还是参考转换模式中，都是以低水平分析单元在某种属性上的群体内一致性为指标，以说明共同性部分的多少。一般来说，研究者都希望能获得比较高的一致性，以便于为将低水平数据汇总至更高的水平的正当性提供佐证。但实际上，如果换一个角度思考的话，群体内存在的变异情况在研究中也可以作为一个新构念的操作定义。例如，可以用一个新构念——气氛强度（Climate Strength）说明群体内的个体气氛知觉反应中存在的变异情况。这样，个体反应的变异情况就可以作为一个变量加以研究。

过程模式（Process Models）。前述的四种模式适于研究个体或更高水平上某个变量的静态属性。但研究者有时感兴趣的可能不是这些静态的知觉或行为表现，而是其中的变化过程。对于过程的研究也可以在组织的不同水平上展开。其做法一般是：首先在较低水平上对某过程的意义与机制加以明确，然后通过类比的方式将其提升到较高水平，并以与较低水平上相类似的情况加以描述。以气氛研究为例，如果研究者要做的是从团队水平上揭示团队创新气氛的形成问题，那么首先要描述个体创新气氛知觉形成的过程。假如研究者认为个体气氛知觉的形成是一个整合的过程：个体关于创新方面的一些认识之间最初是很松散或没有联系在一起的，它们通过一个渐进的过程逐渐联系在一起，最后整合成为一个整体。这种整合的过程可以被应用于说明团队创新气氛的形成。

研究者可以从已有的个体层次构念出发提出新的团队层次构念，并据此考虑新的研究设计、新的测量方法和新的数据分析方法以检验假设，进而修正已有的理论或提出新的理论。

（五）团队层次构念测量模式的确定

为了正确判断和处理所研究的团队层次构念，本书根据 Hofmann（2002）提出的决策框架，建立团队层次构念及转换模式的确定步骤，如图 1-2 所示。

团队层面构念是一个不依赖于个体特征的客观特征吗？如果答案是肯定的并且此构念可直接测量，如团队规模可以像测量个体层次构念那样直接测量该构念；但当答案是肯定却不能直接测量时，那么构成模型就是相加模型，个体反应的平均值或总和就是团队层面构念的最好估计。当答案是否定时，就要进行下一步分析。团队层面的构念是产生于团队成员的共同特征还是产生于个体特征更为复杂的组合？对这个问题的回答可以把共享构念和生成构念区分开。组内一致性系数可以判断是否存在团体成员的共享特征，而共享与否决定了共享构念是否存在。如果存在共享构念，那么测量的参照点是个体还是团队？团队层面的参照点可以用参照点转换模型，个体层面的参照点可以用直接一致模型。如果团队层面构念是个体特征的复杂组合，那么就是生成构念。这又可分为两类：构念的描述性特征是潜在的功能或组织过程；描述性特征可以用分散构成模型，这时需要以

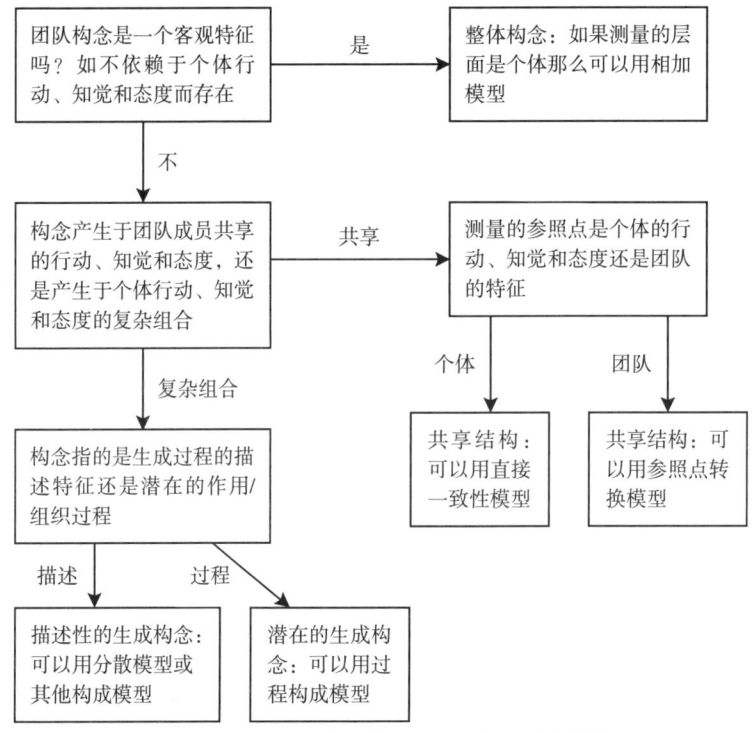

图 1-2 团队层面构念的类型和构成模型的判断框架
资料来源：根据 Hofmann（2002）改编。

组内的变异系数证明高层面构念的存在；如果研究的构念更重要的是其潜在的理论机制，那么研究者应该试着去更加详细完整地描绘生成构念的功能和组织的动态性（如 Walsh 和 Ungson 的组织记忆模型）。根据以上分析，本书中的团队反思是一个团队层次构念，且是一个共享结构。

（六）数据聚合的可靠性指标

团队层次资料一般都是从团队内部成员取得的，当用成员个体作为团队层次变量的资料来源时，研究者需要用一种组成模型把个体层次的资料聚合为团队层次构念。对于共享构念而言，组内一致性系数可以证明共享构念的存在，也就是证明把个体资料聚合为团队构念的可靠性（Hofmann，2002）。r_{wg}、ICC（1）、ICC（2）这些指标具有重要的理论意义和验证价值，r_{wg}是用来评价组内一致性的，计算时不会涉及组间差异，因此研究者一般会计算每个群体的r_{wg}值，并报告他们研究样本r_{wg}值的平均数或中位数。而其他指标 ICC（1）、ICC（2）都是对组内差异和组间差异的比较。

关键是研究者在什么情况下应该用哪一个指标？这要根据构念的类型和构成模式选择不同的论证指标。例如对于整体构念（Global Construct）来讲，关键是个体的平均评价是否可信，即是否真实地反映了所研究构面的层面。而平均数的可信性不仅取决于评价的一致性，也取决于评价的人数，因此ICC(2)平均信度比较合适。只有个体评价的平均数是可信的，才可以用这个平均值对它与其他高层面构念之间的关系进行验证。对于共享构念（Shared Construct）而言，只有个体的评价存在一致性，高层次的共享构念才存在。James等认为，r_{wg}不涉及组间差异，直接对组内一致性进行检验；而Yammarino和Markham（1992）却认为，组间差异也是证明高层次构念有效性的必要条件，组内和组间差异都是需要的；Hofmann（2002）的建议是这几种指标用得越多说服力越大。但还是应该根据理论和资料确定采用哪个指标，因为这两类指标都各有优势和劣势。对生成构念（configural Construct）而言，其中的描述性生成构念（Descriptive Configural Construct）还是采用r_{wg}等证明一致性的指标较好。对于潜在的生成构念（Latent Configural Construct）而言，它主要是为了解决不同层面上构念的功能问题，因此单从统计的角度看，不需要指标论证。数据聚合指标的计算方法及含义如表1-1所示。

表1-1 数据聚合指标的计算方法

指标	公式	含义
r_{wg}	单一项目：$1-(S^2_{xy}/\sigma^2_{eu})$ 多项目时： $J[1-(mS^2_{xy}/\sigma^2_{eu})]/\{J[1-(mS^2_{xy}/\sigma^2_{eu})]+mS^2_{xy}/\sigma^2_{eu}\}$，其中$\sigma^2_{eu}=(A^2-1)/12$	S^2_{xy}指观测方差；σ^2_{eu}指假设分布的期望方差；mS^2_{xy}指各项目观测方差的平均数；J指项目数量；A表示测量等级数量（如果量表为5刻度，则A = 5）
ICC(1)	$MSB-MSW/[MSB+(k-1)MSW]^2$ 或者 $\tau_{00}/(\tau_{00}+\sigma^2)$	MSB、MSW分别指组间和组内均方；k指组的样本数（如组样本大小不同，k是各组的平均样本数）；τ_{00}指组间方差；σ^2指组内方差。第二个公式可用HLM计算
ICC(2)	$(MSB-MSW)/MSB$	MSB、MSW分别指组间和组内均方

资料来源：根据Hofmann（2002）改编。

二、团队研究的多层次分析方法

（一）团队研究中的多层次模型

同层模型（Single-level Models）。同层模型所描述关系中的构念在同一层次，又可分为个体层次与团队层次。个体层次模型描述个体层次构念间的关系,是较为常见和简单的,虽然深入构念间互动关系的探讨也可形成复杂的模型,但这些模型常忽略组织背景的影响,因而在描述构念间关系时预测力并不强。团队层次模型关系命题中的构念均处于团队层次。此类构念关系的建立,需先确认团队构念的种类(整体、共享、生成)。例如可以研究人力资源政策(整体构念)对组织绩效(整体)、组织公民行为(共享)或团队创新能力(生成)的影响。同样,也可研究团队气氛(共享)、团队能力(生成)对团队绩效(整体)的影响。这些研究涉及不同类型的团队构念,将有不同的测量、研究设计及分析方法。

跨层模型(Cross-level Models)。跨层模型所描述的关系命题中,自变量与因变量分属不同层次的构念。跨层次模型一般为下行效应模型,也即高层构念影响低层构念的效应。下行效应的跨层模型可分为以下几种:

一是直接效应(Direct Effects)模型,该模型在于描述群体构念影响个体构念,而按群体构念类型不同也可再细分不同类型。例如一个团队的技术(整体)将会影响该团队内个体的工作绩效;或是团队的规范(共享)将影响个体的团队承诺;或是团队社会资本密度(生成)将影响个体工作满意度。如果表现多因子多效应的可能,则可再细分为复合因子模型(Mixed Determinants Model)与复合效应模型(Mixed Effects Model),前者是指不同层次的决定因子,共同对单一层次的结果造成效应,后者则强调由单一层次的因子对不同层次的结果造成效应。比如,一个组织推动新信息技术将造成该组织形象的改变(组织)、不同群体间沟通协调方式的改变(团体)、员工个体对工作安全感的改变及对组织信赖的改变(个体)三种不同层次的复合效应。

二是间接模型,强调低层构念间的关系受到共同嵌套于高层特征的改变或调适。间接模型包括调节模型(Moderator Model)与蛙池模型(Frog Pond Model)。调节模型较为普遍,例如个人目标取向对个人绩效的影响,将会受到团队气氛的调节作用。蛙池模型强调低层构念的效应方向大小是相对于所位于高层的相对位置,例如学历对研究绩效的影响。当一个博士到一个都是博士的环境,和到一个大部分都是学士的环境,绩效的差异很可能会受到该博士所处的群体特征影响。

(二)传统跨层次分析

对于具有层级嵌套结构数据的分析,过去由于统计技术的限制,研究者常用的做法有两种:第一种做法是只进行较低层次(一般为个体层次)的分析,而将其他较高层次的资料打散分配给较低层次的个人，使个人同时拥有个人层次及较高层次的变量；第二种做法则是以较高层次的群体为分析单位（例如部门或组织），而将较低层次的资料加以合并，形成较高层次的变量，使较高分析层次的部门或组织同时拥有其层次本身及较低层次的变量（Kidwell, Mossholder & Bennett, 1997）。

这两种做法皆有其缺点，第一种做法会导致标准差的偏差估计（Burstein, 1980；Kidwell et al., 1997），因为同一个群体的员工在群体层次的变量上，均有相同的数值，所以研究者将无法考虑同一群体内个体（个人层次）的反应，及其所具有之同构型（Homogeneity）或相互依存的关系。因而使得员工间彼此独立性的假定无法成立，且由于相关提高，高估标准误，亦将造成计算所得的回归系数不易达到显著水平，进而影响研究结果的推论。第二种做法会涉及合计的偏误（Aggregation Bias）问题（Raudenbush & Bryk, 2002），因为研究者将一群体内各个个体的变量合并成群体的变量，并据以估计群体层次的影响时，其合并的过程明显地忽略了变量在个人层次的变异及其效果，所有群体内（Within-group）的相关信息会被舍弃，而造成合计的偏误。

总之，一般研究的进行，先用定义描述现象的构念（Conceptualization），然后发展测量该构念的操作方法，进而建立构念间关系命题，最后推导命题间的因果机制，从而建立解释现象的模型。过去组织行为的研究由于没有重视多层次组织现象的研究，故经常忽略构念的概念层次、测量层次、异层构念间关系命题的模型建立，所以当这些研究涉及不同组织层次的（混层）描述时，往往会引起争议，即定义、测量、命题及模型四个研究步骤所针对的层次缺乏对齐性（Alignment）。

（三）多层线性模型分析

近年来，由于统计技术与计算机应用程序的进步，跨层次分析技术日趋成熟，其中最受研究者注意的为多层线性模式（Hofmann, 2002）。所谓多层线性模式分析（Hierarchical Linear Models, HLM）是在同时考虑不同层次变量的条件下而发展的统计分析方法，其与传统分析法最大不同之处在于对于不同层次变量的处理。例如，传统的分析模式是将第一层与第二层之变量置于单一多元回归公式中分析；而层级线性模式分析则是针对不同层次的变量采取独立分析的做法。层级线性模式为研究者按数据的层次性结构建立多层次模式，在进行统计分析时，可以估计发生在各个层次的效果与各个层次所能解释的变异量（Raudenbush & Bryk, 2002）；更为重要的是，层级线性模式能够为各个群体加入一项独特的随机效果（Random Effect），在估计标准差时，将各群体的随机效果的变异性加以考虑，并能做适当的调整（Raudenbush & Bryk, 2002）。其基本方法是，研究者针对个人层次与群体层次分别建立不同的回归方程式，而在从事第一层次的分析时，针对各变量估计其有关的系数（截距与回归系数），然后在进行更高一层次的分析时，将前述估计所得的系数（截距与回归系数）当成群体回归方程式中的因变量，进而使用群体层次的因素加以解释其变异的情形（Raudenbush & Bryk, 2002）。

需要说明的是，HLM 不能帮助研究者判断变量应该在什么层面上，它的主要目的是计算不同层面上的不同变量之间的关系（以回归系数和斜率来表示）。此外，HLM 的要求比较高，它需要满足以下条件：样本量足够大、回归方程界定清晰、变量的测量信度高。

第三节　本书总体结构

本书所遵循的总体研究思路为：研究背景介绍→以往研究回顾→研究问题的提出→总体研究设计→分阶段、分步骤进行研究→研究结论汇总。

本书的结构安排如下：

第一、第二章：研究背景与文献综述。首先介绍本书的研究背景与动机，然后对研究所涉及的知识员工行为、知识团队绩效及其影响因素理论，团队反思研究现状，多层次研究方法理论作较为全面的梳理与归纳。

第三章：总体研究设计。首先在总结以往研究贡献的同时，对不足之处作出简评，指出本研究的努力方向。进而指出本书的关键研究问题，设计本书的框架结构。

第四章：知识团队反思的结构与测量。本章将根据文献回顾，并借鉴相关研究，分析、验证和完善中国背景下团队反思的维度结构与具体测量工具。

第五章：知识团队反思的影响因素。本章用实证方法分析影响知识团队反思的主要影响因素，并提炼知识团队反思的触发因素。

第六章：知识团队反思的团队层次效应。本章用实证方法分析知识团队反思对团队效能与团队效率的影响效应。

第七章：知识团队反思的个体层次效应。本章用实证方法分析知识团队反思对知识员工行为的影响效应。

第八章：研究结论与研究展望。本章是对全文研究的一个总结，包括主要研究结论、主要理论贡献、管理启示以及研究局限与研究展望。

本书的技术路线如图 1-3 所示。

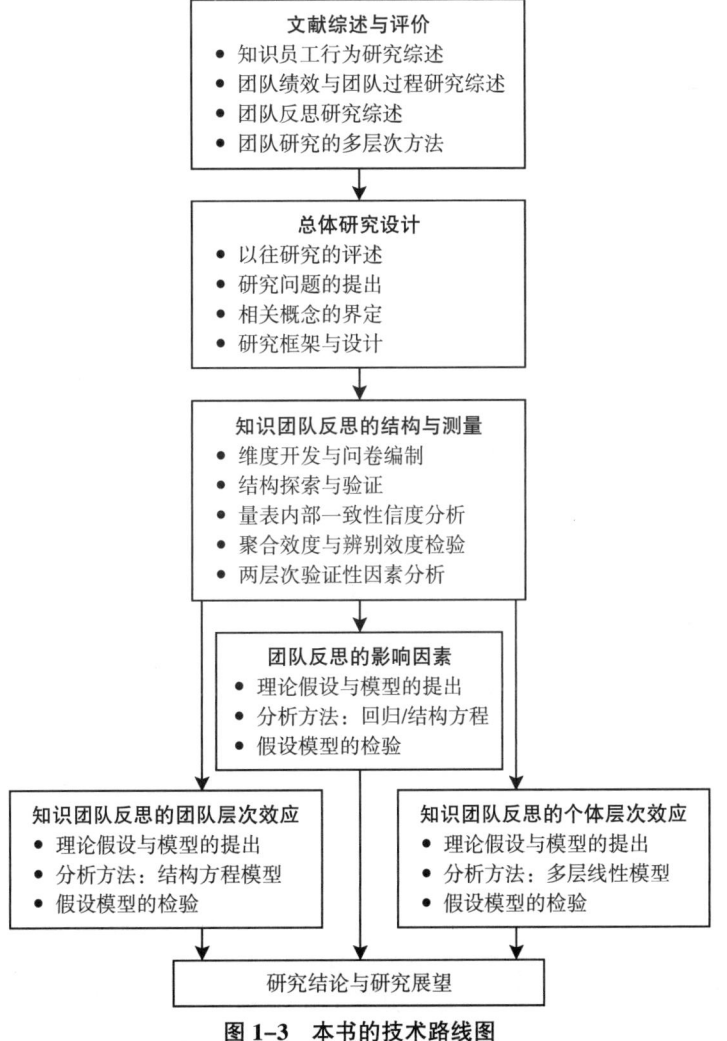

图 1-3 本书的技术路线图

第二章 文献综述

第一节 知识员工行为研究综述

管理学家彼得·德鲁克（Peter Drucker）指出，世界历史每隔几百年就有一次变革（例如印刷术、蒸汽机、第一个基尔特、第一所大学的出现），每次变革所涉及的最关键资源就是知识；后资本主义社会最根本的经济资源不再是资本、自然资源或是劳动力，而是知识；创造财富的活动来自于生产力与创新。经济合作开发组织（Organization of Economic Cooperation and Development，OECD）在《1996年科学技术和产业展望》报告中提出"以知识为本的经济"概念，并指出，人力资本积累和技术蕴藏的知识是生产力不断提升，进而继续维持经济增长的关键因素。此后，"知识经济"不再是一个学术性的研究名词，而是一个国家经济力的表征（周海炜，2002）。知识经济是直接建立在知识与信息生产、分配和利用之上的经济。知识工作者将成为知识经济时代的主角，因为创造知识和应用知识的能力与效率凌驾于土地、资金等传统生产要素之上，成为支持经济不断发展的动力。

一、知识员工与知识员工行为

（一）知识员工

知识员工也称知识工作者（Knowledge Worker）。"知识工作者"一词虽然广为学者所引用，但至今尚未有一个较为准确的方法与理论界定知识工作者（Scarbrough，1999）。最早提出知识工作者概念的是彼得·德鲁克，按照其定义，知识工作者是使用心智能力而非以体力为主要工作内容的工作者，是掌握和运用符号和概念，利用知识或信息工作的人。知识工作者专注于分析信息，并运用本身的专长或专家能力解决问题、产生创意或发展新产品与服务。为完成任务，知识工作者将个人所拥有的知识转换为对企业有所帮助的形式，并且有意识地使用这些知识。

由于知识工作者主要是以其知识与技能从事工作，不同于体力工作者，因此知识工作者所涵盖的职业领域相当多。Drucker 认为，知识工作者分布在各种工作场合，包括信息技术领域（如程序工程师、系统分析师等）、大学教授或研究者、律师、科学家等以知识为基础的职业领域。Davenport 等（1998）指出，从事如产品研发、广告、教育或专业服务（法律、会计、顾问）等工作的人员皆可称之为知识工作者。Davenport（2003）进一步将知识工作者区分为四种不同的类型，包括：整合型，设计零件的工程师，其工作很独立；交易型，运用判断能力较低的工作者或把这些工作自动化，如训练电话客服人员如何运用资料库，遇到不同情况如何反应；共同合作型，非常依赖多个部门的专长，需要可以弹性动员的团队；专长型，依赖个人的专长与经验。Dove（1998）则认为，知识工作者可分为以下类型：专业性的知识工作者，工作范围比较狭隘但效用较高，如医生、律师等具有专业知识的人，即使更换工作，仍从事相关领域的工作；创造性的知识工作者，以创新为基础，如节目策划等，以创意构想及不断尝试的精神从事创造；便携性的知识工作者，工作范围宽泛并具有立即的效用，如职业经理人，他们拥有可以随时运用的最新企业经营理论，因此工作弹性很高，可以从事不同部门的工作。

根据上述分析，本书认为，知识员工是利用本身的知识和技能从事知识工作从而创造有价值的产品和想法的员工。知识员工具有如下特征：知识员工具有个性化、多样化与持续学习等特点，他们具有较高的专业知识和技能，在工作上具有较强的自主性、成就欲望强、愿意接受具有挑战性的工作。

（二）知识员工行为

由于员工在组织中转移知识会影响员工在组织中的利益，所以员工知识活动行为是一种复杂的组织活动行为。本书根据 Rogers（2000）对员工知识合作行为的讨论，将员工的知识活动行为分成两种类型的行为，即正面类型的行为与负面类型的行为，其中正面类型的行为包含三种，即知识获取行为、知识创新行为与知识分享行为，负面类型的行为包含三种，即知识占有行为、知识避免行为与知识挪用行为。

知识获取行为（Knowledge Acquisition）：是指员工通过观察环境、与组织外部的专家互动、阅读对公司有用的专业杂志，以取得对公司有用的知识的行为。知识创新行为（Knowledge Creating）：员工受到同事或专家互动的刺激，从而内化出新知识，以创造组织内的知识的行为。知识分享行为（Knowledge Sharing）：员工与组织其他成员分享他们的知识，以促进组织的知识创新的行为。知识占有行为（Knowledge Hoarding）：员工故意占有组织或团队的知识。员工期望在组织内享有优势，因此他们持有知识而不愿意转移知识。员工通过持有组织的知识可以增强自己的个人知识基础并增进自己在组织内的谈判筹码。知识避免行为（Knowledge Shirking）：组织无法察觉员工的努力程度，因此员工为了避免自己的损失，会故意避免付出努力与知识共享。知识挪用行为（Knowledge Appropriation）：是指员工直接挪用组织的知识而用于非组织用途。如将组织知识卖给竞争者或是运用组织知识作私人用途。

本书涉及的知识员工行为是正面的知识活动行为，即知识获取行为、知识创新行为与知识分享行为。

二、知识创新行为及其影响因素

（一）知识员工的创新行为

创新是企业获取或维持竞争优势的关键。创新体现为个人、团队与组织三个层次（King & Anderson，1990），不同层次的创新需要不同的组织支持与管理措施，个人层次强调创新人才的选拔与培训；团队层次强调创新团队的建立；组织层次则强调组织变革、组织结构与组织气氛的建立。任何形式的创意或者创新都需要处理新的知识，一个组织如果要具备良好的竞争力，就必须先从促进员工的创造力做起（Amabile，1988）。Nonaka 和 Takeuchi（1995）在探讨日本企业成功的因素时，认为成功来自于这些组织在"知识创造"（Organizational Knowledge Creation）上的能力和技术。但他们也指出，只有个人才能创造知识，一个组织无法不通过个人来创造知识。从组织学习的角度看，唯有通过个人学习，组织才能学习，也就是说，个人学习是组织学习的基础（Senge，1990）。由此可见，创新的结果是由个人延伸到团体，再由团队延伸到组织，个人创新与团队创新是组织创新的基础。衡量团队创新的最直接指标是团队创新绩效,而衡量个人创新的最直接指标是个人的创新行为。

关于个人创新行为,不同学者提出了不同观点。West(1987)将个人创新定义为个人对工作的改变程度;Amabile(1997)认为,个体创新行为是指员工产生新颖的、有益的构想;Scott 和 Bruce(1994)则将创新行为定义为一种包含想法的产生、推动和实践的复杂过程。在众多创新行为相关研究中,关于创新行为的测量主要应用 Scott 和 Bruce(1994)开发的量表。

此外,根据相关文献发现,"创新"(Innovation)大多是发生在团队层次,个人层次大多是探讨"创造力"(Creativity),但也有研究者(Scott & Bruce, 1994; Zhou & George, 2001)认为,个人层次也会有创新行为,包含创新构想的产生、内容、推广与发展执行方案。而在本书中,主要是探讨知识团队成员个人在创新构想的产生、内容、推广与发展执行方案的行为过程中所表现出的程度。本书为了避免有所混淆,将所要探讨的变量命名为"创新行为"(Innovation Behavior)。

(二)知识创新行为的多层影响因素

过去学者对影响个人创新行为的因素作了比较深入的研究,例如 Amabile(1996)等的研究中就指出,组织工作环境会影响员工的创新行为表现。Scott 和 Bruce(1994)也提出影响创新行为的因素,有个人、团队、领导者以及组织气氛等因素。King 和 Anderson(1995)等指出,个人、团队和组织三个层次上的相关因素会影响组织内的创新行为或组织创新绩效。此外,Woodman、Sawyer 和 Griffin(1993)提出个人创新行为互动模式,并认为个人认知风格、能力、人格、动机以及知识等因素,同时与社会、组织背景因素影响个人创新行为;个人创造力是前置条件,进而对团体有所贡献;团体创新行为又会受团体的成分、过程、特征以及组织的背景影响。此模式进一步说明了个人、团体、环境以及社会活动对于创新行为的影响。

大量研究表明,影响组织内个体创新行为的主要因素处在个人、团队和组织三个不同的层次上。在个人、团队和组织三个不同层次上,影响组织创新的相关研究变量的内容各有不同。其中,个人层次的因素涉及个体的创造性特质,相关技能培训,以及个体创造性与组织创新的关联程度;团队层次上的相关因素包括与创新相互匹配的团体特征、团体结构、过程和效果等;组织层次上的影响因素包括组织特性、结构、文化及气候,创新的领导推动,以及组织变革等相关要素。经整理,不同层次上相关创新行为影响研究变量如表 2-1 所示。

表 2-1　不同层次上的创新行为影响因素

层次	影响因素	主要研究者
个人	动机	Siegel & Kaemmerer (1978); Seibert et al. (2001); Amabile (1996); Frese et al. (1999); Pritchard & Karasick (1973); Abbey (1983); Eisenberger (1996); Frese & Zapf (1994)
	个性	Costa & McCrae (1992); Susanne (1994); Patterson (1999); Zhou (2003); Payne、Lane & Jabri (1990); Abbey (1983); West & Wallace (1991); Frese et al. (1999); Simonton (1991); George & Zhou (2001)
	认知	Taggar (2002); West (1987); Amabile (1983, 1996); Mumford & Gustafson (1988); Patterson (1999); Isaksen (1990); Koestler (1964); Glick (1988)
	工作特征	Zhou & George (2001); Axtell et al. (2000); Eisenberger (1990)
团队	团队任务	West (1989); West et al. (2003); Hackman & Morris (1975); Mumford & Gustafson (1988); Payne (1990)
	团队结构	West (1990); De Dreu & West (2001); Mumford & Gustafson (1988); Amabile、Conti、Coon、Lazenby & Herron (1996); Katz (1982); West & Anderson (1996)
	团队过程	Ulich & Weber (1996); Nemeth (1996); Dreu & West (2001); Edmondson (1999); Tjosvold (1988); Mumford、Scott、Gaddis & Strange (2002); West (2002)
	团队间关系	Ancona & Caldwell (1992); Turner (1985); Damanpour (1996); Katz & Allen (1988)
组织	组织结构	Damanpour (1991); West, et al. (1998); Damanpour (1991); Staw (1990); Damanpour (1991, 1998); Kanter (1983)
	组织气氛	Amabile (1996, 1997, 2005); West (2004); Locke & Latham (1990); Hackman & Oldham (1980); West & Wallace (1991); James (1990); Mumford (2002); Janssen (2005); Baer (2003)
	组织战略	Miles & Snow (1978); Meyer (1982); Cohen & Levinthal (1990); Nicholson, Rees & Brooks (1990)
	组织环境	West、Utsch & Dawson (2003); Claxton (1997, 1998)

资料来源:根据前人研究成果整理。

以个体为中心角色的创新行为,要求员工既要具备创新的特质(如特定的认知能力和人格特征),也要具备创新的意愿(如内部动机,外部动机),特定的工作特征(自治性、工作需求等)则进一步决定了员工是否易于投入到创新活动中。团队层次上,团队构成、团队过程与团队间的关系因素会对创新产生重要影响,因为团队创新的资源(如知识、技能和能力等)源于团队成员,而团队过程将决定团队创新潜力发挥的程度和团队创新水平(West,2002),团队间的沟通则有助于信息和技能整合。但是,团队创新的实现依赖于团队结构、气氛、领导以及更广泛的组织变量。组织层次上创新相关变量相对而言较为复杂,从高层管理者的领导特征到组织战略、文化、结构和市场份额都对创新产生了影响。

三、知识分享行为及其影响因素

(一) 知识员工的知识分享行为

对知识经济时代下的企业而言,基本的经济资源将不再是资本、自然资源和劳动力,而是知识。知识的创造,是从组织成员间的知识分享开始的(Nahapiet & Ghoshal,1998)。知识管理的重点也是最大难点在于如何推动员工的知识分享(Hendriks,1999)。团队成员间的知识分享是团队是否成功的关键因素,尤其对高度运用理论(Theory)与分析(Analysis)技能的知识工作者来说,知识的分享与学习是提高团队创新能力的重要方式。因为在当前环境变化快、技术日趋复杂的情境下,个别成员往往无法独自掌握完整而全面的知识;同时,知识又具有黏稠(Sticky)且难以传播的特性(Szulanski,2000),因此知识的分享已经成为提高团队创新效能的关键。

对于知识分享的定义,不同的学者通常有不同的理解。例如 Margaret(1994)将分享行为看成是一种交换,认为只有通过有效的沟通,互相交换信息,互相了解对方,才能完全组织目标。Nancy(2000)则对知识分享提出另一种观点,认为分享是使别人知晓(Knowing)或传播自己的知识给他人,就如同将知识发送出去,进而与对方共同拥有该知识。Sveiby(1997)则以互动的角度定义知识分享,他认为团队成员间的知识分享是指团队成员对彼此的专业知识、技能、经验、价值观、人际网络及工作流程的一种了解。归纳上述知识分享的定义,本书认为知识分享是一种沟通行为,用于帮助团队成员快速掌握对方所拥有的信息、经验及技能,并引发思考与创新。

国内外学者们对知识管理的研究可以简单分为两大学派:技术学派与行为学派,而从行为或社会的观点研究员工的知识分享行为已成为近期知识管理研究的一个热点,其理论依据主要有社会资本理论、社会交换理论、社会网络理论、公共物品理论等。本书将从组织行为的视角对知识分享行为展开研究。由于知识分享是一种知识沟通的行为，需要从行为方面加以讨论，才能掌握其本质。

（二）知识分享行为的多层影响因素

综观近年来国内外学术界对于员工知识分享行为影响因素的研究，已有的文献主要体现在个人特征与感知、团队设计与沟通、组织文化与氛围等方面。学者虽然各有不同的侧重点，但大体可以区分为个人层次、团队层次与组织层次三大类。

个人层次：第一类是采取个体层次的观点，这方面的研究主要是从权力、信任、员工特征、工作态度等角度对员工知识分享行为展开探讨，包括：①从权力的角度探讨部门主管的知识分享意愿，发现当部门主管预期到进行知识分享会导致个人权力地位的丧失时，将会降低其知识分享的意愿（Fraser, Marcella & Middleton, 2000）。②从信任的角度出发，发现当成员彼此间的信任程度越高时，则彼此之间越愿意与对方分享知识（Dixon, 2000; Davenport & Prusak, 1998）。③从个体特征的角度出发研究影响知识分享行为，如 Tampoe（1993）以马斯洛的"需要层次理论"为基础，说明了知识工作者愿意分享知识的心理潜在因素，Hendriks（1999）则认为组织中的激励因子如工作挑战性会提升员工知识分享的意愿；Lu（2014）认为个人学习目标取向可以推动人们把个人知识拿出来共享。④从个体工作态度的角度出发研究影响知识分享行为，如 De Vries 等（2006）认为工作满意度会影响员工的知识分享行为。个体层次的研究为研究者进一步分析员工知识分享行为奠定了良好的基础，但不足的是，这方面文献较少考虑群体或组织层次的影响因素，后续研究需要将个人因素与群体因素综合起来，研究多层影响因素之间的交互作用。

团队层次：第二类是采取团队层次的观点，这方面的研究主要是围绕团队设计、沟通以及管理策略等因素对员工知识分享行为的影响而展开。包括：①知识传递者与知识接收者在经验上的相似性，将有助于知识分享的意愿（Cohen & Levinthal, 1990）。②Glod 等（2001）认为，团队的结构会影响组织内部知识的流动，Lee 和 Choi（2003）发现，集权对知识创造与分享有负的影响，刘宁和贾俊生（2012）研究了团队多元化与员工知识与任务分享行为的关系。③Gale（2002）认为，建立绩效评估及奖励制度是知识分享的重要诱因，De Vries 等（2006）认为，团队沟通风格会影响员工的知识分享行为。这部分文献为研究者建立有效分享知识的团队提供了理论依据，但其不足之处在于：大多研究在团队策略对员工知识分享行为的影响机理方面缺乏深入研究。

组织层次：第三类是采取组织层次的观点，国外很多研究表明，良好的组织文化和氛围能够降低个人的机会主义，降低环境的不确定性并增进知识分享的气氛。Davenport 等（1998）认为，要解决员工知识分享的障碍，组织唯有塑造关心、合作、信任的文化，才能消除员工持续获取并分享知识的顾虑。McDermott（2001）以个案研究的方式，访问了五家成功实施知识分享的公司，Sveiby 等（2002）研究了合作氛围与知识活动有效性之间的关系，Okhuysen 和 Eisenhardt（2002）从组织的制度方面出发，当组织制定特定的分享行为指标，以供成员遵循时，将会有利于成员的知识分享。此外，还有研究从组织酬赏系统出发，认为组织若能提供诱因鼓励成员进行知识分享时，将有助于提升知识分享的意愿（Dixon，2000；Coleman，1999；Szulanski，2000）。

第二节　知识团队绩效研究综述

一、团队与知识团队

在全球科技快速变迁的环境下，传统科层式组织已经无法有效因应外在环境的变化。同时，也由于大量信息充斥，促使成员彼此间沟通、协调的需求大为增加，因此，企业组织需要运用更具弹性的组织设计方式，以应对新经济体系下的环境需求。团队就是在这样的需求下所发展出来的一种高度弹性化运作模式，而广为企业组织所采用。

（一）团队的起源与发展

团队的起源，有人认为早在军队产生时就已出现。它最早的含义是"一起拉"，见于印欧语系的"DEUK 拉"。16 世纪演变为"一起行动的一群人"。20 世纪 40 年代，英国塔维斯托克研究院研究了工人组成团队时对生产力的影响。20 世纪 60 年代，通用汽车公司发现，以团队为基础的装配线能提高产品质量及员工工作满意度，而且制造出一辆汽车的时间仍维持不变。70 年代，丰田和通用合资的汽车制造公司的团队，在品质和生产力方面都表现卓越。80年代后，团队建设在西方进一步推广，并取得了显著成效。20世纪90年代，佛罗里达电力公司成立了1900个品质小组。施乐公司有7000多个品质改善小组。公民瓦斯及煤炭公司的团队一年的提案超过过去34年的总和。《工业周刊》的调查表明，北美25%的组织都在试行自我督导团队。通用面粉厂的团队将生产力提高了40%。丹纳公司的活塞工厂依靠团队，把顾客下单到工厂交货的时间从6个月锐减到6个星期。进入21世纪，运用团队的方式组织生产越来越在现代企业中盛行。

（二）团队的定义与特征

工作团队是：由两个或两个以上个体组成，需要执行组织的相关任务，共同完成一个或多个目标，具有一定程度的任务依赖性（即工作流程、目标、知识、结果的相互依赖），会面对面交流或以虚拟方式交流，要维护和管理团队的边界，嵌入组织背景下，组织会设置团队边界、限制团队并影响该团队与其他单元的互动。[①] 根据此定义，可将团队基本特征概括为：由两人或两人以上成员组成；成员在工作中相互依赖，需要通过协调与合作才能完成任务；完成共同目标是每个成员的主要任务；成员需要共同承担项目责任。据此，团队虽然具有各种不同的类型，但均可以定义为：由两个或两个以上具有互补性知识与技能的成员组成的、需要通过相互协作来完成共同目标并承担共同责任的群体。

（三）团队的类型

在团队相关文献中，Hackman（1990）依据团队分工形式，可分为高阶管理团队、工作小组、项目小组、专业支持团队与执行团队、人群服务团队、顾客服务团队、生产团队等类型。Janz、Colquitt和Noe（1997）注意到，以前的团队研究对象主要集中在"蓝领"工人团队。这显得非常不合时宜，事实上，知识型员工是劳动力市场中增长极快的群体之一，也是最有可能使用团队工作形式的群体之一。由此他们呼吁将研究对象转移到知识型团队上。其中，知识型团队包括研究团队、产品开发团队、咨询团队、保险团队、管理团队和信息系统团队等。

（四）知识工作者团队

知识工作者团队可简称为知识型团队或知识团队（Knowledge Team）。Janz、

---

① Kozlowski S.W.J. & Bell B. S. Work Groups and Teams in Organizations: Review Update.In Schmitt N. & Highhouse S. (Eds). Handbook of Psychology: Vol.12.Industrial and Organizational Psychology (2nd ed) [M]. Hoboken, NJ: Wiley, 2013.

Colquitt 和 Noe（1997）将知识型团队界定为由知识型员工组成的团队基础上，不少学者又从内涵上加深了对它的认识。Lewis（2004）认为，组建知识型团队可以有效利用成员专长来创造以新产品、服务或解决方案为形式的新知识。国内亦有很多学者提出了自己的观点。张体勤和丁荣贵（2002）将由知识工作者为主体构成的团队简称为知识型团队。倪浩（2003）指出，知识团队是由知识工作者构成，是以推出某种新产品或服务为基本目的的项目团队，它是一种以任务为导向的、临时性的、柔性的、动态的团队。廖冰和纪晓丽（2003）定义了知识团队：由来自不同知识领域的知识员工组成的，以一定的任务为导向，创造并维持信任、支持、尊重和合作的团队氛围，共同完成团队任务的群体。

综上所述，笔者认为知识型团队是由知识型员工构成的团队。这里的知识型员工指能够将经过正式教育或其他人力资本途径获取的理论性或操作性知识，运用于新产品或新服务开发的高层次员工（Drucker，1994）。不同的知识型团队其虚拟程度不同，通常由项目性质、组织特征与成员分布所决定。此外，虽然绝大多数知识型团队属于跨功能团队，但当项目难度较低或重要性不高时，企业会将项目交由一家部门独立完成。

二、团队绩效模型

（一）团队绩效的内涵

建立团队或团队运作的目的在于提升工作的绩效。工作绩效是效能、效率与效力三个方面的整体体现。团队绩效的衡量分为客观与主观的绩效指标两大类（Salas et al.，2008），客观的绩效指标，是采用客观的数据或直接衡量一些可数量化的行为，例如销售量、生产量；主观的绩效指标，是主观的判断，可通过团队成员或团队领导来进行评定，评定项目可以是绩效评比、团队效率、团队成长等。

团队绩效可以分为团队效能与团队效率两个方面（Hoegl & Gemuenden，2001）。团队效能是指团队产出满足预期的程度，反映实际结果与预期结果的比较。团队效能包括任务绩效和团队态度两个方面。知识团队的任务绩效可以通过量化的数字（如新产品开发数量与质量、新产品销售额或利润率等）或团队成员（主要是团队领导）的主观认定来评判；团队态度可以通过成员工作满意度和团队承诺来判断。团队效率也是衡量团队绩效的一个重要标准。本研究将团队效率界定为团队的运作速度以及最大程度利用各种信息和资源的能力。

（二）团队绩效模型

以团队为主题的研究呈现出百花齐放的格局，人们理所当然地把目光集中于如何提高团队绩效，探讨影响绩效的各种因素，并提出影响团队绩效的各种模型。

1. McGrath（1964）的 IPO 模型

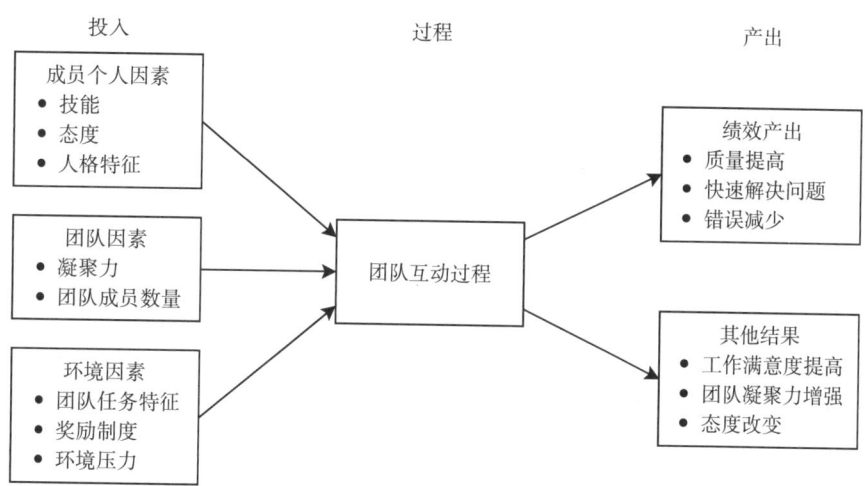

图 2-1　McGrath（1964）的 IPO 模型

图 2-1 是在团队研究中被经常引用的 IPO 模型，它由 McGrath 于 1964 年提出。该模型的主要贡献在于从投入与过程角度为研究者理解团队效能的形成过程提供了简单而清晰的框架。

2. Hackman（1983）的团队绩效模型

如图 2-2 所示，Hackman（1983）的团队绩效模型强调组织因素对团队绩效具有重要的影响力，并强调组织必须建立完善的奖励系统、教育训练系统、信息系统，以协助团队完成所分配的任务。

3. Gladstein（1984）的团队有效性模型

该模型遵循"输入—过程—输出"这一框架，如图 2-3 所示。其中"输入"变量是可能对团队有效性产生影响的各种变量，可以分为团队层次的和组织层次的。比如，团队结构（异质性、成员技能、成员加入组织的时间长短、任职长短等）、团队的组织（目标的清晰度、工作规范、团队规模、领导）、组织资源（培训、技术咨询）等。输入变量首先影响团队过程（包括团队中的公开交流、冲突

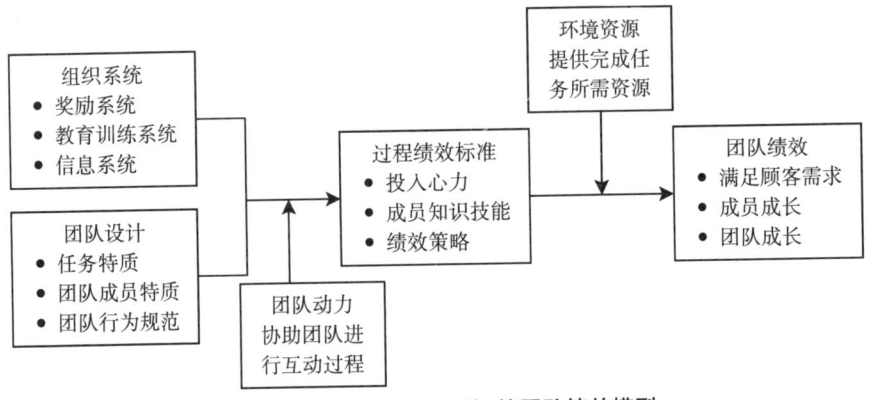

图 2-2 Hackman（1983）的团队绩效模型

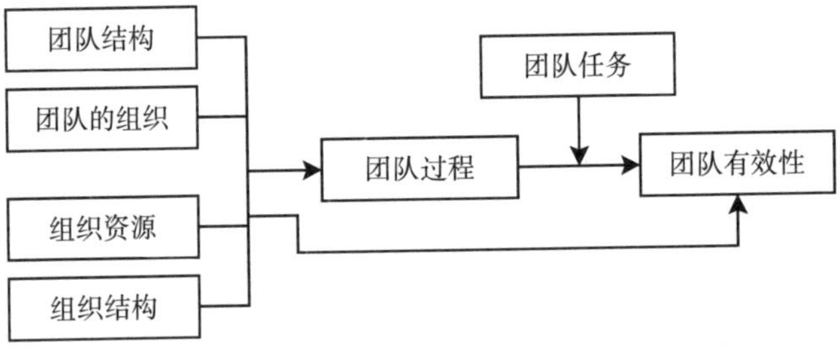

图 2-3 Gladstein（1984）的团队有效性模型

等），进而影响团队有效性。任务的性质会发生缓冲作用，比如任务的复杂性、相互依赖性、环境的不确定性等。团队特征是研究得较多的输入变量。

4. Ellis 和 Fisher（1994）的团队绩效模型

Ellis 和 Fisher（1994）在其团队绩效模型中指出，影响群体运作系统的主要变量有三个：输入因素、过程因素与产出因素，这三个变量因素交替循环，互相影响，且在互动的过程中，群体会因为环境的不断改变而做适度调整。该团队绩效模型如图2-4所示。

5. Campion 等（1996）的团队有效性模型

Campion 等在该模型中特别指出，影响团队有效性的主要因素包括：工作设计、相互依赖性、团队构成、环境与团队运行过程。Campion 等（1996）的团队有效性模型如图 2-5 所示。

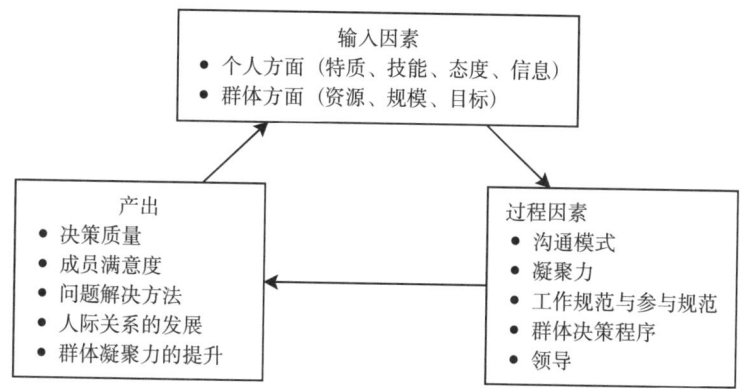

图 2-4 Ellis 和 Fisher（1994）的团队绩效模型

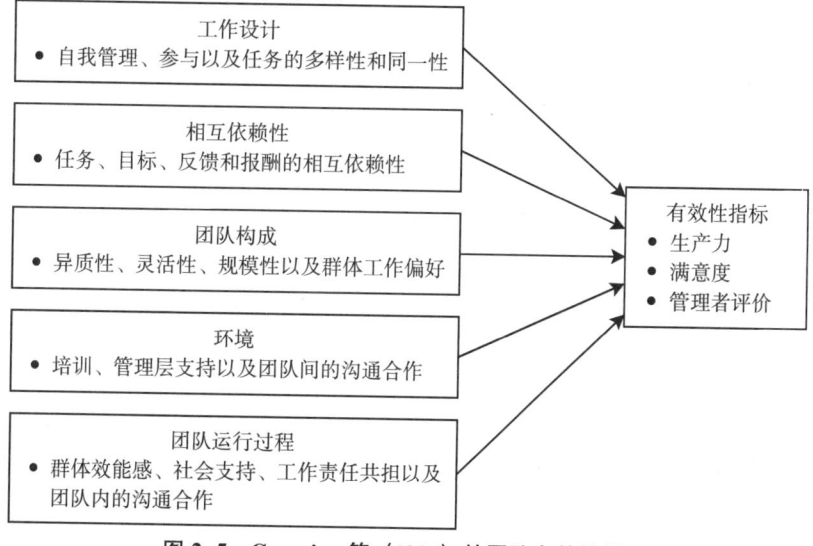

图 2-5 Campion 等（1996）的团队有效性模型

6. Cohen 和 Bailey（1997）的启发模型

Cohen 和 Bailey（1997）提出的团队效能启发模型（见图 2-6）认为，团队有效性由环境因素、设计因素、团队过程以及团队心理特征共同决定。环境因素是指组织所在的外部环境，如行业特征或环境的动荡性。设计因素是指任务、团队、组织当中可以直接受管理者操控的、以改良业绩的因素，比如工作任务的自主权、相互依赖性。团队设计包括团队规模、存在期限、人口统计学变量、多样性等。组织背景的设计包括报酬、监督、培训以及资源等。团队过程是指如沟通、冲突等发生在团队内外的互动过程。团队心理特性是指团队成员对事物的共

知识团队反思：测量、前因与结果

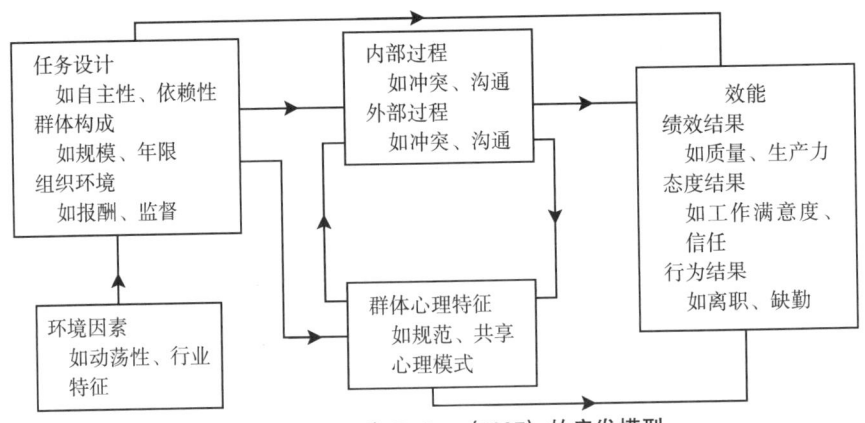

图 2-6 Cohen 和 Bailey（1997）的启发模型

同看法、信仰或者情感气氛（Emotional Tone），团队行为规范、内聚力、团队心理模式都属于这个范畴。有效性的结果是绩效、态度以及行为指标等。

Cohen 和 Bailey（1997）未对该模型进行实证检验，而是在理论上进行了论述。这个"启发式"模型在以下几方面比以前的研究更进了一步：一是对团队运行过程影响因素进行了更深入的分析，并将其分为内部过程和外部过程，而将团队心理特征因素独立地划分出来；二是强调了外部环境对团队的影响，以及团队外部沟通的重要性；三是构建了各因素对团队有效性的直接和间接的影响路径，更加完整地体现了各因素之间的关系；四是增加了团队成员行为的指标。因此，这是一个比较理想的模型，不过其具体因素关系和影响路径还有待于进一步的实证检验。

三、团队绩效影响因素

作者以 Cohen 和 Bailey（1997）提出的团队效能启发模型为框架，从团队成员目标取向组合、团队任务特征、团队领导角色、心理安全气氛与团队过程等角度综述有关团队绩效研究的近期研究成果。并且结合本书主题，侧重于与本书紧密相关的对象，主要包括产品开发或设计的跨功能团队及偏向技术任务的知识团队，而高管团队不在列入之中。

（一）团队目标取向

近年来，源自教育心理学领域的目标取向理论逐渐受到组织领域学者的重视，因为目标取向（Goal Orientation）作为相对稳定的个体差异因素，对个体在动态复杂情景中的绩效有重要影响。组织成员的目标取向会影响他们的学习动机、成就态度以及对于不确定情境的反应，进而影响个人的行为乃至组织的绩效。

目标取向理论主要探讨影响学习者从事学习行为的动机过程（Dweck，1986；Dweck & Leggett，1988），Payne（2007）通过元分析认为，目标取向比个体的认知能力与人格特征更能预测工作绩效。早期研究者将目标取向视为连续带上的两极，分别是极端的表现目标（Performance Goal）与极端的学习目标（Learning Goal）。受个体潜在的能力观影响，不同的目标取向表现出不同的动机模式和行为方式，前者有利于学习，而后者不利于学习。但近年来也有研究认为，绩效目标也可能引起积极的结果，所以学者又把绩效目标分为绩效趋向目标与绩效回避目标两种，前者更关注于表现得比他人更好，后者更关注于避免得到不好的能力评价。Button 等（1996）及 Vande Walle（1997）等分别开发了目标取向量表，以实证研究结果指出表现目标取向与学习目标取向是两个不同的概念，它们不是互相对立的，个体可能在不同类型的目标取向上给予不同程度的偏好，比如一个人极有可能在改善其技能的同时争取较好的绩效表现。后来 Vande Walle（1997）又进一步将目标取向分为学习目标取向（Learning Goal Orientation）、证明目标取向（Proving Goal Orientation）与回避目标取向（Avoiding Goal Orientation）三种模式。本书采纳此种分类方法。

首先，高学习取向的个人认为能力是可以改变的，他们可以较为有效地设定目标，在面对失败时也能够坚持寻找有效的应对策略（Vande Walle，1997）。由于他们不怕失败、不怕承担风险，并且勇于接受挑战，将挑战性工作视为学习新事物的机会。其次，高证明取向者倾向于通过努力寻求胜过他人的机会，但对困难或具挑战性的任务往往缺乏兴趣，并且很容易从任务执行中退缩。有关证明取向的实证研究结果存在较大分歧，虽然在 Bell 与 Kozlowski（2002）的研究中发现证明取向与绩效间存在负向关系，但许多研究发现证明取向与个人绩效间不存在显著相关（Button et al.，1996；Vande Walle，1999）。最后，高回避取向者认为个人能力不会因努力而改变，很容易从失败和挫折中退却，他们害怕接受挑战，尽量避免负面及失败的结果，从而很容易产生防卫性行为（Button et al.，1996）。他们对于当前的制度并不试图加以改变，对于改变现状的一些新想法，也不敢予以执行。

团队目标取向组合（简称团队目标取向）代表了团队成员目标取向的平均水

平，反映了团队整体的学习动机与学习模式，本书将进一步探讨整个团队的目标取向水平与团队绩效之间的关系。

近年来，众多研究开始探讨团队成员各项特性的组合状态对于团队效能的影响，团队组合的研究逐渐成为一个重要的研究方向。过去大多数团队组合研究比较关注外显的人口统计变量的组合，近年来团队成员认知或人格特质的组合方式逐渐受到重视（Barry & Stewart，1997；Neuman & Wright，1999）。Bunderson（2003）与Porter（2005）分别提出了目标取向的团队组合概念。黄家齐（2006）研究了团队中个人层次与团队层次的目标取向对创新绩效的影响，得出两个不同的结论，个人层面上，团队成员的学习目标取向对创新行为具有正向影响，表现目标取向（Performance Goal Orientation）对创新行为具有负向影响，但其影响均不显著；然而在团队层面上，团队学习取向对创新绩效产生正向作用，但其作用不显著，而团队表现取向则对创新绩效产生显著负向影响。此外，Gong等（2013）研究了团队目标取向对团队创新的影响作用。还有一些研究者研究了个人和团队学习目标取向的调节作用（Pearsall et al.，2014；Zhang et al.，2017）。

（二）任务特征

回顾相关文献后发现，最常为研究者提及的任务特性分别为：任务依赖性（Task Interdependence）、任务不确定性（Task Uncertainty）与任务困难性（Task Difficulty）。本书主要讨论任务依赖性与任务例行性两种任务特征（Fry & Slocum，1984）。

任务相互依赖性说明了组织单位之间合作的基本意义。因为从技术理性的角度看，组织内每一个单位的存在都是为了对组织整体目标的实现有所贡献，并且共享组织绩效成果，所以组织内的各单位存在相互依赖的关系。而从实务层面看，组织内各部门及单位或多或少都必须依靠其他单位提供资源和信息才能完成其本身的角色任务，这使得组织内的各单位间产生了共同的利益以及合作的需求。Thompson（1967）对不同部门间的相互依赖性做了详细的讨论，指出组织部门间的相互依赖程度随着其依赖的类型有所不同。当组织的部门间彼此为"汇集式相互依赖"（Pooled Interdependence）时，即部门之间的关系是各单位分别对组织做出贡献，并从组织得到相应的支持，此时组织单位间的相互依赖性较小，合作协作的成本也较低；而当组织的部门间存在"序列式相互依赖"（Sequential Interrelationship）关系时，即上一部门的产出为下一部门投入时，则组织部门间的相互依赖性较高，需要较多的合作与协调才能完成既定任务；而当组织的部门间存在"互惠式相互依赖"（Reciprocal Interdependence）关系时，即各部门的产出都成为其他各部门的投入，各部门共享互动的结果，此时部门间的相互依赖性最高，也需要最多的合作与协调机制。部门间的相互依赖性成为组织结构设计与分工的准则，当部门间依据其相互依赖性被适当地设计协调，则可以较低协调成本提高组织的效率。Van de Ven 等（1976）根据 Thompson 的理论，提出了第四种相互依赖的类型，他们认为当组织部门间存在"团队式相互依赖关系"（Team Interdependence）时，部门间的相互依赖性最高，同时也提出了所有可能的沟通网络。同时他们也指出，部门间相互依赖程度比相互依赖的类型更能说明部门间所需要的协调程度。Chen（1983）则从工作角色系统（Role-system）的观点说明相互依赖性，即相互依赖性代表某单位为达成其工作角色绩效，所需依赖其他单位合作协调的程度。①

Perrow（1967）认为，技术是工作中用以解决问题的方法，并且决定了工作单位所适合的任务结构与社会结构，工作任务的特性可以由工作中问题出现的例外频率来说明。如果组织成员在工作中必须常常面对不可预期或新的问题时，表示其所处理的是一种非重复的、独特性高的任务，相反则是例行性高的任务。Daft 和 Macintosh（1981）则进一步说明例外频率代表员工在工作中面临了"刺激不确定性"或"状态不确定性"的程度。

许多研究发现任务依赖性与群体绩效或效能有关联（如 Wageman & Baker, 1997; Campion, Medsker & Higgs, 1993; Campion, Papper & Medsker, 1996）。人们对这种关系的解释从任务依赖如何影响员工的情感与行为着手（Kiggundu, 1981; Hackman & Oldham, 1976）。对于群体组织形式，成员很少能感知到自己为集体所做贡献大小是导致其缺乏工作激励的主要原因之一（Karau & Williams, 1993）。克服这种问题的一个有效途径是在设计工作过程时，增加群体成员的任务驱动型互动（Shea & Guzzo, 1987）。随着任务依赖性的增加，工作上的互动性质会让一个不够努力的个体面临更大的社会压力，这就增强了其对他人工作成果负责的态度（Pearce & Gregersen, 1991），或者说感觉自己责任更加重大或对团

---

① 黄敏萍，戚树诚，黄国隆. 跨功能任务团队之结构与效能：一项结构权变模式之观点 [J]. 管理学报（台湾），2002，19（6）：979-1007.

队更为重要。根据任务依赖性定义，可知在高任务依赖情况下，群体成员会有更加频繁和广泛的人际互动，这大大刺激了信息的沟通（Thompson，1967）。经常性的互动也有利于形成同事之间的友谊，让成员产生了更高的工作满意度（Kiggundu，1983；Campion et al.，1996；Mohr，1971）和群体满意度（Campion et al.，1996），从而增强了成员对群体的归属感与依附性（Campion et al.，1996；Johnson，1989）。而且良好的关系还孕育出了组织公民行为，例如合作、帮助行为（Anderson & Williams，1996；Pearce & Gregersen，1991；Wageman & Baker，1997），并且还通过信息、知识的沟通促进学习（Mesch et al.，1988）。这些理论在中国也得到了部分支持，Scott 等（2003）以一家美国在华投资企业为调查对象，发现员工与同事的任务依赖性完全以工作满意度为中介对退出意图（Intention to Quit）有降低效果，并以工作满意度为部分中介对合作意愿有增强影响；岚兰与吴谅谅（2005）发现，任务依赖性有助于缓解个体的情绪衰竭（Emotion Exhaustion）。丁岳枫、谢小云与王重鸣（2004）采用基于计算机网络的团队模拟任务，检验了虚拟团队中任务依存性、任务网络性、目标导向等关键任务特征对团队绩效的影响，并考察了团队信任在任务特征影响中的缓冲效应。通过对 36 组虚拟团队的模拟实验发现：任务依存性和任务网络性水平的提高会降低团队绩效；任务依存性对虚拟团队绩效的负面效应在低信任水平的团队中更为明显；任务依存性和目标导向对虚拟团队绩效的影响表现出复杂的组合效应。①

任务例行性与任务不确定性相对立，是指工作运作模式相对稳定的程度。任务例行性越高，表示运作的模式已经固定，只要按照所制订的计划或程序去执行即可；相反，例行性低的工作，工作中遇到例外的事情机会较大，员工能去接触不同问题的解决方式，有助于员工发挥创新的空间（Ford，1981）。具原创性的工作即表示例行性低，艺术工作及娱乐工作都是需要创新的，这两个工作可以看出两者都属于例行性低的工作。例行性高的工作如快餐店点餐的工作，必须依据顾客的实际需要记录，相对而言，例行性高的工作没有创新发挥的空间。

在任务不确定性高的情境下，许多预先设立的程序与规划将难以发挥协调作用，组织成员需要利用即时的反馈来帮助彼此的有效互动。Van de Ven 等

---

① 柯江林，孙健敏，石金涛，顾琴轩. 企业 R&D 团队之社会资本与团队效能关系的实证研究 [J]. 管理世界，2007（3）：95-107.

(1976) 以及 Withey 等 (1983) 的实证研究指出, 任务不确定性与人际协调机制的使用正相关, 原因即在于任务不确定性越高时, 成员间的协调需求越高, 故此时采用有机式的组织结构其效能会较高。然而, 任务例行性越高表示任务确定性越高, 有明确的方向准则, 不需要很大的改变或新想法的意见, 改变的空间相对也就变小。Bateman、Griffin 和 Rubinstein (1987) 针对工作受社会信息的影响程度研究, 指出例行性越高的工作, 越无法创新。低例行性的工作往往有助于管理者塑造一个开放的工作环境; 而高例行性的工作往往会限制员工表达意见的机会。

(三) 团队领导

领导是指影响他人实现目标的行为, 是一种人与人之间的关系, 而非单纯的管理活动或指令, 通过说明或示范引发团队或个人追求领导者与团队成员共同设定的目标 (Gernader, 2000)。团队领导是团队成功的关键因素之一, Zaccaro (2001) 指出, 决定团队有效性的三个关键因素: 第一是团队能否整合成员的个人行动; 第二是团队在协同行动中的适应能力; 第三是团队领导, 最为关键。

团队领导是一个团队沟通的枢纽。对内, 团队领导制定成员的任务目标, 并发挥协调、整合目标的作用; 对外, 团队与外界的沟通 (尤其是正式沟通) 离不开团队领导, 他的能力、影响力等关系到组织对团队的支持是否到位 (Tesluk & Mathieu, 1999)。团队领导驱动成员们达成目标、完成组织使命。团队领导的协调是解决团队问题、解决团队冲突的主要途径之一, 其能力素质、领导风格是团队能否良好运转的重要因素。领导能够将团队工作结构化, 给下属提供个性化的关怀以及为下属树立榜样, 从而影响下属乃至整个团队的行为。Tannenbaum 等指出, 团队领导对所有与团队创新有关的因素都能发挥作用, 尤其是在明确目标、鼓励参与、坚持追求品质以及支持创新等方面尤为显著 (West et al., 2003)。大多数研究团队绩效的模型都把团队过程作为中介变量, 试图说明在特定环境下什么样的领导行为最适合。如图 2-7 所示, Zaccaro 等 (2001) 提出的研究框架认为领导过程通过四种团队过程来影响团队的有效性, 包括认知、动机、情感以及协调。组织内外部环境与团队的特性对这些效应有缓冲作用。

Posey 等 (1990) 提出团队领导者主要的工作包括确保资源有效利用、引导训练团队成员有效解决问题以激励团队成员达成目标、使团队发展更加成熟。Jessup (1990) 提出团队领导者扮演管理者、教练与顾问三种角色。Mohrman 等

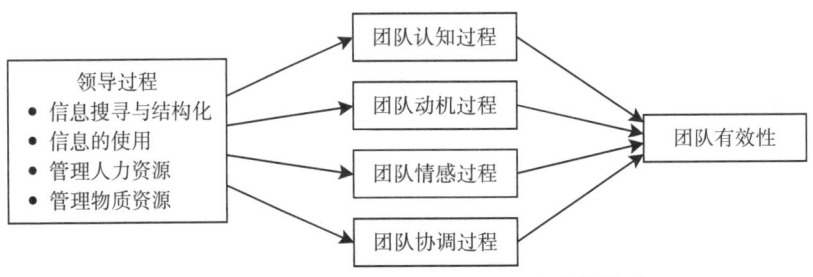

图2-7 Zaccaro等（2001）的团队有效性模型

(1995) 进一步将团队领导者的角色分为五种：管理者（Administrator），负责安排团队工作进度表与会议时间，排定值班与休假计划，负责团队档案管理等事务；促进者（Facilitator），主导团队会议的进行，解决团队成员困难，协调解决团队内的冲突；教练或训练者（Coach/Trainer），负责规划团队成员的教育训练与工作技能的发展；工作协调者（Workload Coordinator），负责检查团队成员的工作表现，并根据团队或组织目标的变化，调整团队成员的工作量；外部联络者（External Liaison），负责处理团队与其他单位、其他团队或组织间的联络事务。

综上所述，团队领导者需要扮演各种各样的角色以整合所有团队成员的力量，完成团队的目标。

（四）心理安全气氛

关于心理安全的研究最早可以追溯到Schein和Bennis（1965）在组织变革理论中所讨论到的如何促进变革。他们认为，如果要让个体感到变革是安全的并进而产生变革行为，就有必要创造以心理安全为特征的工作环境。心理安全感能够克服人们的自我防御和"学习性焦虑"（当实际结果不支持预期时，所产生的阻碍有效学习行为的情绪）。组织中心理安全气氛的缺失是因为两个心理状况交互影响的结果，一是组织成员有未被满足的期望，二是失去信任，这两个因素的交互作用影响了心理安全气氛的形成。当员工没有获得一些他们期待的东西时，会觉得相当震惊、不悦，进而对现状不满意、降低工作绩效或导致工作中犯错的次数增加（Wanous et al., 1992）。信任是维持组织中社会稳定关系的一个必要条件，当雇主破坏对员工的承诺，信任关系将受到影响，进而抹杀心理安全气氛的形成。

Edmondson在1999年的一项团队学习模型研究中正式提出了团队学习背景下的心理安全感。团队心理安全是团队内共有的关于团队的信条，即相信在团队中承担人际风险是安全的。人们每天的工作中，与其他人打交道、不确定性或者不明确性都会使人面临各种人际风险。学习性的行为也会带来风险，如提出问题可能被视为无知，承认错误（引起对错误的关注）并寻求帮助可能被认为无能，进行批判、反思会被认为消极，寻求反馈可能被视作打扰、影响他人。尽管这些行为与创新、高绩效等人们所期待的结果很有关系，但采取这些行为对个人来说会带来一些风险，如被视为无知、无能或者具有破坏性。Edmondson 认为，只有在人们感到安全的氛围下，才能产生积极的学习行为和创新。由于该项研究很好地支持了心理安全感在团队学习模型中的作用，Edmondson 围绕心理安全这一问题进行了系列研究。在其后续研究中，她进一步明确了心理安全感的概念、心理安全感的理论研究框架和研究意义。更具体地说，心理安全感可以描述在工作环境中个体所感知到的人际风险将带来的后果。由于提出问题、寻求反馈、报告错误或提出新的想法等行为，人们会承担一定人际风险，此时人们对他人可能会有的反应作出某种预测，如果能够肯定自己不会被误解、受到嘲讽或受到其他不利影响，就表明心理安全感比较高（Edmondson，2003）。

其他涉及心理安全的研究中，West（1997）提出了一个重要的影响组织革新的因素"参与安全"（Participative Safety），即团体氛围是否使人们在提出新的观念或者向现有实践提出挑战时不感到受威胁。由于革新、创造性的思维可能往往与既定的常识相悖，或者与普遍接受的观点相冲突，因而常常很困难，只有在充满了信任、温暖、参与意识以及能够自由交流信息的工作环境中才能自然发生。West（2002）在群体创新的研究综述中指出，能够持续发展组内安全（Intragroup Safety）的群体能够更具创造力和创新性。组内安全是指群体成员在其同伴在场时，尤其是在群体互动中的心理感受或心理安全感。可以通过鼓励积极的团队情感、对冲突进行建设性管理、创造安全的学习氛围来发展组内安全。

心理安全并不意味着一个温暖的环境、工作伙伴成为亲密朋友，也不是说没有压力或问题，它描述了一种氛围，在这种氛围下，大家为能早期发现问题、达成共同目标而专注于进行有建设性的讨论而非自我保护。对那些面临变革和不确定的工作团体而言，由于团队成员需要一起学习，心理安全感会有更加重要的积极作用。

第三节 团队过程研究综述

在复杂多变的市场和技术环境下,越来越多的企业开始运用团队这种组织形式去完成各种工作。与单独作业的员工个人相比,进行群体作业的工作团队能够获取更多的知识、能力和资源。然而,一个团队能否取得成功,不仅取决于团队成员的能力和团队可获得的各种资源,更取决于团队成员为完成任务而进行的互动过程(Williams & Allen, 2008)。团队互动过程是在团队成员之间以及成员和外部环境之间发生的交互作用,深入研究团队成员的互动过程不仅有助于组织重组人力资源系统,还能够为管理者选拔、培训、开发和激励团队成员提供理论依据(Kozlowski & Bell, 2013)。

West 等(2004)提出一个为团队过程为中介的整合模型,如图 2-8 所示,该模型以团队研究的 IPO 框架为基础,其中团队输入由团队任务、团队结构、组织结构三大部分组成;团队过程是团队成员之间的互动过程,包含创新规则、反思、领导支持、冲突与少数派意见、团队间联络等;团队输出除了包括团队绩效外,还包括团队活力、团队成员幸福感、团队成员发展、团队成员满意度等。

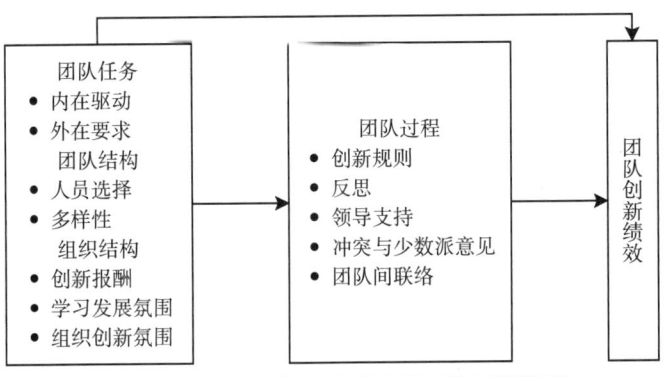

图 2-8 West 等(2004)提出的团队过程模型

过去 30 多年,大量的实验研究与现场研究已经表明,团队过程在团队绩效形成过程中具有关键作用,一些研究者还提出了影响团队效能的理论模型(Cohen

& Bailey, 1997; Guzzo, 1996; Hackman, 1983; Gladstein, 1984), 这些模型大多是从投入—过程—产出 (I-P-O) 的视角构建的团队绩效理论框架, 并认为团队过程在团队投入与团队产出之间扮演一定程度的中介角色。虽然团队的投入—过程—产出理论模型已经为众多团队研究的理论基础, 但是研究者在对团队过程的界定问题上仍然存在分歧, 尤其是对团队互动过程组成因素的探讨仍有不同的观点。通过已有"团队过程"研究的文献疏理, 可以发现这些团队过程实质上可以分为团队行动过程、团队情感状态与团队认知状态三个不同的方面。

一、团队行为过程

目前, 团队研究文献中出现的团队协作、团队沟通、团队冲突、团队反思等变量属于典型的团队行为过程。

团队协作。团队成员之间的协作和帮助是团队研究文献中最常见的团队行动过程, 已有大量研究发现团队协作与团队效能之间具有显著正向关系 (Wagner, 1995; Smith et al., 1994)。与之形成对比的是, 团队内部的帮助行为对团队绩效的影响既可能是正面的, 也可能是负面的 (Podsakoff & MacKenzie, 1994; Podsakoff et al., 1997)。判断团队内帮助行为是否起积极作用的关键是, 这种帮助行为所产生的团队成员绩效提升是否超过由于帮助者不能在自身工作上投入更多时间而造成的绩效损失 (Kozlowski & Bell, 2013)。Bachrach 等 (2006) 在一项实验研究中发现, 只有在任务依赖性较高的团队中, 团队内部的帮助行为与团队绩效才具有正向关系。

团队沟通。团队沟通与信息共享是一种重要的团队行动过程, 团队的沟通与信息共享可以通过团队的人员与结构设计得到, 团队沟通目标不仅是对团队现状进行建设性的批判, 更是为了改善团队的现状 (LePine & Van Dyne, 1998)。已有研究表明, 团队内部沟通与信息共享 (Barry & Stewart, 1997; Bunderson & Sutcliffe, 2002) 以及团队之间的沟通与信息共享 (Ancona & Caldwell, 1992) 都会对团队绩效等相关团队产出产生积极作用。

团队冲突管理。在团队文献中, 团队冲突主要分为任务冲突与关系冲突两种, 前者与团队任务相关, 后者与团队成员间的人际障碍相关。De Dreu 和 Weingart (2003) 在一项元分析中发现, 两种冲突均不利于团队绩效与团队成员满意度的提升。团队冲突, 尤其是任务冲突, 在大多数团队中是不可避免的, 所以减小冲突对绩效的负面影响已经成为冲突研究的焦点问题。Lovelace 等（2001）发现，合作式沟通、不同意见的自由表达、低水平的争执可以降低任务冲突对团队绩效的负面影响。此外，Montoya-Weiss 等（2001）认为团队的绩效产出取决于团队所采用的冲突管理类型。

团队反思。团队反思是团队成员对团队目标、策略（比如决策）与程序（比如沟通）进行公开反思以使它们适应当前或预期环境变化的程度（West, 1996）。West（1996）认为，在反思水平较高的团队中，团队成员倾向于制定详细的计划、关注长期结果，并且对环境因素做出积极反应；反思水平较低的团队较少关注团队目标、战略以及团队所处的外部环境，团队成员倾向于被动适应而不是积极主动，只能根据环境变化做出防御性反应。Hoegl 等（2006）也认为，一个经常自我反省的（Reflexive）团队会努力预测团队行动的后果，并持续地审视团队的内外部环境，团队成员的行动也会更加积极主动。可见团队反思水平越高，团队成员的适应性与创造性能力就会越强。

二、团队情感状态

目前团队研究文献中常见的团队凝聚力、团队情绪、集体效能感与团队心理安全等变量属于典型的团队情感状态。

团队凝聚力。Evans 和 Jarvis（1980）总结认为，团队凝聚力就是团队对成员的吸引力，成员对团队的向心力，以及团队成员之间的相互吸引。团队凝聚力包含任务凝聚力与人际凝聚力两个方面。任务凝聚力是团队成员对团队任务或目标的共同认同和承诺，人际凝聚力是团体成员之间彼此喜欢和彼此愉快地交往的程度，人际凝聚力有助于减小团队沟通障碍，增强团队协作能力。已有大量研究发现团队凝聚力对团队是有利的，并且凝聚力与团队绩效之间关系还会受到一些因素的影响，当团队任务依赖性较高时（Beal et al., 2003; Gully et al., 1995），或团队的规模更小时（Mullen & Copper, 1994），凝聚力与绩效的关系更强。Beal 等（2003）还发现绩效的测量方式也会影响它们之间的关系，凝聚力对团队行为与团队效率的影响要比对实际产出的影响更强。

团队情绪。团队情绪是不同团队成员情感成分的整合状况。团队成员可能受权威或准则的规范作用，从而在团队内部由上而下形成团队情绪；团队中的个人情绪也可能会相互影响、感染、整合，最终由下而上形成团队的整体情绪

(Barsade & Gibson, 2007)。一些研究发现团队成员情绪的同质性具有积极作用，因为个体间的相似性有利于相互吸引（Schneider, 1987），这样团队成员间更容易形成良好的人际互动，以及更好的合作、信任和凝聚力。Barsade 等（2000）研究发现高管团队成员之间的积极情绪相似性对团队产出具有正向影响。然而也有研究发现，情绪异质性有利于创造力的提升（Jackson, 1992），这可能是由于团队成员之间在情绪特征上的互补造成的。

集体效能感。集体效能感是指团体成员对于团体成功完成特定任务或取得特定成就的联合能力的共同信念（Bandura, 1986）。与个体效能感相似，集体效能感会影响团队目标，为实现目标付出努力的大小，以及团队成员面临困难挫败时的坚韧性。已有研究发现集体效能感能够预测团队绩效（Gully et al., 2002）和团队成员满意度（Campion et al., 1993）；并且当团队的任务依赖性较高时，集体效能感与团队绩效的关系更强；而当任务不确定性较低，且集体主义较高的团队中，集体效能感与团队效能才具有正向关系，而在任务不确定性较高且集体主义较低的团队中，集体效能感与团队效能的关系并不显著（Gibson, 1999）。

团队心理安全。团队心理安全是团队成员共有的一种共同信念，即相信在团队中承担人际风险是安全的，团队成员在与其他成员交流时能够感觉到心理安全，并不担心会冒人际风险（Edmondson, 1999）。团队成员如果能够确定自己不会被误解、受到嘲讽或受到其他不利影响，就表明心理安全感比较高。Edmondson（2009）认为，员工只有在感到安全的氛围中，才能产生积极的学习行为和创新行为。团队成员针对一项问题提出不同观点，并在讨论和分析过程中共享所有关键信息，这对提高团队决策的正确性大有裨益（Galinskya & Kray, 2004）。心理安全也是促使团队成员提出建设性意见进而提高团队决策质量的一个关键因素（De Dreu & West, 2001），因为心理安全可以促进一个开放和建设性的群体讨论氛围。

三、团队认知状态

已有团队研究文献中出现团队心智模式与交互记忆系统两个变量属于典型的团队认知状态。团队心智模式是团队成员共同拥有的对有关团队任务环境的关键要素有组织的理解和心理表征（Mohammed & Dumville, 2001）。共享心智模式理论认为，具有高共享心智模式的团队要比心智模式偏离的团队表现突出，共享心智模式与绩效的关系会随时间推移而增强（Mathieu et al., 2000）。共享心智模式的绩效促进作用主要有下列原因：误解的预防、快速而有效地合作，关注任务本身而非冲突或误解，对从事创新工作的团队来说，共享心智模式对绩效的作用更强（Mohammed & Dumville, 2001）。共享心智模式对绩效的影响主要通过增强团队协作等互动过程（Marks et al., 2002）来实现。

一种重要的团队认知状态是交互记忆系统。当团队成员既掌握团队知识库中的某项专业技能，又能对其他成员所掌握的知识具有清晰的认知时，就形成了交互记忆系统。交互记忆系统是个体记忆系统的集合，是团队成员共享的用于编码、储存和提取不同领域知识的合作分工系统（Wegner, 1986）。交互记忆系统有助于团队提高认知效率，减轻认知负荷，扩大专业知识储备（Hollingshead, 1998）。DeChurch 和 Mesmer-Magnus（2010）的元分析发现，与交互记忆系统相一致的汇编认知比组合认知对行为过程的影响更强，汇编认知在项目团队中对团队绩效的影响比决策团队更强。一些学者研究了交互记忆系统的影响因素，如 Pearsall、Ellis 和 Bell（2010）发现，在团队发展的早期，团队成员对角色和责任进行沟通有助于发展交互记忆系统。

四、团队过程的内涵与边界

在上述变量中，团队行为过程中的各种变量是真正意义上的团队过程。与团队行为过程不同，团队情感、团队认知中的各种变量应视为"表现状态"（Marks、Mathieu & Zaccaro, 2001），表现状态（Emergent States）反映了团队成员的态度、价值观、认知特点以及动机等，但并不是影响团队结果的团队互动过程，表现状态可能作为输入变量作用于团队过程，同时也可能成为团队背景、团队投入、团队过程或团队结果的产物，比如凝聚力低的团队往往不太愿意管理冲突（过程），因而可能制造更多的冲突并造成凝聚力的下降。

根据 Marks、Mathieu 和 Zaccaro（2001）的研究成果，可以将团队过程界定为团队成员之间相互依赖的行动，这些行动通过认知的、语言的以及动作的方式将输入转化为结果，这些行动以组织任务为导向，力图达到团队的整体目标。团队过程不同于一般性的人际交往过程，它涉及团队成员为完成共同的目标，在共同承担责任的过程中所发生的行为。团队过程是团队成员之间以及团队成员与其所处任务环境的互动，是团队成员相互依赖并利用各种资源以达成有益结果的手段。

第四节　团队反思研究综述①

当代组织越来越依赖于富有创造性并能够对环境变化做出快速反应的团队，因为有效团队可以应对不断增长的环境压力，实现稀缺资源共享与跨部门合作，通过不同功能之间的协同，成功完成既定任务。然而设计一个有效团队是一项需要很多投入的困难工作，因为大多从事创新活动的团队都面临一个持续变化的内外环境，Sicotte 与 Langley (2001) 认为，不确定性（对特定行为的后果与影响缺乏认识）与含糊性（在需要做什么问题上模棱两可、含混不清）会始终伴随着从事创新活动的团队。对一个创新团队来讲，要成功应对这种不确定性与含糊性，需要不断审视团队的环境变化并根据这些变化做出快速反应，团队反思（Team Reflexivity）就是基于这一论断而提出来的。团队反思是团队能够审视环境并根据环境变化做出反应的一个关键点，它是影响团队创新与团队有效性的一个决定性因素。当团队成员对他们的工作方式以及他们所处的工作环境进行公开反思、制定应变计划，并根据环境变化做出相应改变时，团队将会更为有效 (West, 1996, 2000)。

一、团队反思的概念

反思可以从个体层次上进行定义，比如 Petzold (1985) 认为，反思是个体的一种认知风格。而团队反思是一个团队层次上的概念，应视其为一种团体过程。团队反思概念首先由 West 于 1996 年提出，他将团队反思定义为"团队成员对团队目标、策略（比如决策）与程序（比如沟通）进行公开反思以使它们适应当前或预期环境变化的程度"。反思对从事复杂工作的团队最为重要，因为在工作任务非常规、团队环境不确定的情况下，对完成工作的方法进行评价和反思尤其重要。

---

① 主体内容已经公开发表：张文勤, 石金涛. 团队反思的影响效果与影响因素分析 [J]. 外国经济与管理, 2008, 30 (4): 59-64.

知识团队反思：测量、前因与结果

从团队反思的定义可以看出，团队反思是认知过程与执行过程的统一。一个完整的团队反思过程包括反思（Reflection）、计划（Plan）与行动（Action）三个步骤，其中反思是团队反思中最为重要的一环。团队反思包含一系列的行为，诸如：询问、计划、探索性学习、多元化探索、运用专门知识、整体水平上的学习、运用自我意识审视过去，以及运用新的思维方式得出新的结论等。团队反思可以划分为任务执行前的反思、任务执行中的反思与任务执行后的反思（West，2000）。执行任务前的反思主要是从整体上考虑团队目标、策略和程序，包括反思团队所面临问题的性质；执行任务中的反思主要是审视团队是否仍在预设轨道上，团队能否做正确的事，以及能否正确地做事；执行任务后的反思主要是评价团队所取得的成果以及团队的工作方式。

在目前研究团队反思的文献中，一般认为团队反思是团队的一种工作风格，难以在短时间内通过培训等手段实现。但也有例外，比如 Gurtner 等（2007）认为，团队成员的反思活动是可以加以引导和控制的，通过对团队成员施加反思干预，可以帮助团队制定合适的策略。

二、团队反思的要素与测量

（一）团队反思的要素

团队反思有三个核心要素——反思（Reflection）、计划（Planning）、行动/调适（Action/Adaptation），反思是由这三个要素构成的交互过程（West，1996，2000）。

"反思"包含对反思目标的留心、觉察、审视与评估。根据程度不同，"反思"可以分为三个阶段：轻度（Shallow）反思、中度（Moderate）反思与深度（Deep）反思（Swift & West，1998）。轻度反思是反思的初级阶段，包括思考与当前工作紧密相关的问题，比如讨论团队成员间的任务分配，轻度反思与所谓的单环学习非常相似；中度反思是对任务、目标、策略和程序采取一种更加批判的方式，它类似于双环学习（Argyris，1992）；在深度反思阶段，团队或组织的规则与价值观会受到质疑，这些规则与价值观对团队或者组织功能的影响也会被公开讨论，这个阶段的反思与再学习（Senge，1990）或者三环学习（Snell & Chak，1998）是相似的。深度反思不会像轻度反思与中度反思那样经常发生，因为大部分团队都趋于认同自己的文化，而不会经常讨论自身的文化准则与价值观。深度反思对某种类型的团队较为重要，比如，对组织文化及其影响进行反思，可能更适合管理团队，而不适合生产团队。

"反思"可以造成团队的一种不确定性，而"计划"正是由这种不确定性所带来的，因为"反思"过后，团队的行动方向需要得到重视，行为目标需要得以形成，行动计划需要得到制定，执行能力也需要得到增强。只有在团队计划在比较详细的情况下，才会形成高水平的反思。因为详细的计划需要考虑潜在的问题与计划的等级次序，还要顾及长期计划与短期计划。此外，详细的计划很有可能引发新的创新（Frese & Zapf，1994），因为计划可以将团队成员的注意力与行动引到创新的实施上。

"行动"或"调适"同样是团队反思中的重要一环，因为仅仅"反思"或"计划"并不会发生任何变化。West（2000）认为，行动/调适是指"为实现团队在反思阶段所期望的团队目标、策略、程序、组织或环境方面的变化，团队所进行的与实现这个变化目标相关的行为"。Schippers（2007）认为"调适"是反思阶段预期变化得到实现的程度。"行动"或"调适"可以从四个维度进行测量：重要性、新奇性、激进性与有效性，其中前三个维度描述了行动的创新性，第四个维度属于团队绩效的范畴。团队实施的"调适"行为能产生新的信息，从而引发新的"反思"、"计划"与"调适"行为，形成一个反复和持续的反思过程。

（二）团队反思的测量

虽然人们仅凭直觉就能发现，团队为了有效工作，必须进行反思。但目前对团队反思特别是有关反思量表的研究却很少受到前人的关注。目前测量反思的量表比较少，主要有以下三种：

1. Swift 和 West 的团队反思量表

目前大部分研究使用的是由 Swift 和 West（1998）开发的简短量表，该量表包含 9 个条目，如表 2-2 所示，大多数研究所采用的反思量表都根据这个量表改编。

表 2-2　Swift 和 West（1998）的团队反思量表

题号	题目
1	我们的团队会经常审视团队目标
2	我们会定期讨论团队能否有效共同合作
3	我们团队会经常讨论完成工作的方法
4	我们团队会根据环境变化调整团队目标

续表

题号	题目
5	我们会经常讨论如何进行有效信息沟通
6	为了完成工作，我们会经常审查工作方法
7	团队成员可以分辨他们工作中的优势以及需要改进的地方
8	团队成员致力于持续改善
9	团队成员对改善工作的方式持开放态度

资料来源：根据 Swift 和 West（1996）反思量表改编。

但是，该量表仅把反思作为一个单维结构进行测量；量表中没有关于"行动"或"调适"的条目；量表并没有体现反思的三个水平。

2. Carter 和 West（1998）的团队反思量表

Carter 和 West 开发的团队反思量表由 16 个条目构成，测量团队审视其目标、策略和程序，并准备根据环境变化对它们进行调整的程度。量表由社会反思与任务反思构成，任务反思的条目包括"团队时常审视它的目标"、"我们时常讨论如何更有效沟通"等，社会反思的条目包括"当工作压力大的时候，团队不能做到相互支持"（反向问题）、"团队中的冲突能够得到建设性的处理"等。从团队反思的内涵看，团队反思主要是任务反思而不是社会反思。

3. Schippers 等（2007）的团队反思量表

Schippers 等于 2007 年开发并提出一个测量团队的反思量表，该量表由"反思"和"调适"两个分量表构成，但量表的重心仍聚焦在"反思"这个要素，"调适"分量表只有五个条目。"反思"量表由两个相关的维度构成："评价/学习"（Evaluation/Learning）与"程序讨论"（Discussing Processes），这两个维度具有较高的辨别效度。"评价/学习"强调对已完成事项的评估，并从以前的行动与调适行为中进行学习。"评价/学习"仍处于轻度反思阶段，而"程序讨论"更处于"总体水平"上，比如，思考团队的日常工作方式，反思团队的沟通模式，讨论团队准则与价值观等。尽管从理论上将反思分为轻度、中度、深度三个水平，但该研究并没有将深度反思从其他反思中区分出来。

三、团队反思的影响效果

按照团队反思的概念及其内涵描述可以看出，团队的反思水平越高，其成员适应性与创造性能力越强，该团队也会更加适应内外环境的变化，从而越能够有效运作并提升团队绩效。团队反思的影响效果主要表现在以下几个方面：

（一）对团队成员行为的影响

West 等（1996）认为，在高反思的团队中，团队成员倾向于制定详细的计划、关注长期结果，并且对环境因素做出积极反应；而非反思的团队较少关注团队目标、团队战略以及它们所处的外部环境，团队成员倾向于被动适应而不是积极主动，只能根据环境变化做出防御性反应。Hoegl 等（2006）也认为，一个经常反思的（Reflexive）团队往往会意识到团队行动的影响，更可能持续地审视它的内外部环境，团队成员的行动也更加积极主动。持续的反思与评价会使团队成员对团队陈述产生新的认识，从而使他们在新的环境下更具适应性和创造力；而一个不经常反思的团队只能行使其职能，对行为后果缺乏认识。Tjosvold（1991）认为，反思可以帮助团队成员发现，当前的工作方法很可能由于环境的变化早已变得过时。

由此可见，在高水平反思条件下，团队中的正面意见与反面意见都会得到彻底考虑与合理处理，团队成员的思考也更具创新性、发散性与批判性，团队成员会对计划与决策方案做出有效选择，团队的决策质量也因此得到提高。

（二）对团队学习的影响

在有关团队学习的文献中，通常认为反思是学习的必要条件。团队学习是团队成员根据团队绩效反馈采取行动，并且进行调整、改进或变革的一种动态互动系统，通过团队成员间反思（Reflection）与行动（Action）的互动过程，团队的知识创新得以形成，团队知识与能力也得到提升（Edmonson，2002）。反思与行动是团队学习的重要条件，反思代表团队成员彼此分享团队信息，寻找团队绩效的反馈，共同讨论团队中的问题或错误以及寻求新的解决办法；行动则代表着团队的变革行动，包括制定决策、改善团队绩效、落实实验结果以及转换知识于他人等活动。

Ennabih（2007）的研究认为，团队反思会促进开拓性（Exploitative）学习与探索性（Explorative）学习，进而影响团队绩效。而 Edmondson 认为造成团队学习过程失败的四个主要原因是：缺乏反思（Reflection）过程、讨论过程缺乏成效、缺乏行动（Action）、权力分配过于集中。团队如果无法进行反思与行动，就无法向组织提供新的知识与工作方法，使得组织无法根据环境变化进行适当的调

知识团队反思：测量、前因与结果

整与修正。

（三）对团队创新与团队有效性的影响

目前团队反思对团队创新与团队有效性的影响机理尚不明确，有研究认为，团队反思对团队创新与团队有效性具有直接效应，但也有研究认为这种直接效应不存在或者不显著，但认为团队反思在某些前因变量与团队绩效之间可以起到一种调节作用。

1. 直接作用

Carter 和 West（1998）通过对 BBC 节目制作团队的研究，认为团队反思比团队创新气氛以及团队结构能够更好地预测团队有效性。团队气氛可以显著预测团队成员心理健康，但并不能预测有效性。Schippers 等（2003）的研究表明，团队反思对团队产出（满意度、承诺与绩效）具有直接影响作用，但这种影响会受到团队成立时间与结果依赖性的调节作用；并且团队反思在团队多元化与团队产出之间起到一种中介作用。Tjosvold（2004）对 100 个中国团队的研究表明，那些能够反思团队程序与执行改进方案的团队，主管对团队创新的评价会比较高。与 West（1996）的理论观点相一致，Hoegl（2006）的研究结果也支持团队反思与团队有效性正相关的假说。最后，Facchin 和 Tschan（2007）最新研究认为，任务反思可以增强团队绩效，这种作用在复杂决策团队中比在简单决策团队中更加明显；同样，社会反思对团队绩效也具有正向作用，但这种作用不受任务类型的影响。

总之，一个反思的团队更有可能去探讨与应对由环境持续变化所带来的一系列挑战，这些主动努力有利于团队更好地去理解并处理与创新活动相伴的模棱两可和含混不清的问题。团队成员通过持续反思可以彼此了解各自的特长，团队越是反思，就越有可能有效利用团队成员的专业知识与技能。此外，对创新活动的反思会促进团队成员间的更好沟通，并带来更加有效的信息共享，从而有效提升团队绩效。

2. 调节作用

与 Carter 和 West（1998）的研究不同，De Dreu（2002）通过研究少数异议与反思对团队绩效的影响，得出了与之不同的结论。这个研究发现，团队反思与团队有效性呈负相关。对于这种不一致可能有以下两种原因：首先，对于团队有效性的评价，Carter 采用观众评价的方式，而 De Dreu 的研究则采用主管评价，可能团队反思对这两种不同来源的团队绩效具有不同的影响。其次，有可能团队反思本身对团队有效性没有影响，而是提供一个空间让其他变量影响团队绩效。一方面，高水平的团队反思可能致使团队从事验证性信息的收集，过度依赖合作，过于鼓吹团队内部一致性，这容易使团队产生群体思维（Group Think）现象，从而导致最终的低绩效或决策失误；另一方面，高水平的团队反思也可能会促进团队对于反对意见与观点的建设性辩论，从而有可能出现高质量的决策与创新实践。

团队反思很可能是作为一种调节变量参与到影响团队创新与团队有效性的过程中。De Dreu（2002）发现，高水平的少数异议会产生更多的创新行为与更高的团队效能，但其前提条件是具备高水平的团队反思。这意味着反思可以调节少数异议与团队创新的关系，因为反思会使少数异议更易发生并能够更好地得到处理。同样，De Dreu（2007）的最新研究认为，团队反思在合作结果依赖性与团队有效性之间起到一种调节作用，该研究表明，在高水平团队反思条件下，合作结果的依赖性会促进信息共享、团队学习以及团队有效性。

（四）对组织公民行为的影响

Tjosvold（2003）的研究考察了任务反思对角色内绩效与角色外绩效的影响，研究发现，团队反思除了对角色内绩效具有显著正向作用外，对角色外绩效即组织公民行为中的组织认同也具有显著正向作用，对组织公民行为中的利他主义与责任心同样具有正向作用，但其作用不显著。

此外，Carter 和 West（1998）的研究结果表明，任务反思与决策参与、团队目标清晰表达以及主观幸福感呈正相关关系，但该文献对这些变量之间的作用机理未作说明。

四、团队反思的影响因素

（一）团队结构与设计

团队多元化（或异质性）、团队成立时间与结果依赖性会影响团队反思的水平。Schippers（2003）研究发现，在多元化团队中，工作任务的结果依赖性与团队反思呈正相关，这表明当团队成员在工作过程中表现得更加相互依赖时，他们更会对工作问题进行反思。因此，建立一个共同的团队目标，使团队成员的工作结果相互依赖，可以使多元化团队表现出更高水平的反思；与此相反，如果团队缺乏一个共同目标，也即结果依赖性较低，多元化程度低的团队会比多元化程度高的团队表现出更高的反思。因为在多元化程度较低的团队中，团队成员较易确定一个共同目标（也即结果依赖性较高），团队成员之间相互比较了解，团队成员对团队目标也会比较清楚，并认为在缺少充分沟通的情况下仍能保持有效工作，这时团队就很少需要沟通与反思。但是，当团队多元化程度较低又没有一个共同目标时，尽管团队成员相互之间比较了解，但因为目标并不清晰，团队就需要更多的沟通与反思。

Schippers（2003）的研究同样发现，团队成立时间在团队多元化与反思之间具有调节作用。在多元化程度低的情况下，"年老"的团队往往比"年轻"的团队表现出更高的反思；而在多元化程度高的情况下，"年轻"的团队往往比"年老"的团队表现出更高的反思。多元化程度低的团队会越来越表现出反思，因为团队成员间的交互作用会不断增强。然而，多元化程度高的团队很可能在团队成立之初就会表现出较高的反思，因为这时团队会尽可能考虑到不同成员的观点，但是，如果团队成员的观点互不相容，团队的反思水平可能会随着时间的推移变得越来越低。

因此，多元化团队可以通过提高结果依赖性提升团队反思水平，例如，可以运用基于团队绩效的报酬制度。同样，多元化团队应能意识到团队反思水平会随时间的推移而逐渐降低，因此要时常加强与反思、计划、行动相关的训练。

（二）团队冲突管理

最近一些研究认为，冲突与冲突管理可以帮助团队进行有效的团队反思并提升团队绩效。Tjosvold（2003）认为，有效管理冲突而不是冲突本身有利于团队反思与团队管理。West 等（2003）发现，知识多元化程度高的团队如果具备任务反思将更富创造性。De Dreu（2002）发现，容忍少数反对意见的团队如果反思它们的工作会更为有效并更富创造性。

Tjosvold（2004）的研究认为，合作性目标与合作性冲突管理方式有助于提高团队反思水平，而竞争性目标与独立性目标会抑制团队反思，竞争性冲突管理方式与回避性冲突管理方式也会抑制团队反思。研究同样发现，那些认为团队目标是相容的团队成员会直接讨论团队问题进而强化内部功能，而那些认为团队目标是相互冲突的团队成员往往不能有效地讨论团队问题。

将合作性目标与反思联系起来的关键是对反对意见的开放式讨论。有研究发现，持有合作性目标的决策者会发表他们各自不同的意见，时常质疑他们对目前问题的思考是否充分，探寻并理解反面观点，并将它们整合起来以便提出高质量的解决方案（Tjosvold，1998）。所以，规范合作性冲突管理的程序，提高合作性冲突管理的能力，并且用合作与开放的方式管理冲突，会有助于提升团队反思与团队绩效。

（三）团队成员技能

Hoegl（2006）研究认为，团队成员的社会技能与项目管理技能有助于提升团队反思水平。社会技能表现为理解他们并尊重他人意见，反映团队成员的交往、沟通与移情能力，具有高水平社会技能的团队成员往往会具有强烈的自我探究与反思能力。高水平的社会技能会使团队成员更好地协调彼此之间的需求，从而了解如何在交往中顺应不同成员的风格，团队成员建设性地处理批评意见与疑惑的能力就会得到增强，也即提高了团队反思水平。

团队成员的项目管理技能也有助于提升团队反思水平。团队反思的关键要素包含确定清晰目标以及为实现目标制定策略与计划，而那些拥有高水平项目管理能力的团队，一般会擅长于制定计划与评估项目进展，因而会持有较高水平的团队反思。Frese 和 Zapf（1994）也认为，团队反思水平的提高有赖于团队详细说明计划、考虑潜在问题、制定长期与短期计划的能力，而团队的项目管理技能有助于增强这些能力，从而使团队具备较好的反思条件。

（四）团队领导等因素

Somech（2006）研究认为，参与型领导有助于提升团队反思水平，指示型领导只有在成员多元化程度低的团队中才能提升反思水平。Hammedi 研究（2007）认为，转换型领导、心理安全以及个体的合理行为都会引发高水平的团队反思。转换型领导可以激发讨论与评价行为，有助于建立一种反思的文化；心理安全氛围会使员工自由表达意见而不必担心受到负面影响，从而使反思活动较易进行；持理性态度的员工会把决策建立在充足证据的基础之上，倾向于对过去与当前的情况进行反思。

第五节 以往研究的评述

一、研究进展

团队绩效、团队过程与团队反思理论是本书研究的理论基石。通过对相关研究领域的文献回顾,可以发现这些领域已经取得了大量的研究成果,为本书研究提供了一个较高的理论起点。概括而言,与本书相关的这些领域的研究进展主要体现在以下三个方面:

(一)团队研究已经出现"丛林"现象

在近阶段的管理理论及实践中,团队(Work Team)和团队工作(Team Work)的概念异常流行。以团队的形式管理组织以及开展组织发展的活动无论在学术或实践中都产生了多元的和深厚的冲击力。在可预见的未来,团队的方式将不容争议地成为管理理念进步的一个里程碑。正如管理学专家彼得·德鲁克指出的:明天的组织是趋于扁平化,以信息为基础并且是围绕着团队组建起来的。自20世纪80年代以来,以团队主题的研究呈现出百花齐放的格局,人们理所当然地把目光集中于如何提高团队绩效,探讨影响绩效的各种因素上。综观上述研究文献,学者们从各自角度丰富了团队绩效理论,如任务依赖性(Cohen、Ledford & Spreitzer, 1996; Janz、Colquitt & Noe, 1997; 丁岳枫、谢小云与土重鸣,2004)、结构多元化(Drach-Zahavy & Somech, 2002; Reagans & Zuckerman, 2001; 黄家齐和蔡达仁,2003)、团队报酬(Sarin & Mahajan, 2001)、团队领导(Sarin & McDermott, 2003; Pirola-Merloa, 2002; Ozaralli, 2003; 周志成和朱月龙,2005)、团队冲突(Tjosvold、Poon & Yu, 2005)、动情行为(Sethia & Nicholsonb, 2000)、公平与公正(Sinclair, 2003)、认同(Sethi、Smith & Park, 2001)等。

(二)团队反思理论对企业在动态环境中赢得持续优势的新解释

随着任务依赖性和技术复杂性的不断提高,团队越来越成为企业从事知识活动的基本工作单元,虽然高效团队能够实现稀缺资源共享与跨部门合作,通过不同职能部门之间的协同成功地完成既定任务,但是,造就高效团队是一项需要很多投入的艰难工作,因为大多数团队,特别是从事创新活动的知识团队都身处动态变化的环境之中。对于知识团队而言,要成功应对不确定性(对特定行为的后果与影响缺乏认识)与含糊性(在该做什么的问题上模棱两可、含混不清),就必须密切关注周围环境的变化,并根据环境变化做出及时反应。团队反思是团队关注环境并根据环境变化做出反应的关键所在,如果团队成员能对自己的工作方式和所处的工作环境进行公开反思,制定应变计划,并根据环境变化对自己的工作方式做出相应的调整,那么团队将会变得更加有效。反思对于从事复杂工作的研发团队显得尤为重要,因为在工作任务非常规、环境不确定的情况下,更有必要对工作方法进行评价和反思。

(三)团队反思研究已取得初步的研究成果

根据上述文献综述,不同学者从各自的研究角度研究团队反思,通过以上文献分析,可以得出国际上对团队反思研究的基本理论框架,这个框架可以用一个IPO模型展示,该模型从投入—过程—产出角度为我们理解团队反思的形成过程与作用机制提供了简单而清晰的框架。团队个人因素、团队因素与环境因素作为投入因素会对团队反思产生影响;团队反思作为一种团队过程,由反思、计划、行动三个要素构成;团队反思又会对组织、团队及个体三个层次的结果变量产生影响,其中组织变量包括组织公民行为与组织绩效,团队变量包括团队学习、团队创新与团队有效性等,个体变量包括个体创新行为与个体幸福感知等。

二、研究局限与展望

(一)团队研究的局限与展望

(1)中介变量"团队过程"未能受到足够的重视。许多团队绩效的实证研究忽略了"团队过程"这个中介变量,其实团队模型是一个三步链:特征→过程→绩效,特征与过程之间存在一个推测的中介过程。包含三个过程变量的模型才能达到较好的预测结果,如 Smith 等(1994)的模型使用特征和过程变量,分别以56%和44%解释了因变量投资回报率与销售增长率。

(2)差异化样本的使用。许多团队研究选取横跨不同行业的样本,它们在市场状况、产业结构、公司规模、管理结构以及其他控制变量上差异很大,使研究结果产生了偏差。解决的策略可以包括使用单一行业的样本和相互匹配的设计,

知识团队反思：测量、前因与结果

或者进行更深入的分析，辅之必要的企业访谈或个案研究。

（3）研究内容不够完善。在以团队特征为中心的研究中，尽管产生了一些团队特征与团队绩效关系的成果，但这些研究对团队中的实际交流、相互作用、影响模式的认识不够。此外，在以团队过程为中心的研究中，一些学者已经注意到交流、冲突、社会协调等外在因素，但不够重视反思、团队反思、团队学习等内在因素的作用。

（二）团队反思研究的局限与展望

现有的团队反思研究已取得了重要研究成果，积累了许多有价值的研究结论。但目前团队反思的研究还存在一些缺陷，组织管理领域里团队反思的研究还有许多问题值得我们进一步思考。

（1）需要重点关注知识团队中的反思。团队反思对于从事复杂工作的知识团队显得尤为重要，因为在工作任务非常规、环境不确定的情况下，更有必要对工作方法进行评价和反思（West，1996），因此知识团队是研究反思的理想环境，未来研究有必要丰富这一领域的研究发现，为知识团队反思提供研究证据。

（2）团队反思量表有待进一步完善。目前对团队反思测量的研究仍处于起步阶段。尽管从理论上可以将反思区分为轻度、中度、深度三个不同水平，但相关研究并没有将深度反思从其他反思中区分出来，但也不能否定，深度反思可能不是一个统一的概念，或者这层反思很少发生以至于很难用量表测量。因此，未来研究有必要对团队反思的操作性定义作更明确的界定，从而完善量表。

（3）研究的领域需要进一步拓展。以往文献中学者们对团队反思的研究主要侧重于考察团队反思对团队绩效的影响效应，但学者们并没有根据反思的不同程度或维度展开研究。此外，团队效能除了包含团队绩效，还包含团队成员态度与行为（Cohen & Bailey，1997），但以往文献中团队反思对团队成员态度与行为的影响研究相对缺乏。需要关注的是，不同程度的团队反思对团队绩效是否会产生不同的影响？对团队成员的态度与行为又会产生怎样的影响呢？此外，除了要进一步认识团队反思对结果变量的影响机理，还要加强对团队反思前因变量的研究。未来研究的一个重要领域就是探讨这些前因变量对团队反思及其结果变量的作用机理（Somech，2006），从而为组织如何提升团队反思水平以及团队效能提供理论上的依据。

总之，借助于对团队反思现象的认识，深入研究知识团队反思的结构测量与影响因素，以及知识团队反思对团队成员行为与对团队整体绩效的作用机制，不但可以丰富对知识员工行为决策规律与团队绩效形成机制的认识，而且可以为组织具体的知识团队管理实践提供更有效的引导。

(三) 团队研究方法上的局限与展望

一般研究的进行，先用定义描述现象的构念，接着发展测量该构念的操作方法，进而建立构念间关系命题，最后推导命题间的因果机制，从而建立解释现象的模型。过去众多团队研究由于没有重视多层次组织现象的研究，故经常忽略构念的概念层次、测量层次、异层构念间关系命题的模型建立，所以当这些研究涉及不同组织层次的（混层）描述时，往往会引起争议，即定义、测量、命题及模型四个研究步骤所针对的层次缺乏对齐性（Alignment）。常见的研究设计有两种：一是"聚合偏误"（Aggregation Bias），是指盲目地对个体层次数据进行聚合以表现团队层次的构念，而没有区别上行衍生机制是组合还是生成的过程；二是"生态谬误"（Ecological Fallacies），是使用高层次的测量去推论低层次的关系，而不顾下行过程的特性。由于多层组织理论致力于解释组织现象上的"立体描述"，需要澄清研究中的混层（Mixed-level）现象。因此，未来团队相关研究需要明确多层理论的执行策略，尤其需要强调构念层次、构念测量层次、命题构念关系的研究层次，遵循模型构建的对齐原则。

第三章 总体研究设计

第一节 研究问题的提出

上述相关文献为研究团队反思奠定了良好的基础,但要深入了解团队反思仍然需要更多的理论探索与实证研究。未来研究需要进一步厘清团队反思与相关概念的关系,完善团队反思的测量,丰富研究内容,扩大研究范围,并改进团队反思的研究方法。作者以知识团队及知识员工为研究对象,重点探讨如下与知识团队反思相关的四个重要问题:

一、中国背景下知识团队反思的结构模型

尽管以往研究已经给出了团队反思的概念内涵和结构维度,但仍未能解答"在企业实践中,知识团队反思具体表现为何种形式",即"团队反思的操作定义是什么"等问题。特别是缺乏对中国背景下的团队反思结构的研究。同时,以往研究很少能对反思的微观基础作深入的剖析,所以容易使研究泛泛而谈,无法为团队反思的构建提出更多可操作性的建议。因此,本研究需要在团队水平上回答中国背景下知识团队反思的结构维度,也就是在吸纳团队反思理论新进展的基础上开发出中国背景下知识团队反思量表。团队反思的测量是本书的基础工作,这需要对团队反思进行更多的理论探讨,进一步界定反思的内涵、要素及其与其他相关变量的关系;开发新的条目去测量不同水平的反思,探究哪种状态下哪种水平的反思最为合适;提高样本的代表性,并对量表的外部效度及预测效度进行验证,确保量表的信度与效度,扩大量表的应用范围。进一步丰富团队理论,从而

知识团队反思：测量、前因与结果

为有志于从事团队反思相关研究的学者提供参考。

二、知识团队反思的影响因素

尽管研究表明，团队成员技能、领导方式、团队结构、冲突管理以及心理安全氛围对团队反思具有显著影响，但是，仍然有其他个体、团队和组织层次的变量会影响团队反思，所以，未来研究的一个重要领域是探讨这些变量对反思的作用机理，从而为组织如何有效触发团队反思提供理论上的依据。此外，任务特征、团队结构、团队领导与组织气氛如何影响团队反思与团队绩效？只有对该问题给予回答，才能将团队理论落实到具体的管理实践中来，指导知识团队的设计与管理。因此，本书不但需要在团队水平上回答中国背景下团队反思的结构维度，还需要分别在不同的层次上给出其关键的影响因素，也即加强对团队反思前因变量的研究。

三、知识团队反思对团队绩效的影响效应

一些学者对团队反思与团队绩效的关系已经有很多的理论探讨，但对其作用机理仍然缺乏深入认识。正如研究者对团队学习的质疑一样，团队反思在一些关键问题上的论述上也是比较含糊的。究其原因，主要在于未能对团队反思的绩效机制进行剖析，特别是未能对其间的作用过程进行定量的考察。关于团队反思的团队层次效应，目前可以提出如下问题：经常自我反思的知识团队能否在团队任务绩效、团队效率以及团队成员合作满意度上都具有上乘的表现？团队任务作为一种情境变量，是否会干扰团队反思与团队绩效变量之间的关系？知识团队反思的影响因素是否会通过团队反思的中介作用影响到团队绩效？为此，研究者要研究团队反思对知识团队的意义，就必须对知识团队反思的绩效机制进行分析。只有厘清了知识团队中的反思对团队绩效的作用机理，才能真正体现反思的重要价值。

四、知识团队反思对知识员工行为的影响效应

如何从多层次的视角进行个体行为和态度的影响因素分析已经成为组织行为研究的前沿课题。与以往团队反思研究只注重团队层面的自变量和因变量不同，本书不仅探讨团队层次的现象，而且还注重考查个体和团队两个不同层次的因素

对于个体水平结果变量的作用。关于团队反思的个体层次效应，目前可以提出如下问题：知识团队反思作为一种团队层次变量是如何影响到团队成员个体的行为和态度的？团队成员在任务内绩效、任务外绩效等方面是否会有所变化？团队成员的个人特质（如成员目标取向）与知识团队反思是否会对团队成员行为和态度产生交互影响效果？为此，这需要运用跨层次分析的思路，分析团队反思对个体层次结果变量的直接影响作用及其在个体变量关系中的调节作用。通过跨层次分析，探讨个体层次影响因素与团队层次影响因素对个体层次结果变量的直接影响与交叉影响，识别影响知识员工行为的主导因素。

第二节 研究目标与框架

本书主要探讨知识团队反思的结构测量、影响因素及在个体与团队两个层次上的影响效果，通过一系列研究，力图达到以下三个主要目标：

一、获得知识团队反思影响知识团队绩效与知识员工行为的规律性知识

本书将结合理论研究与实证研究手段，深入研究知识团队中不同程度或不同维度反思的作用效果，发掘出可能影响团队反思效果的变量，从而得到知识团队反思对团队成员行为和态度以及团队整体绩效影响的基本规律性知识，进一步丰富团队效能理论。

二、提高研究的外部效度

本书着眼于知识型团队中的反思现象，先以理论研究提出假设命题，再以问卷调查研究这一外部效度较好方法，深入考察知识团队反思在实际组织中的影响因素及其作用效果；此外，我们拟进行企业访谈，访谈主要是获得与研究主题相关的感性认识，为研究命题的建立积累认识。希望本书的研究内容能更加完善团队反思的理论应用边界，提高研究的外部效度。

三、提出基于知识团队反思的员工管理与团队管理对策建议

管理理论的研究应面向问题并提高组织的管理效率和效果。本书在理论分析和实证研究相结合的基础上，结合本书的研究结果，提出基于团队反思多层次效果的知识员工激励与知识团队管理对策建议，并为组织制定更有效的团队反思制度提供指导。

上述研究问题与研究目标是本书研究所关注的理论焦点。根据这些研究问题，并基于对以往研究文献的回顾和总结，提出了本书的总体构思框架，如图3-1所示。

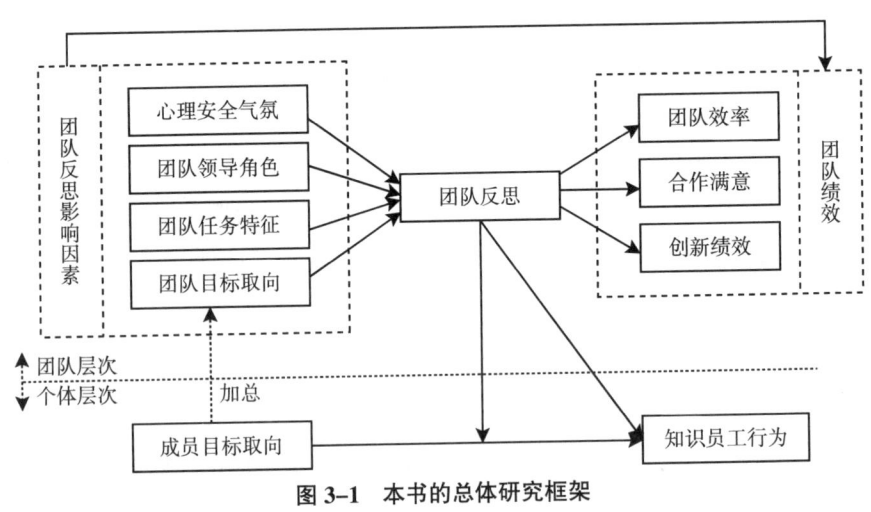

图 3-1　本书的总体研究框架

第三节　研究内容与设计

一、研究内容

（一）研究一：知识团队反思的结构与测量研究

研究目的：团队反思的结构与测量是本书实证研究需要解决的首要问题。反思对于从事复杂工作的知识团队显得尤为重要，因此有必要在此背景下，探求我

国企业中的知识团队反思的结构维度和具体特征,为企业中的知识团队反思提供研究证据,也为本书的后续研究奠定基础。以以往文献研究为基础,通过半结构化的深度访谈获取知识团队反思的关键内容特征,并初步验证和修订问卷,探析中国背景下知识团队反思的结构维度。

研究设计与方法:本书采用理论推导、访谈研究和问卷研究相结合的方式,探析中国背景下知识团队反思的维度,构建结构模型。访谈研究用于开发并编制测量知识团队反思的题目。对访谈材料进行内容分析,从中提炼团队反思的多维度构思。问卷调查研究用于量表开发的实证研究,考虑到可能存在的地区差异、企业性质差异、行业差异等的影响,研究的取样将在这三方面有所覆盖。运用实证数据探索和验证知识团队反思的结构,即通过综合运用探索性因素分析和验证性因素分析方法,对概念构思进行验证。尤其需要说明的是,由于团队反思的测量对象为团队成员,因此将采用两层次验证性因素分析,以检验团队反思构念在多大程度上处于团队层次,以及多大程度上处于个体层次。

(二) 研究二:知识团队反思的触发因素研究

研究目的:考察不同组织层面的变量对其可能产生的影响,才能明确知识团队反思的形成机理,既为后续的团队反思对团队绩效与个人绩效的影响机制研究奠定基础,也为企业触发团队反思的实践提供操作框架。本书除了考察知识团队反思的前因变量,还将分析团队任务特征可能产生的调节作用。

研究设计与方法:本书采用理论推导和问卷研究相结合的方式。通过文献综述和理论推导,提出团队反思的主要影响变量,并分析它们对团队反思的影响关系。通过对几个关键影响因素变量和团队反思的测量,收集大样本数据,借助多元回归分析技术,分析各影响因素对团队反思的作用。最终提炼关键影响变量,构成团队反思的触发因素。

(三) 研究三:知识团队反思的团队层次效应研究

研究目的:在前人研究的基础之上,进一步对团队反思对团队绩效的作用机制进行研究。本书从团队任务绩效、团队效率与团队合作满意度三个方面衡量团队绩效。在理论研究的基础上,运用实地调查研究,揭示知识团队反思对团队绩效的影响,通过变量间关系的测量和路径分析,探讨基于团队反思的知识团队绩效形成机理。重点探究团队反思对团队层次结果变量团队绩效的影响,并分析团队反思在触发因素与团队绩效间的中介效应,最终揭示团队反思的团队绩效机制。

知识团队反思：测量、前因与结果

研究设计与方法：本书主要采用问卷调查研究法分析团队反思的团队层次效应。在前文研究的基础上，通过理论推导提出研究假设。通过对几个关键变量的测量，收集大样本数据，借助结构方程建模技术，分析团队反思各维度对团队绩效的影响，以及触发因素与团队绩效间的关系，进而检验团队反思的中介效应。

(四) 研究四：知识团队反思的个体层次效应研究

研究目的：本书将在理论研究的基础上，运用实地调查研究，揭示知识团队反思对团队成员行为的影响机理。探究团队反思对个体层次结果变量知识员工行为的直接影响，并分析团队反思在团队成员目标取向与知识员工行为间的调节效应，最终揭示团队反思对知识员工行为的跨层次作用机制。

研究设计与方法：本研究主要采用问卷研究的方法，分析团队反思的个体层次效应。通过理论推导提出研究假设，进而通过对关键变量的测量，收集大样本数据，借助多层线性模型技术，分析团队反思各维度对知识员工行为的跨层次直接影响与跨层次调节效应。

二、拟突破的重点和难点

（1）研究变量操作性定义问题。从理论上界定团队反思的过程与维度是容易的，但在现实中评价团队反思存在着操作性困难，所以界定区分知识团队反思的维度，是本书需要解决的关键问题之一。此外，实地调查研究中应该选取何种可测量的具体行为或结果来代表任务内绩效、任务外绩效、团队效能、团队效率等结果变量？选取何种测量方式或工具能准确测量出这些结果变量？这些也是本课题拟解决的关键问题之一。

（2）实地调查研究中的研究设计与统计分析问题。本书需要以组织中的知识团队为单位收集样本，这无疑会增加问卷调查的难度。并且，由于本书涉及团队与个人两个层次上的变量，不同层次的变量需用不同的测量方式，同层次变量间的关系分析与跨层次变量间的关系分析需要运用不同的数据处理方式与统计分析方法。

（3）发现和探讨影响知识团队反思效果的因素是本课题面临的难点。这些因素主要包括：第一，不同的层次、不同的结果变量。本课题将探讨团队反思对个人与团队层次的不同结果变量的影响效应，考察这些影响是否存在差异。第二，知识团队任务变量。团队从事的任务设定了成员所必需的知识和技能，而且任务构成成员活动的主要目标。因此需要考察在完成不同任务的知识团队中，团队反思可能存在的效果差异。第三，个体特质差异。在反思水平高低不同的团队中，团队成员也可能会由于其个人特质不同而产生行为差异。

三、测量与分析思路

首先，本书对相关概念的内涵作进一步的明确界定，如表 3-1 所示。

表 3-1　相关概念的界定

相关概念	内涵
知识员工	知识工作者是利用本身的知识和技能从事知识工作从而创造有价值的产品和想法的员工
知识团队	由两个及两个以上具有互补性知识与技能的知识型员工组成的，需要通过相互协作来共同完成目标并共同承担责任的群体
团队反思	团队成员对团队目标、策略（比如决策）与程序（比如沟通）进行公开反思以使他们适应当前或预期环境变化的程度
知识员工行为	员工的知识活动行为是一种组织行为，本书将知识员工行为界定为知识获取行为、知识创新行为与知识分享行为
知识团队绩效	知识团队绩效包含团队效能与团队效率两个方面，其中团队效能是指团队产出满足预期的程度，反映实际结果与预期结果的比较；团队效能包括任务绩效和合作满意两个方面。本书将团队效率界定为知识团队的运作速度以及最大程度利用各种信息和资源的能力

因为构念的类型体现了构念的性质，而构念的性质会影响构念的组合方式和测量方法。因此在对团队层面构念进行界定之前，首先要区分团队层面构念的类型是整体特征、共享特征还是生成特征，然后确定测量方法，如采用加总平均或直接测量。本书中的主要测量工具如表 3-2 所示。

表 3-2　测量量表的特征汇总

量表	维度	评分人	变量特征
团队目标取向	团队学习取向	团队成员	生成特征
	团队证明取向		
	团队回避取向		

续表

量表	维度	评分人	变量特征
团队领导角色	外联型领导	团队成员	共享特征
	促进型领导		
	创新型领导		
	指导型领导		
团队心理安全	心理安全气氛	团队成员	共享特征
团队任务特征	任务依赖性	团队成员	生成特征
	任务例行性		
团队效能	任务绩效	团队主管	整体特征
	合作满意	团队成员	生成特征
团队效率	团队效率	团队主管	整体特征
知识员工行为	知识获取行为	团队成员	个体
	知识创新行为		
	知识分享行为		

除了团队反思量表是由自行开发外，其他主要测量工具均来自于西方学者在欧美国家的研究成果，因此需要在中国背景下对这些量表的条目进行一定的修正，本书通过以下两项工作对量表进行初步修订。第一，双盲翻译。首先由两位人力资源管理方向的研究生并行地、双盲地（Double-blind）将量表由英文翻译成中文，然后讨论确定合适的中文译句。再请另外两位工商管理专业的研究生并行地、双盲地将中文译句翻译成英文。然后该四位研究生一起讨论，对那些与原英文明显差异的译句进行详细讨论，修改中文译句。第二，小组讨论（陈永霞等，2006）。本书作者分别与两位有工科大专以上学历背景的企业技术人员对问卷条目按下面问题逐一讨论：①该条目意思清楚吗？②该条目有意义吗？③对于该条目，评价刻度清楚吗？④对该条目，评价刻度有意义吗？⑤对该条目，你认为参与者的回答会有差异吗？⑥问卷中每部分的指导性语言的意思是否明确？⑦其他建议。最后对不太符合汉语表述习惯的条目在措辞上作了少许改动。

团队研究涉及两种分析模式：同层（Single-level）模式与跨层（Cross-level）模式。团队研究中的同层模式所描述关系中的构念均处于团队层次，因此可以采用回归分析或结构方程建模的方式分析团队层次变量间的关系。团队反思的影响因素研究与团队层次效应研究属于这种同层模式。在跨层模式所描述的关系中,自变量与因变量分属不同层次的构念,这需要运用跨层次分析方法(如多层线性模型)分析不同层次变量间的关系。团队反思的个体层次效应即属于这种跨层模式。

具体而言,本书将借助于 SPSS 与 LISREL 软件对采集的数据进行量表的信度、效度分析;借助 HLM 软件进行多层线性建模,从而构建知识团队反思对员工行为与态度的影响模型;借助 LISREL 软件进行结构方程建模,从而构建知识团队反思的影响因素模型以及知识团队反思对团队绩效的影响模型。

第四章 知识团队反思的结构与测量

第一节 研究背景

如前文所述，高新技术企业越来越依赖于富有创造性并能够对环境变化做出快速反应的知识型团队，因为高效知识团队能够帮助团队应对不断增长的环境压力，实现稀缺资源共享与跨部门合作，通过不同职能部门之间的协同来成功地完成既定任务。但是，造就一支高效的知识团队是一项需要投入很多的艰难工作，因为大多数团队，特别是从事创新活动的知识团队都身处动态变化的环境之中。Sicotte 与 Langley（2001）认为，不确定性（对特定行为的后果与影响缺乏认识）与含糊性（在该做什么的问题上模棱两可、含混不清）始终伴随着从事创新活动的知识团队。对于知识团队而言，要成功应对不确定性与含糊性，则必须密切关注周围环境的变化，并根据环境变化及时做出反应。团队反思（Team Reflexivity）就是基于这一思想提出来的。团队反思是团队关注环境并根据环境变化做出反应的关键所在，也是影响团队创新与团队有效性的一个重要因素（West，1996）。如果团队成员能对自己的工作方式和所处的工作环境进行公开反思，制定应变计划，并根据环境变化对自己的工作方式做出相应的调整，那么团队将会变得更加有效。

在反思水平较高的团队里，团队成员倾向于制定详细的计划，关注长期绩效，并且会对环境因素做出积极的反应；而反思水平较低的团队，其成员往往不太关心团队目标、团队战略和外部环境，团队成员倾向于被动适应而不是积极主动，只能根据环境变化做出防御性反应（West，2000）。反思有助于团队及其成

知识团队反思：测量、前因与结果

员及时发现问题，如当前的工作方法很可能由于环境的变化而早已过时（Tjosvold，2003）。总之，在高水平团队反思的环境下，团队内部正反两面的意见都会得到充分的考虑和妥善的处理，而团队成员的思想也会更具创新性、发散性与批判性。在制定计划或决策的过程中，团队成员会公开、深入地讨论各种方案，并做出有利于团队整体利益的选择，团队的决策质量也会因此而得到提高。

反思对于从事复杂工作的知识团队显得尤为重要，因为在工作任务非常规、环境不确定的情况下，就更有必要对工作方法进行评价和反思（West，1996），而知识团队面临的外部环境要比一般团队复杂，因此知识团队正是研究团队反思的理想环境。团队反思的研究（De Dreu，2002；Somech，2006；De Dreu，2007；Schippers et al.，2007）已经成为西方管理研究的热点问题之一。从国内的实际情况看，越来越多的高新技术企业开始选择知识团队作为从事技术创新活动的工作单元，因此很有必要在国内开展知识团队反思方面的研究，为高新技术企业从事激发创新的管理实践提供理论依据。但是，团队反思的结构及其测量工具的研究在西方仍处于起步阶段，国内相关的实证研究仍然不多。本书旨在丰富这一领域的研究发现，为知识团队反思提供研究证据。因此，本书希望在借鉴国外研究的基础上，开发中国背景下团队反思的测量工具，以期为国内开展反思方面的研究提供一个有效的工具。

在我国背景下进行知识团队反思的相关实证分析，首先需要一个具有良好信度和效度的测量工具，因此开发知识团队反思的测量和评估工具是当前研究的一个重要课题。一方面，国外关于团队反思的实证研究自1996年以来逐渐增多，研究者对团队反思的测量手段并不一致，并且分析研究主要集中在欧美国家，国际跨文化研究相当匮乏，相关结论的跨文化适用性问题也未有定论；另一方面，国内关于团队反思的研究除了较少的综述文献，实证分析还比较少。因此，在本章中，研究者将借鉴国际已有的研究方法和实证经验，结合我国企业的特征和背景，通过访谈与问卷调查等方法分析中国背景下知识团队反思的结构模型。

此外，团队反思是一个团队层面的概念，它是一种团体过程。因此，本书需要借鉴多层次分析方法，运用调查所得的多层次数据，分析团队反思概念是处于个人层次还是团队层次，验证团队反思是否具有团队层次的构念特征。

本章将首先回顾团队反思内涵、要素及其与相关概念之间的关系，从而为开

第四章 知识团队反思的结构与测量

发与验证团队反思量表提供理论基础。随后，本研究将详细报告量表开发步骤及其结果。本章组织了如下主要研究内容：①中国背景下知识团队反思的理论维度；②团队反思的测量问卷分析；③团队反思问卷的预测试；④个人层次团队反思的结构探索与验证；⑤团队层次团队反思的结构探索与验证。本章主要研究目的在于分析中国背景下知识团队反思的测量维度并运用调查数据对此理论结构进行验证。

第二节 知识团队反思的结构分析

一、团队反思的结构分析

West（1996）认为，团队反思是认知过程与执行过程的统一，一个完整的团队反思过程包括反思（Reflection）、计划（Plan）与行动/调整（Action/Adaptation）三个核心要素，反思是由这三个要素构成的交互过程（West，1996）。

反思是团队反思中最为重要的一环，目前团队反思量表也大多从反思这个角度进行测量。团队反思包含一系列的行为，如询问、计划、探索性学习、多视角探索、专业知识运用、对已完成的工作进行评估、元学习（对团队内部不同甚至相互矛盾的知识进行同步整合），以及运用新的思维方式来思考问题，等等（West，1996）。根据程度不同，"反思"可以分为三种水平：轻度（Shallow）反思、中度（Moderate）反思与深度（Deep）反思。轻度反思是反思的初级阶段，包括思考与当前工作紧密相关的问题，比如讨论团队成员间的任务分配，轻度反思与所谓的单环学习非常相似；中度反思是对任务、目标、策略和程序采取一种更加批判的方式，它类似于双环学习；在深度反思阶段，团队或组织的规则与价值观将会受到质疑，这些规则与价值观对团队或者组织功能的影响也会被公开讨论，深度反思与再学习或者三环学习是相似的。

"反思"可以造成团队的一种不确定性，而"计划"正是由这种不确定性所带来的，因为"反思"过后，团队需要制定行动计划以确保团队能够适应环境变化（West，2004）。制定详细周密的计划需要考虑团队可能遇到的潜在问题，还要兼顾长期计划与短期计划。计划很有可能引发新的创新，因为详细周密的计划可以将团队成员的注意力与行动引到创新的实施上（Gollwitzer，1996）。

"行动/调整"同样是团队反思中的重要环节，因为仅仅"反思"或"计划"并不会发生任何变化。West 认为，行动/调整是指"为实现团队在反思阶段所期望的团队目标、策略、程序、组织或环境方面的变化，团队所进行的与实现这个变化目标相关的行为"（West，1996）。团队实施的"调整"行为能产生新的信息，从而引发新的"反思"、"计划"与"调整"行为，形成一个反复和持续的反思过程（West，1996）。

反思量表的开发为研究反思的前因与影响提供重要前提，但目前对团队反思测量的研究仍处于起步阶段。图 4-1 展示的是团队反思结构的理论模型。团队反思的要素及理论结构模型是编制团队反思量表的主要依据。本书初步认为团队反思由反思、计划、调整三个维度构成，其中反思又包含轻度反思、中度反思、深度反思三个不同水平的反思。

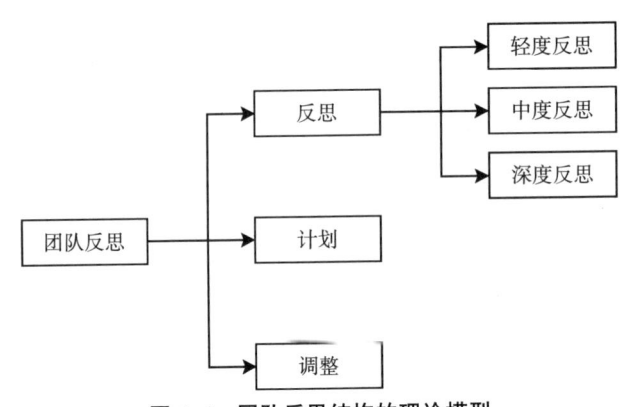

图 4-1 团队反思结构的理论模型

二、知识团队反思与效标变量

本书选择团队创新绩效为团队反思量表的效标变量。国外学者普遍认为，经常反思过去的团队更有可能探讨和应对由环境变化引发的挑战，这方面的主动努力有利于团队更好地理解和处理创新问题。此外，团队成员通过不断反思可以相互了解各自的专长，因此更有可能在团队内部形成交互记忆系统，从而方便团队有效发挥各成员的专长。Carter 和 West（1998）通过对 BBC 节目制作团队的实证研究发现，团队反思比团队创新气氛和团队结构更能预测团队效能。Schippers 等（2003）对60个团队进行实证研究后发现，团队反思对团队产出（满意度、承诺与绩效）具有直接影响作用，但这种影响会受到团队成立时间与结果依赖性的调节；团队反思在团队多元化与团队产出之间起中介作用。Tjosvold 等（2003）对100个中国团队的研究发现，那些能够反思团队程序与执行改进方案的团队在创新绩效方面会得到主管比较高的评价。Hoegl（2006）的研究结果也支持团队反思与团队有效性正相关的假设。

为此，本书选择团队创新绩效为效标变量，并认为知识团队反思的各个维度对团队创新具有显著正向影响。

第三节　知识团队反思量表的编制

一、研究目标

本书主要目标是编制测量知识团队反思的调查问卷。具体过程如下：首先，收集测量知识团队反思的项目，编制初始问卷；其次，使用初始问卷对预试样本进行调查，并用调查数据（个体层次数据）对预试问卷的结构进行分析，建立知识团队反思的因子结构模型；最后，对预试样本数据进行聚合处理，即将个体层次数据处理为团队层次数据，并进行描述性统计分析。

二、研究方法

（一）团队反思预试问卷的编制

国外关于团队反思的研究已有一些积累，现有的研究基本上是在West 等（1996，2000）的研究基础上对焦点问题进行扩展性分析。但是，已有的相关研究选取的样本主要集中在北美地区，在中国除了对团队反思的综述讨论外，关于对团队反思的实证研究十分匮乏。国际上现有的关于团队反思结构模型研究结论是否在不同国家同样有效，是迫切需要解答的问题。为了保证有效的团队反思构思进行测量，研究者首先通过国际上已有的相关实证研究文献收集相关的测量题项,特别是在国际著名期刊上发表的相关文献以借鉴其已有的测量工具形成初步的调查题项。然后,通过深度访谈和半结构化问卷对调查题项进行验证、修改和提炼。也即通过参考国外文献和对国内企业员工进行访谈两种方式收集测量项目,进而编制初始问卷。

1. 文献阅读的项目收集方法

本书选取已经被国内外学者认可的或者相对比较成熟的量表中的测量工具作为参考。研究者通过查阅有关团队反思研究的文献资料,收集测量团队反思的项目。从所收集到的相关文献来看,目前测量团队反思的量表有三个来源:一是Swift和West（1998）的量表。该量表包含9个项目,目前绝大部分相关研究所采用的反思测量工具,都来自该量表或根据该量表改编。但是该量表为单维结构,没有体现团队反思定义中所描述的三个反思水平,也没有关于"行动"或"调整"的测量项目。二是Carter和West（1998）的量表。该量表由16个项目构成,包含社会反思与任务反思两个维度。但从West（1996）所描述的团队反思内涵来看,团队反思主要是任务反思而不是社会反思。三是Schippers等（2007）最近开发的量表。该量表由"反思"与"调整"两个分量表构成,反思分量表由两个相关的维度构成:"评价/学习"与"程序讨论";"调整"分量表为单维结构。

根据团队反思的内涵与要素收集测量反思的项目,所有拟采纳的项目均采用标准的翻译—回译程序进行处理。请管理学博士将英文条目逐一翻译成中文,然后由两名英语专业博士将中文译本回译成英文。比较两个英文版本中的各对应测量条目,没有发现明显差异。

2. 访谈与开放式问卷调查

根据团队反思的定义描述,与3家高新技术企业中的15名员工进行访谈。其中5名员工从事研发工作,5名从事其他技术工作,其余5名从事管理工作。访谈采用一对一交流的方式,首先向被访员工简要介绍访谈的目的,并让其深入理解团队反思的定义,然后对其进行开放式问卷调查,用以收集有关团队反思的项目。开放式问卷由一个题目组成:为了让我们的团队能够适应当前或预期的环境变化,团队成员需要怎样才能做到对团队目标、策略与程序进行有效的反思?让每位被访员工尽可能多地写出他们的看法。

3. 项目整理与修订

在确定了团队反思的内涵、要素后，重点参考国外测量团队反思的项目，并根据针对国内企业员工的访谈内容，3 位人力资源博士生编制了测量团队反思的项目，共计 20 个项目，其中 9 个是本书根据访谈和调查结果编制的项目，其他 11 个是沿用前人研究的项目（Swift & West, 1998; Schippers et al., 2007），这些项目既包含测量轻度、中度、深度三个水平反思的项目，也包含测量行动与调整的项目。两位组织行为学专家与两位管理学博士生就团队反思的每一项目进行讨论后，将一些项目合并，形成 14 个项目，并编制了问卷初稿。之后本书作者在两个城市分别与两位有工科大专以上学历背景的企业技术人员对问卷项目按下面问题逐一讨论：①该项目意思清楚吗？②该项目有意义吗？③对于该项目，评价刻度清楚吗？④对该项目，评价刻度有意义吗？⑤对该项目，你认为参与者的回答会有差异吗？⑥问卷中每部分的指导性语言的意思是否明确？⑦其他建议。经过讨论，对不太符合汉语表述习惯的项目在措辞上作了少许改动。

最后形成了团队反思预试问卷，由 14 个项目组成（见表 4-1），其中轻度反思 4 条，中度反思 4 条，深度反思 3 条，行动或调整 3 条。各变量题项均采用 Likert7 点量表进行测量，以此衡量样本对于各问题的同意程度，1~7 分别代表"完全不同意"到"完全同意"。关于量表开发的方法，研究者采用了"综合"各家之长的策略，因为目前还找不到一个"好"的量表供研究者直接"修订"；研究者使量表能够体现 West 的反思理论。考虑到反思的理论（特别是它的概念和要素等）已相对成熟或相对成型，关于测量反思的量表，前人也做了有益的探索，作者认为有必要充分利用这些资源。所以，作者主要是在前人研究的基础上做一些补充和探索。比如，根据 West 理论，"深度反思"、"计划"、"调整"都是反思的要素，但公开发表的量表中却没有这些项目，所以要做访谈和开放式调查去进一步探索。但已发表的量表中已有"轻度反思"与"中度反思"的条目，且较完善，因此有必要参照这些条目；也有"深度反思"与"调整"的条目。

表 4-1 团队反思初步调查问卷测量题项

编码	条目
A1	执行任务之前我们会花时间讨论完成任务的各种方法
A2	我们会经常检查团队的工作是否符合当初设定的目标
A3	团队任务完成后我们会对任务完成情况进行全面评估

续表

编码	条目
A4	我们会经常总结工作经验
A5	我们会经常讨论当初制定的目标是否合适
A6	我们会经常讨论完成工作的方法是否合适
A7	我们会经常讨论团队成员能否有效合作
A8	我们会经常讨论团队成员如何有效沟通
A9	我们会讨论团队规则是否符合组织要求
A10	检查团队工作是否对组织有利
A11	对改变团队规则和价值观有所准备
A12	我们会根据环境变化调整团队目标
A13	如果团队环境发生变化，我们会制定应对计划和措施
A14	如果团队工作程序不合理，将会很快得到调整

（二）预试样本

由于团队反思量表在国内是第一次开发，所以需要对其进行预试处理。作者选择某市 5 家高新技术企业中的 20 支知识团队作为预试样本。在 20 支知识团队中发放反思问卷 160 份左右，回收有效问卷 148 份。

预试团队由 4~12 人（实际接受调查的人数）组成，平均有 8.12 名成员（SD=2.14）。

团队职能方面，生产/服务团队 3 支，管理/参与团队 3 支，技术/研发团队 9 支，市场/销售团队 3 支，其他团队 2 支。

团队成员性别方面，男 64%，女 36%。团队成员学历方面，大专及以下 28%，本科 44%，研究生及以上 28%。

（三）统计分析

该阶段研究进行如下统计分析：①使用成员样本数据进行项目通俗性分析；②使用成员样本数据对预试问卷的结构进行探索性分析，建立知识团队反思的因子结构模型；③对团队反思各维度进行信度分析；④团队反思是一个团队层面构念，并且是一个共享构念。本书将对成员样本数据进行聚合（Aggregation）检验，将个体层次数据处理为团队层次数据，并进行团队层次数据的信度分析与描述性统计分析。

三、研究结果

(一) 项目通俗性分析

通俗性分析属于难度分析在非二分法计分的延伸,目的在于评估项目是否出现了地板和天花板效应,它将衡量出被试在特定题项中反应态度的普通程度。在多级量表中,通俗性的计算方法为:

$$P = \frac{\overline{X}}{W}$$

式中,$\overline{X}$ 为全体被试在该题项的平均得分,W 为该题项的最高可能得分。

按照上述公式计算,各分量表项目的通俗性结果如表 4-2 所示。数据表明,14 个项目通俗性值在 0.69~0.84,显示本问卷项目分值总体偏高;但各项目通俗性尚可接受,没有出现地板或天花板现象。

表 4-2 预试项目的通俗性分析结果

题项	平均值	方差	P 值
A1	5.45	0.78	0.78
A2	5.74	0.97	0.82
A3	5.86	0.86	0.84
A4	5.68	0.92	0.81
A5	5.33	0.94	0.76
A6	5.23	1.05	0.75
A7	5.38	0.89	0.77
A8	5.64	0.98	0.81
A9	4.93	0.99	0.70
A10	4.84	1.19	0.69
A11	5.07	1.02	0.72
A12	5.64	0.91	0.81
A13	5.49	0.86	0.78
A14	5.58	0.95	0.80

(二) 个体层次数据的探索性因素分析

由于本阶段研究为量表开发,故需要采用更加精确和可靠的方法对样本数据

知识团队反思：测量、前因与结果

进行分析。Widaman（1993）认为，与主成分分析法相比，使用主轴因子法（Principal Axis Factoring）进行探索性因素分析（EFA）所得到的因子负载会更准确，因此本书选择主轴因子法提取因子。考虑到反思各维度间存在相关关系，采用 Promax 转轴法进行斜交旋转处理。根据特征值与碎石图结果确定抽取因子的数目。

此外，作者将判断是否保留一个项目的标准定为：①该项目在某一因素上的负荷超过 0.50；②该项目不存在交叉负荷，即在两个因素上的负荷之差大于0.20；③该项目符合理论构思。

预试样本的 EFA 发现，Bartlett's 球形检验（Bartlett's Sphericity Test）值为 2198.54，显著水平小于 0.001，说明相关矩阵不可能是单位矩阵；取样适合性 KMO（Kaiser-Meyer-Olkin）值为 0.92，说明该问卷适合做因子分析。根据碎石图，抽取三个因素是最为合理的，三个因素累计方差贡献率达到 67.87%。分析结果如表 4-3 所示。

表 4-3 团队反思预试量表的探索性因子分析结果（n=148）

项目	因素 1	因素 2	因素 3
8. 讨论团队成员如何有效沟通	0.92		
5. 讨论当初制定的目标是否合适	0.91		
6. 讨论完成工作的方法是否合适	0.90		
7. 讨论团队成员能否有效合作	0.84		
3. 评估团队任务的完成情况		0.92	
2. 检查团队工作是否符合既定目标		0.85	
4. 经常总结工作经验		0.83	
1. 执行任务前讨论完成任务的方法		0.71	
10. 检查团队工作是否对组织有利		0.65	
14. 不合理的工作程序会很快得到调整			0.98
13. 根据环境变化制订应对计划和措施			0.94
12. 根据环境变化调整团队目标			0.93
11. 对改变团队规则和价值观有所准备	0.42		0.55
9. 讨论团队规则是否符合组织要求	0.37		0.52
特征根	7.30	1.64	1.05
累计解释方差比例（%）	49.30	60.99	68.48

注：①因子负荷小于 0.3 的均未显示；②斜体项为拟删除的项目。

第四章 知识团队反思的结构与测量

从因子结构看，第一个因素有 4 项目，均为测量中度反思的项目；第二个因素有 5 个项目，其中 4 个项目测量轻度反思，另一个项目测量深度反思，根据理论构思，深度反思应该独立成一个要素，或至少被分到中度反思的要素中，而 EFA 结果却将深度反思的一个项目分配到主要测量轻度反思的因素 2 中，这与作者的研究构思不相吻合，因此作者将该项目删除；第三个因素包含 5 个项目，其中 3 个项目测量行动/调整，另外两个项目测量深度反思，由于这两个项目在两个因子上负荷之差小于 0.20，因此需将它们删除。

作者删除上述三个项目后，对剩下的 11 个项目进行第二次 EFA，提取因子与保留项目的方式与第一次 EFA 相同。EFA 结果表明，Bartlett 球形检验值为 1979.70，显著水平小于 0.001；取样适合性 KMO 值为 0.91，说明删除项目后的问卷适合做因素分析。根据碎石图，抽取三个因素最为合理。旋转后所有项目的负荷均超过 0.65，且不存在交叉负荷，结果如表 4-4 所示。

表 4-4 删除项目后的探索性因素分析结果（n=148）

项目	因素 1	因素 2	因素 3
A8.讨论团队成员如何有效沟通	0.94		
A5.讨论当初制定的目标是否合适	0.89		
A6.讨论完成工作的方法是否合适	0.86		
A7.讨论团队成员能否有效合作	0.85		
A3.评估团队任务的完成情况		0.91	
A2.检查团队工作是否符合既定目标		0.77	
A4.经常总结工作经验		0.70	
A1.执行任务前讨论完成任务的方法		0.66	
A14.不合理的工作程序会很快得到调整			0.98
A13.根据环境变化制订应对计划和措施			0.95
A12.根据环境变化调整团队目标			0.89
特征根	6.60	1.43	0.84
累计解释方差比例（%）	58.01	69.13	75.80

注：①所用数据为个体层次数据；②因子负荷小于 0.40 的均未显示。

从因子结构看，第一个因素包含 4 个项目（项目 A5~A8），且全部为测量中度反思的项目，主要是对决策、沟通等团队过程进行反思，作者将因素 1 命名为过程反思；第二个因素包含 4 个项目（项目 A1~A4），且全部为测量轻度反思的项目，主要是对任务完成情况进行反思，作者将因素 2 命名为任务反思；第三个因素包含 3 个项目（项目 A12~A14），且全部为测量行动/调整的项目，作者将其命名为行动调整。这一结果说明了团队反思量表由三个因素构成：任务反思、过程反思与行动调整。在测量反思的这 11 个项目中，自编项目有 4 个（项目 4、12、13、14），由自编项目与前人项目合并的有 3 个（项目 3、6、7），沿用前人项目或由前人项目合并的有 4 个（项目 1、2、5、8）。

（三）信度分析

对余下 11 个项目进行项目与维度的相关分析以及信度分析，结果如表 4-5 所示。由表可知，各项目与其所在维度的相关均在 0.01 水平下显著；所有项目的信度值 α 都达到了 0.70 以上，而且在删除该项目后的 α 值均低于每个构念目前的状态，这说明团队反思剩下的 11 个项目均有很好的信度，因此所有项目予以保留。

表 4-5 预试剩余项目的信度分析

维度及项目	项目与维度相关	α/删除该项目后的 α
任务反思		0.88
A1	0.64	0.78
A2	0.71	0.79
A3	0.76	0.71
A4	0.66	0.84
过程反思		0.89
A5	0.63	0.74
A6	0.60	0.82
A7	0.55	0.83
A8	0.69	0.75
行动调整		0.91
A12	0.70	0.85
A13	0.74	0.81
A14	0.77	0.73

注：所有相关系数均在 0.01 水平下显著（双尾检验）。

（四）团队层次数据的描述性统计分析

由于团队反思为团队层次变量，描述的是团队整体水平的现象，需要将团队内个体成员的数据进行聚合（Aggregation）处理（加总平均），从而获得团队水平的数据，以分析团队反思与前因变量或结果变量的关系。然而在数据聚合之前必须检查团队内部成员对问卷的回答一致性。首先，如果群体内部一致性系数 r_{wg} 大于 0.70，代表该变量在群体内具有足够的一致性（James，1993）；其次，本研究通过计算组内相关系数 ICC(1) 与 ICC(2)（Bartko，1976），进而了解团队内与团队间的变异程度。

对预试样本数据进行计算发现，在团队反思各维度上所有团队的 r_{wg} 值均大于 0.70，且各维度的平均 r_{wg} 值均大于 0.90；各维度的 ICC（1）处于 0.22~0.31，都在 James 等（1982）研究结果的范围之内，ICC（2）也均符合大于 0.60 的标准（Glick，1985），表明团队内成员的回答一致性高，可以对个体分数进行聚合处理以获得团队层次的数据。各变量的 r_{wg}、ICC(1) 与 ICC(2) 系数及各变量聚合处理后的描述性分析数据如表 4-6 所示。

表 4-6 预试样本团队层次数据的描述性分析（n=20）

变量	r_{wg}	ICC(1)	ICC(2)	均值	标准差	1	2	3
任务反思	0.91	0.22	0.74	5.89	1.07	(0.93)		
过程反思	0.94	0.23	0.68	5.81	0.91	0.79	(0.90)	
行动调整	0.93	0.31	0.69	5.68	1.16	0.86	0.68	(0.94)

注：①所有相关系数均在 0.01 水平下显著（双尾检验）；②括号内数字为 α 信度系数。

预试样本数据的相关矩阵表明，团队反思三个维度之间存在显著相关。信度分析也表明，各维度 α 信度系数均在 0.90 以上，说明量表具有很好的信度。

四、研究小结

通过上述分析，基本上可以认为，知识团队反思量表由任务反思、过程反思与行动调整三个因素构成。从探索性因素分析的结果来看，各项目分布合理，而且每个项目在相应因素上的负荷较高，方差解释量也比较高。另外，各维度的信度系数较高，因此可以认为知识团队反思量表的结构是可以接受的。

第四节 知识团队反思量表的验证

一、研究目标

为了对上述研究与分析中所得到的知识团队反思量表进行交叉验证（Cross-validation），本阶段研究采用新的样本（即本书中的正式调查样本）数据对该量表结构进行检验。

主要研究过程如下：

第一，使用上述研究所获得的知识团队反思量表对正式样本进行调查，使用个体层次数据对知识团队反思量表的结构进行个体层次验证性因素分析；

第二，使用个体层次数据对知识团队反思问卷进行收敛效度与区分效度分析；

第三，使用两层次数据进行两层次（个体与团队）验证性因素分析，探讨知识团队反思构念是处于个体层次还是处于团队层次；

第四，对正式调查样本数据进行团队层次的描述性统计分析，并与上述研究中的描述性分析结果进行对比，确定是否存在较大差异；

第五，分析知识团队反思各维度与效标变量的关系，探讨知识团队反思量表的效标效度。

二、研究方法

（一）测量工具

知识团队反思的测量工具使用上述研究所获得的量表，由 11 个项目组成，其中任务反思 4 条，过程反思 4 条，行动调整 3 条。

此外，本研究采用的效标变量为团队创新绩效，采用 Lovelace 等（2001）的创新绩效量表，该量表由 4 个项目构成（正式调查样本数据分析表明，该量表 α 信度为 0.87）。

各题项均采用 Likert7 点量表进行测量。需要说明的是，为减少分析资料来源相同而产生的同源误差，本书将问卷分为团队主管问卷与团队成员问卷。团队

第四章 知识团队反思的结构与测量

反思由团队成员评分，团队创新绩效则由团队主管评定。

（二）正式调查样本

调查过程及结果如下：在 27 家高新技术企业中的 100 个知识团队进行问卷发放，其中团队主管需对其团队创新绩效进行评定，而团队成员（主管下属）需填写团队反思量表。整个样本调查过程中，需要收集主管与其下属有效配对的样本。共发出 100 份主管问卷及 530 份左右的成员问卷，回收主管问卷 88 份，回收成员问卷 386 份。其中 9 份成员问卷因填答不完整或反映倾向过于明显而被删除。由于本书需要将部分个人变量数据加总，以形成团队变量，故需要较为完整的团队成员问卷，因此将团队成员有效问卷回收数低于团队成员总数 1/2 的团队均予以删除，以此条件再删除 25 份成员问卷及与其配对的 8 份主管问卷。最后得到 80 份有效团队资料，包括 80 份主管问卷与 352 份成员问卷。

团队成员样本（n=352）特征如下：性别，男占 71%，女占 29%；学历方面，高中占 7%，大专占 27%，本科占 49%，研究生占 17%；加入团队时间，1 年以下占 14%，1~4 年占 55%，4~7 年占 26%，7 年以上占 5%；年龄，25 岁以下占 19%，26~30 岁占 45%，31~35 岁占 27%，36 岁以上占 9%；工作性质方面，生产占 11%，研发占 76%，工程技术占 9%，其他占 4%。

团队主管样本（n=80）特征如下：性别，男占 87%，女占 13%；学历方面，大专占 17%，本科占 53%，研究生占 30%；年龄，25 岁以下占 11%，26~30 岁占 32%，31~35 岁占 39%，36 岁以上占 18%；加入团队时间最短为 1 年，最长为 20 年，均值为 3.4 年，标准差为 2.9。

团队样本（n=80）特征如下：团队成立时间，1 年以下占 6%，1~4 年占 37%，4~7 年占 31%，7 年以上占 26%；团队人数最少为 3 人，最多为 15 人，均值为 5.4 人，标准差为 2.4；团队职能方面，生产/服务占 21%，技术/研发占 70%，其他占 9%。

团队所属企业样本（n=24）特征如下：企业分布于上海、北京、江苏、广东、辽宁、湖南、云南、贵州 8 省市；国有企业有 8 家，民营企业有 10 家，三资企业有 6 家；企业规模方面，49 人以下的有 3 家，50~99 人有 6 家，100~499 人有 10 家，500 人以上有 5 家；行业方面，软件服务有 8 家，电子通信有 5 家，机械制造有 4 家，食品化工有 4 家，其他有 3 家。

(三) 统计分析

本阶段研究使用正式调查样本数据,采用 LISREL8.7 软件对知识团队反思问卷的结构进行个体层次验证性因素分析与多层次验证性因素分析;采用 SPSS 11.5 软件进行描述性统计分析,并进行团队反思与效标变量的相关分析。

三、研究结果

(一) 个体层次验证性因素分析比较

验证性因素分析 (CFA) 技术的关键在于通过多个模型之间的优劣比较,以确定最佳匹配模型。作者拟通过团队反思的三因素模型与其他可能存在的若干模型进行比较。从前面的研究结果可知,团队反思是由任务反思、过程反思与行动调整组成的三因素结构。但研究还发现,团队反思三因素之间存在显著相关,有没有可能存在这样一种两维结构,即团队反思中两个因素共同构成一个维度,另一个因素构成另一个维度,或者,有没有可能团队反思本身就是一个单因素结构。

因此,作者对三因素模型与备择的双因素和单因素模型进行比较,以确定最佳模型。假设的三因素模型,即行动调整、任务反思、过程反思三个因素中的项目各测量一个因子,如图 4-2 所示;备择的单因素模型有一个,即所有 11 个项目都反映一个因子;备择的双因素模型有三个,即在任务反思、过程反思与行动调整三个因素中,任选两个因素的所有项目测量一个因子,另一个因素的所有项目测量另一个因子,备择模型如图 4-3 所示。所有模型中不允许交叉负荷,并设因子间互有相关。

使用统计分析软件 LISREL8.7 对数据进行验证性因素分析,各模型之间的比较见表 4-7。由于假设模型和备择模型是嵌套的,为比较不同模型的适合度,作者除了采用卡方检验 (χ^2/df),还采用多个拟合指标,包括近似误差指数 RMSEA、拟合优度指数 GFI 与相对拟合指数 CFI,这三个指标受样本容量的影响较小 (温忠麟等,2004)。从数据拟合比较结果来看,三因素模型的 χ^2/df 最小,RMSEA 为 0.063,也比其他模型的 RMSEA 值要小,GFI 与 CFI 则比其他模型要高,从模型的拟合指数上来讲,假设的三因素模型要明显好于单因子和二因素模型,且三因素模型的各项指数拟合均好,因此三因素模型确实是团队反思的理想模型。

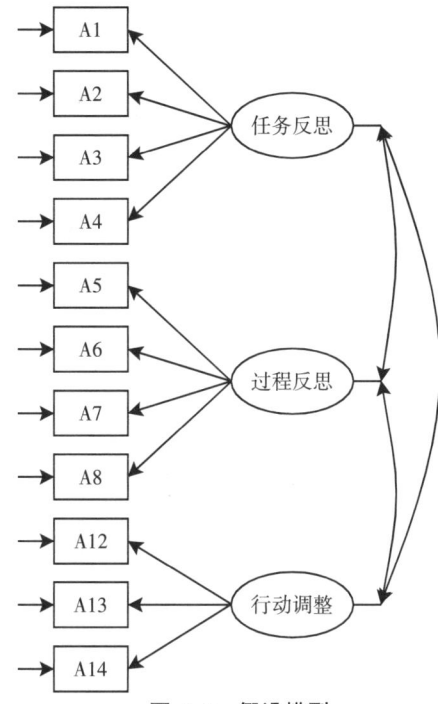

图 4-2 假设模型

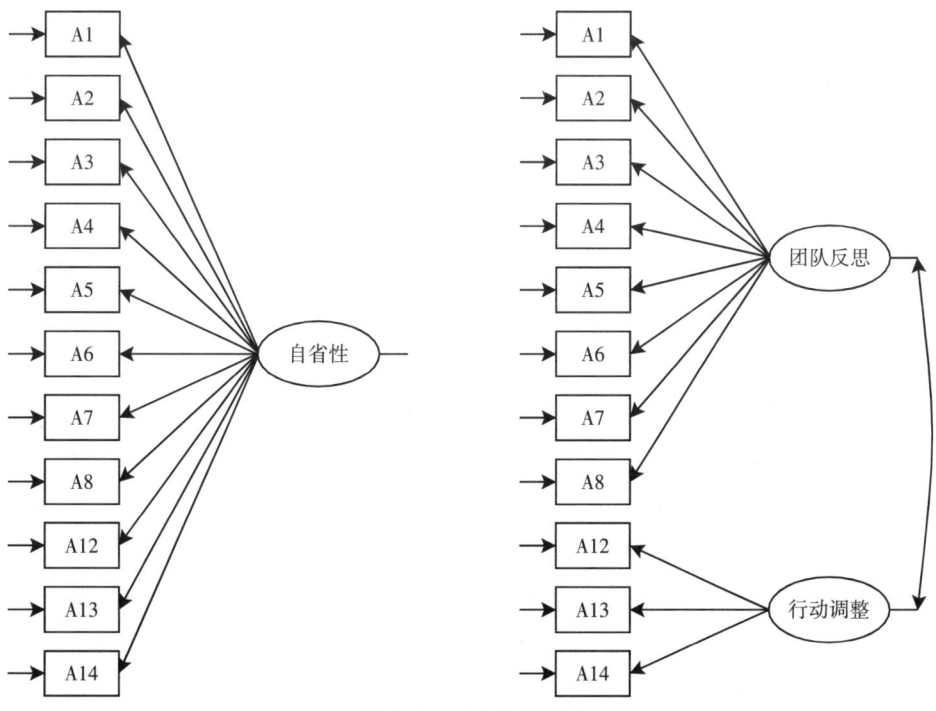

图 4-3 四个备择模型

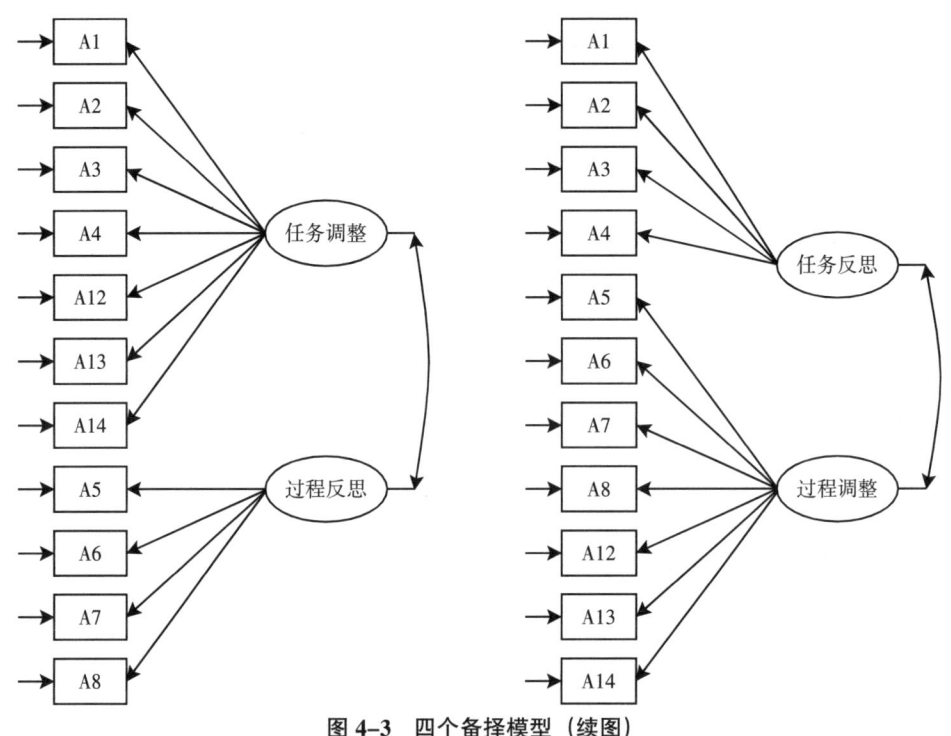

图 4-3 四个备择模型（续图）

表 4-7 个体层次验证性因素分析比较（n=352）

模型	χ^2	df	χ^2/df	RMSEA	GFI	CFI
单因素模型（任务+过程+调整）	743.76	44	16.90	0.213	0.72	0.82
二因素模型（任务+调整）	234.32	43	5.45	0.113	0.79	0.87
二因素模型（过程+调整）	202.97	43	4.72	0.111	0.82	0.89
二因素模型（任务+过程）	165.98	43	3.86	0.096	0.89	0.90
三因素模型	97.26	41	2.37	0.063	0.95	0.98

最后，使用个体层次数据对知识团队反思问卷进行二阶验证性因素分析，分析结果表明（见图 4-4），各项目的标准化负荷均 0.69 以上，各因素的标准化负荷均在 0.80 以上，各项目在误差上的负荷则相对较低，说明每个项目对相应潜变量的解释率较大而误差较小。这说明数据拟合较好，表明本书开发的知识团队反思问卷具有较好的结构效度。

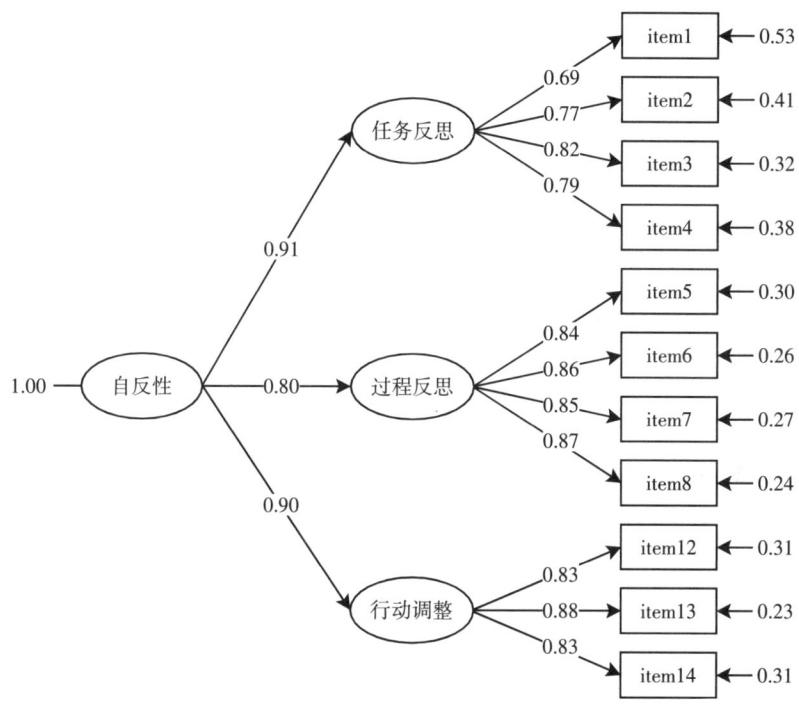

图 4-4 团队反思量表的二阶验证性因素分析结果

（二）问卷收敛效度与区分效度分析

收敛效度可以由因子提取的平均方差（Average Variance Extracted，AVE）判断。AVE 是计算各测量条目对其所归属维度（潜变量）的平均变异解释力，评价了维度相对于测量误差来说所解释的方差总量。如果 AVE 超过 0.5 则表示各维度的测量具有足够的收敛效度（Fornell & Larcker，1981）。而区分效度的检验可以通过不同维度 AVE 的均方根与维度间相关系数比较的方法进行判断。如果两个维度之间的相关系数小于两个维度的 AVE 平方根，就说明区分效度满足分析要求（Fornell & Larcker，1981）。

本书采用验证性因子分析来分析收敛效度和区分效度的指标值。经计算，知识团队反思三个维度的 AVE 值分别为 0.52、0.56 和 0.58，都超过 0.50 的下限，表明问卷在个体层次上具有较好的收敛效度。表 4-8 还显示了潜变量之间的相关程度，其中对角线括号内为各维度 AVE 的平方根值。可以看出，各维度AVE 的平方根值明显大于其所在行和列的相关系数，表明知识团队反思问卷在个体层次上具有良好的区分效度。

表 4-8 团队反思区分效度检验

	任务反思	过程反思	行动调整
任务反思	(0.72)		
过程反思	0.47	(0.75)	
行动调整	0.38	0.35	(0.76)

注：对角线括号内为各维度 AVE 的平方根值，相关系数均在 0.001 水平显著。

(三) 两层次验证性因素分析

使用 LISREL8.7 中的 Multi-level CFA 技术，对 100 组样本数据进行两层次验证性因素分析 (Two-level CFA)，模型设定为三因子结构。根据同行研究方法专家建议，Multi-level CFA 一般要求平均团队人数在 5 人以上，研究者将预试样本与正式样本合并后刚好达到此标准。此外，由于两个样本都已进行了个体层次的因素分析，结果都比较理想，但团队层次均没有做过，因此作者认为有必要将两样本合并进行 Two-level CFA。

根据 Dyer 等进行多层次验证性因素分析 (Multi-level CFA) 的五个步骤 (Dyer、Hanges & Hall, 2005)，对 100 组样本 (含预试样本与正式样本) 数据进行两层 (个体层与团队层) 验证性因素分析。分析步骤如下：

第一步，个体层次模型，即不采取分层的方式，直接对所有个体数据进行 CFA。

第二步，估算组间方差，计算各条目的 ICC 值，需要说明的是，这里的 ICC 与上述 ICC(1) 在计算方法上有所区别，可参见 Muthen 的文献。

第三步，组内模型，根据联合组内样本协方差矩阵 (Sample Pooled-within Covariance Matrix, Spw) 构建 CFA 模型，如果组内模型的拟合情况差于个体层次模型，表明量表构念有可能处在团队层次上。

第四步，组间模型，根据组间样本协方差矩阵 (Sample Between-group Covariance Matrix, SB) 构建 CFA 模型，或者根据组间相关矩阵进行探索性因素分析。

第五步，构建两层次分析模型。上述所有模型均采用 LISREL8.70 进行分析，并设定所有模型为三因子结构，因子间协方差均设为自由估计；除了各维度中第一个项目的因子负荷均固定为 1 以外，其余项目的因子负荷均设为自由估计。

分析结果如表 4-9、表 4-10 所示，表 4-9 为各模型的拟合情况，表 4-10 为量表中各条目的 ICC 估算值及在各模型中的标准化负荷。

表4-9 两层次验证性因素分析所涉模型的拟合度比较

模型	χ^2	df	χ^2/df	RMSEA	GFI	CFI	SRMR
第1步 个体层次模型（n=500）	119.62	41	2.92	0.062	0.96	0.99	0.028
第3步 组内模型（n=500）	127.36	41	3.11	0.065	0.96	0.95	0.048
第4步 组间模型（n=100）	63.42	41	1.57	0.074	0.90	0.99	0.024
第5步 两层次模型（n_1=100, n_2=500）	159.15	82	1.94	0.061	—	—	—

注：①n_1为团队层次样本数100，n_2为个体层次样本数；②所有模型均为三因素模型；③LISREL8.7 中的 Multi-level CFA 不能提供 GFI、CFI 与 SRMR 等拟合指数。

表4-10 量表各条目的 ICC 估算值及在各模型中的标准化因子负荷

维度与项目	ICC	标准化因子负荷				
		个体层次模型	组内模型	组间模型	两层次模型	
					组内	组间
任务反思						
Item1	0.23	0.75	0.53	0.90	0.54	0.54
Item2	0.21	0.80	0.66	0.92	0.55	0.67
Item3	0.17	0.80	0.63	0.94	0.52	0.63
Item4	0.21	0.77	0.54	0.89	0.59	0.53
过程反思						
Item5	0.21	0.87	0.64	0.96	0.66	0.66
Item6	0.22	0.88	0.68	0.95	0.63	0.69
Item7	0.30	0.86	0.73	0.96	0.60	0.75
Item8	0.24	0.87	0.70	0.94	0.59	0.72
行动调整						
Item12	0.31	0.84	0.60	0.95	0.62	0.62
Item13	0.32	0.88	0.82	0.96	0.57	0.83
Item14	0.25	0.86	0.64	0.94	0.65	0.65

注：表中 item 与前面项目中的 A 相对应。

第一步，个体层次模型。如表4-9所示，个体层次模型的拟合情况较好（RMSEA=0.062，GFI=0.96，CFI=0.99，SRMR=0.028）；表4-10中各条目在其所属维度上的负荷较大（0.75以上），说明三因子结构能够有效拟合样本数据。但

知识团队反思：测量、前因与结果

该模型并没有对组间与组内的方差进行区分，因此也不能说明量表构念在个体与团队层次上有何区别。

第二步，估算组间方差。如表4-10所示，量表各条目的ICC值处于0.17~0.32，均值达到0.24，表明各条目具有较高的组间方差，也说明样本数据适合构建两层次模型。

第三步，组内模型。与个体层次模型相比，组内模型中各条目的因子负荷明显要小；在表4-9中，组内模型的拟合情况也差于个体层次模型（RMSEA与SRMR都有所提高，CFI有所下降），说明量表构念会有一部分处在团队层次上。

第四步，组间模型。如表4-9所示，组间模型的拟合情况较好（RMSEA=0.074，GFI=0.90，CFI=0.99，SRMR=0.024）；表4-10中各条目在所属维度上的负荷均处在0.90以上，这也说明量表构念能够在组间或团队层次上得到较好体现。

第五步，两层次模型。如表4-10所示，在两层次模型中，大部分项目在组内与组间的负荷存在一定差异，组内的负荷与组内模型的负荷较为相似，组间的负荷则比组间模型的负荷要小。如表4-9所示，两层次模型总体拟合情况较好（RMSEA=0.061），这也表明量表在个体层次与团队层次均具有较好的结构效度。

（四）团队层次数据的描述性统计分析

经对正式调查样本数据进行计算，知识团队反思各维度的平均r_{wg}值均大于0.88，各维度的ICC(1)处于0.17~0.23，ICC(2)也均符合大于0.60的标准（Glick，1985），表明团队内成员的回答一致性非常高，可以对个体分数进行聚合处理。由于在过程反思变量上有两个团队的r_{wg}值小于0.70，因此作者将这两个团队的数据删除后进行后面的分析。各变量的r_{wg}与ICC系数及各变量聚合处理后的描述性分析数据如表4-11所示。

表4-11 正式样本数据的聚合检验与团队层次变量的描述性统计分析（n=78）

变量	r_{wg}	ICC(1)	ICC(2)	Mean	SD	1	2	3
任务反思	0.88	0.17	0.72	5.84	0.75			
过程反思	0.90	0.21	0.66	5.28	1.21	0.45		
行动调整	0.92	0.23	0.74	5.58	1.14	0.55	0.69	
创新绩效	—	—	—	5.44	0.95	0.50	0.53	0.64

注：①所有相关系数均在0.01水平显著；②创新绩效由团队主管评分，不需要进行聚合检验。

相关矩阵表明，知识团队反思三个因素之间存在显著相关。任务反思、过程反思、行动调整三因素与效标变量团队创新绩效也存在不同程度的相关。尤其重要的是，行动调整与团队绩效的相关系数为 0.64。在本研究中，知识团队反思是由团队成员的自我报告聚合而来的，而团队创新绩效则是由各个团队的主管评定的。两个概念数据来源不同（团队成员和团队管理者），但显示了显著的相关，这一结果表明知识团队反思对于团队创新绩效具有显著的影响，也表明本问卷的效标关联效度是好的。

正式调查样本数据的描述性分析与预试样本数据的描述性分析相比，均值、标准差均无明显变化，信度系数及相关系数有微小变化。但总体而言，本书开发的知识团队反思量表具有较好的信度和效度。

此外，从表 4-11 中可以看出，过程反思的均值要比任务反思的均值小，说明任务反思比过程反思更容易实现；任务反思与过程反思的相关要比它们分别与行动调整的相关低，说明任务反思与过程反思的区分要比它们分别与行动调整的区分大。因此，虽然本书量表中的任务反思与过程反思都从属于"团队反思"这一团队反思要素，但这并不意味着它们之间的区分就弱。

四、研究小结

正式成员样本数据的验证性因素分析表明，任务反思、过程反思与行动调整三维结构的拟合度最好；收敛效度与区分效度分析表明，知识团队反思量表具有较好的收敛效度与区分效度；全体样本数据的两层次验证性因素分析表明，三维结构在个体层次与团队层次均得到有效验证；对正式调查样本数据进行的描述性统计分析表明，知识团队反思各维度的均值、标准差及相关系数与上述量表编制研究中的分析结果具有相似性或可比性，说明量表对两个样本来说具有稳定性；知识团队反思各维度与效标变量均具有显著相关，说明量表具有较好的效标关联效度。

第五节　本章总结[①]

通过借鉴国外相关研究结论、国内企业访谈以及小组讨论，本研究编制了中国背景下的知识团队反思问卷，并使问卷尽可能测量到团队反思的不同要素与不同水平。初步探索性因素分析表明，团队反思量表由任务反思、过程反思与行动调整三个因素构成。通过对正式成员样本数据的验证性因素分析、所有样本数据的两层次验证性因素分析以及团队层次数据的描述性分析，证明本研究所得到的知识团队反思问卷是合理有效的。

从量表结构看，知识团队反思包含三个要素：一是任务反思，用于测量轻度反思，主要是对任务完成情况进行反思；二是过程反思，用于测量中度反思，主要是对决策、沟通等团队过程进行反思，与任务反思相比，它是更深层次的反思；三是行动调整，主要用于测量团队根据环境变化对团队目标、决策和计划进行调整的程度。

目前对团队反思量表的开发仍处于探索阶段，虽然本研究开发的量表总体上体现了团队反思的理论构思，但仍有两点与West（1996）提出的团队反思理论不一致。

第一，West认为完整的团队反思过程包括反思、计划与行动三个要素，但本书所开发的量表只包括反思与行动两个要素，而没有包含"计划"这一要素，这与West的理论不相一致。由于目前相关文献所用的测量团队反思的量表（包括West本人参与开发的反思量表）均未包含"计划"这一要素，且本书在访谈及开放式调查过程中也未见被访人明确提及这一要素。

第二，尽管West从理论上将反思区分为轻度、中度、深度三个不同水平，但是本书并没有将深度反思从其他反思中区分出来。本书中的探索性因素分析表明，深度反思的项目要么在两个因子上存在交叉负荷，要么被分到轻度反思维度

[①] 本章主要内容已经公开发表于：张文勤，孙锐. 高新技术企业中的团队反思：量表开发与两层次验证[J]. 科研管理，2012，33（10）：26-36.

中。根据量表开发要求与理论构思,作者将这些项目均予删除。因此,深度反思可能不是一个独立的概念,或者这层反思很少发生以至于很难用量表测量。

本书量表与 Schippers(2007)开发的量表较为相似,但又有所区别。Schippers 提出的"调整"概念是指团队成员在执行任务过程中保持意见一致的程度,与本书中的"行动调整"概念并不相同。而且 Schippers 并未将测量"调整"的项目放进整个量表中进行探索性因素分析,而本书所得的三个维度是对量表中的所有项目(包含测量行动调整的项目)进行探索性因素分析的结果。与 Schippers(2007)量表相比,本书开发的量表保持了团队反思量表的"整体性"。

总之,本书表明,知识团队反思量表为任务反思、过程反思与行动调整三维结构,量表在个体层次与团队层次均具有较好结构效度。通过本书所建立起来的团队反思量表具有较好的信度和效度,为以后从事团队反思的研究提供了一个可以参考的测量工具。

第五章 知识团队反思的影响因素

第一节 研究目的与初步模型

团队层次的反思并非"空中楼阁",但以往的研究主要集中在团队反思的功效上,很少有研究者关注团队反思的成因。为了剖析团队反思的前因,本书将视角转向团队研究的 IPO 模型。由这一研究框架可知,团队投入因素会对团队反思这一团队过程变量产生影响。本书考察不同变量对知识团队反思可能产生的影响,找出影响知识团队反思的主要影响因素或触发因素。也只有这样,才能明确知道团队反思的形成机理,既为后续的知识团队反思对团队绩效与个人绩效的影响机制奠定基础,也能为企业触发团队反思的实践提供指导。

一、知识团队反思的多层影响因素

团队研究的 IPO 模型从投入—过程—产出角度为研究者理解团队反思的形成过程与作用机制提供了简单而清晰的框架。团队成员因素、团队因素与环境因素作为投入因素会对团队反思产生影响。团队成员因素包含技能、态度与人格特征;团队因素包括团队多元化、团队冲突管理、团队领导与心理安全;环境因素包括任务特征与人力资源相关政策等。

如何从众多的团队设计因素中挖掘出对团队反思有影响的因素呢?本书从个人、团队与组织三个层次选取了成员特征、团队领导角色与心理安全气氛方面的影响因素。其中,团队目标取向组合(简称团队目标取向),作为一种团队成员特征组合,代表了团队成员目标取向的平均水平,反映了团队整体的学习动机与学习模式。团队领导者在团队中扮演着举足轻重的角色,领导者的领导角色及风格往往决定着团队的运作模式。团队心理安全是团队内共有的关于团队的信条,即相信在团队中承担人际风险是安全的,它既包含一种感情气氛又包含接受团队冲突的程度。本书试图对这些因素进行实证检验,以考察不同层次的因素对团队反思的影响。

二、影响知识团队反思的初步研究模型

团队反思作为团队成员的共同认知或行为,必然受到团队成员个性特征的影响,因此有必要考察团队成员特征及其组合对团队反思的影响;然而,团队反思作为一个团队水平的概念,必然也会受到相关团队或组织水平变量的影响。因此,考虑到影响团队反思的多层次影响因素,本书尝试从成员特征、领导角色与团队气氛三个方面提出知识团队反思的影响因素,并提出影响知识团队反思的初步研究模型,如图5-1所示。根据研究模型,知识团队反思受到知识团队成员特征、团队领导角色与团队心理安全的影响。

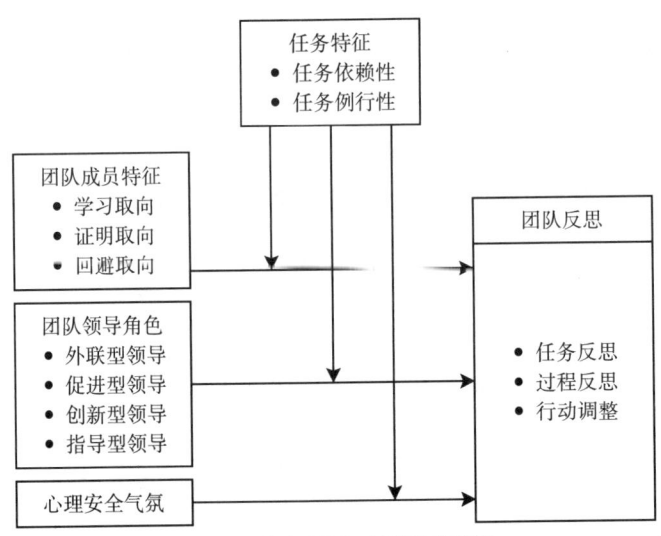

图5-1 知识团队反思形成模型

第五章　知识团队反思的影响因素

第二节　理论推导与研究假设

一、团队成员特征对团队反思的影响

（一）团队层次目标取向的提出

目标取向理论主要探讨影响学习者从事学习行为的动机过程（Dweck，1986；Dweck & Leggett，1988）。目标取向既可以作为相对稳定的特征（Trait）变量，也可以作为随情景而变化的状态（State）变量，Payne（2007）通过元分析认为，目标取向比个体的认知能力与人格特征更能预测工作绩效。早期研究者将目标取向视为连续带上的两极，分别是极端的表现目标（Performance Goal）与极端的学习目标（Learning Goal）。但 Vande Walle 等（1997）对此观点提出质疑，他们分别开发了目标取向量表，以实证研究结果指出学习目标取向与表现目标取向是两个不同的概念，它们不是互相对立的，个体可能在不同类型的目标取向上给予不同程度的偏好，比如一个人极有可能在改善其技能的同时又争取较好的绩效表现。Vande Walle 进一步将目标取向分为学习目标取向（Learning Goal Orientation）、证明目标取向（Proving Goal Orientation）与回避目标取向（Avoiding Goal Orientation）三种模式（Vande Walle，1997），本书将采纳此种分类方法。

事实上，变量间的关系在个人与团队层次上很可能是不同的，如果研究中仅纳入单一层次分析，将无法在相同情境下比较不同层次变量之间关系的异同（Ostroff，1993）。近年来，众多研究开始探讨团队成员各项特性的组合状态对于团队效能的影响，团队组合的研究逐渐成为一个重要的研究方向。过去大多数团队组合研究比较关注外显的人口统计变量的组合，近年来团队成员认知或人格特质的组合方式逐渐受到重视（Barry & Stewart，1997；Neuman & Wright，1999）。Bunderson（2003）和 Porter（2005）分别提出了目标取向的团队组合概念，他们探析了团队的学习取向组合与绩效取向组合对团队行为与团队绩效的影响。黄家齐（2006）研究了团队中个人层次与团队层次的目标取向对创新绩效的影响，得出两个不同的结论，个人层面上，团队成员的学习目标取向对创新行为具有正向影响，表现目标取向（Performance Goal Orientation）对创新行为具有负向影响，但其影响均不显著；在团队层面上，团队学习取向对创新绩效产生正向作用，但其作用不显著，而团队表现取向则对创新绩效产生显著负向影响。但该研究只是对团队层面目标取向的一种"试探"，且其团队样本数量偏少，这可能会影响结果的稳定性。

（二）团队成员目标取向组合对团队反思的影响

本书试图从团队目标取向的组合视角探讨三种目标取向模式与团队反思的关系。团队目标取向组合（简称团队目标取向）代表了团队成员目标取向的平均水平，反映了团队整体的学习动机与学习模式。Elliott（1996）认为，直接研究表现或绩效（Performance）目标取向的影响往往会得出不同的结论，这是因为学习目标—绩效目标两分法忽视了成就目标中的接近—回避倾向，因此需要将绩效目标进一步分为绩效—接近目标与绩效—回避目标。本研究采用 Vande Walle（1997）的分类方法，试图建立团队学习、证明、回避三种目标取向模式与团队反思的关系。

不同目标取向的团队成员对于努力和能力的看法也有所不同，对于挑战性的任务以及失败和挫折也会有不同的看法（Dweck & Leggett，1998；Elliott & Dweck，1998）。然而，West（1996）将团队反思定义为"团队成员对团队目标、策略（比如决策）与程序（比如沟通）进行公开反思以使它们适应当前或预期环境变化的程度"。因此，确认和辨别问题、成员沟通，从成功和失败中总结经验，进而克服过去不利于团队发展的障碍是团队反思的重要内涵。而不同的目标取向对于失败具有不同的含义。因此，团队中不同的目标取向组合对于团队反思将有不同的影响。

首先，高学习取向的个人认为能力是可以改变的，他们可以较为有效地设定目标，在面对失败时也能够坚持寻找有效的应对策略（Vande Walle，1997）。由于他们不怕失败、不怕承担风险，并且勇于接受挑战，将挑战性工作视为学习新事物的机会。因此，高学习取向的个体为发展其能力，热衷于学习新的技能、挑战新的任务，并能够从过去经验中进行总结和学习，（Vande Walle, Cron & Slocum，2001）。再者，高学习目标取向的个体，其行为往往表现出适应模式（Adaptive Pattern），即他们会进行问题导向的自我教育（Solution-oriented Self-instruction），并且会享受挑战（Brett & Vande Walle，1999）。因此，当团队的组合是高度学习目标取向时，团队成员会表现出积极提出新想法的态度，团队成员认为能力可以通过努力得到增强，在追求目标过程中发现问题或遭遇障碍时，团队成员能够对环境做出迅速准确的辨别和分析，并清楚自己需要做什么，从而共同寻求解决问题和排除障碍的新办法。

其次，高证明目标取向的团队成员倾向于通过努力寻求胜过他人的机会，但对困难或具挑战性的任务往往缺乏兴趣，并且很容易从任务执行中退缩（Vande Walle，1999）。高度证明目标取向的个体将注意力集中在确认自身能力与从他人身上获得正向评价上（Vande Walle、Cron & Slocum，2001）。当团队组合为高度证明目标导向时，团队成员认为不需要通过努力来发展自身能力，且成功完成既定任务需要的是天生能力而非努力，承认失败就是证明自己能力不足。因此，高证明取向的团队成员不太愿意承认失败。但证明目标取向的成员又希望从他人身上获得正面评价，在与团队成员沟通过程中往往积极地表现自己比他人优秀。鉴于上述分析，本书认为证明目标取向对于团队反思无显著影响。

最后，高回避取向者认为个人能力不会因努力而改变，很容易从失败和挫折中退却，他们害怕接受挑战，尽量避免负面及失败的结果，从而很容易产生防卫性行为（Button et al.，1996）。因为高回避目标取向的个体害怕失败、厌恶持续的努力，因此当失败或挫折产生时，他们将怀疑自身能力，因而可能退出当前任务或降低对当前任务的兴趣。与证明取向的个体相比，他们更深信自身能力是不会通过努力得到发展的，为避免获得团队成员的负面评价，他们在团队沟通过程中更不愿意承认失败与挫折。当团队的组合是高度回避目标取向时，团队成员认为努力即代表自身能力不足，因此不愿意承认失败，也不愿意接受挑战。此外，当团队的组合是高度回避目标取向时，整个团队对旧有的假设以及制度会感到习以为常，而不会试图加以改变，并认为改变不会带来成功，甚至认为改变可能会带来负面的评价。

根据上述分析，本书提出如下假设：

假设 H1a： 团队成员学习目标取向组合对团队反思产生显著正向影响。

假设 H1b： 团队成员回避目标取向组合对团队反思产生显著负向影响。

二、团队领导角色对团队反思的影响

在对新产品项目成功做出贡献的因素中，领导力是非常重要的因素。

McDonough（2000）在一项调查中指出，在讨论成功的项目时，提得最频繁的因素包括领导力、清晰的目标以及合作。

团队领导者在团队中扮演着举足轻重的角色，领导者的领导风格往往决定着团队的运作模式。关于领导者价值观或其领导角色，许多学者做了不同的区别和分析。Jessup（1990）提出团队领导者扮演管理者、教练与顾问三种角色。Mohrman 等（1995）进一步将团队领导者的角色分为五种：管理者，负责安排团队工作进度表与会议时间，排定值班与休假计划，负责团队档案管理等事务；促进者，主导团队会议的进行，解决团队成员困难，协调解决团队内的冲突；教练或训练者，负责规划团队成员的教育训练与工作技能的发展；工作协调者，负责检查团队成员的工作表现，并根据团队或组织目标的变化，调整团队成员的工作量；外部联络者，负责处理团队与其他单位、其他团队或组织间的联络事务。

本书中，研究者采用由 Barry（1991）提出、后由 Yukl（2002）进一步提炼的四种领导角色，这四种领导角色分别是外联型领导（Boundary Spanner）、促进型领导（Facilitator）、创新型领导（Innovator）以及指导型领导（Director）。这四种领导角色几乎能够概括知识型团队领导者所要从事的主要工作，如鼓励团队合作、组织和指导工作任务、处理与外界的关系、激发创造力与团队创新，等等。外联型领导负责管理外部事务，包括协调任务、与利益相关者谈判、收集外部信息等。促进型领导要考察是否能够在团队中建立一种合作的氛围，从而确保团队交流是平等和安全的，并鼓励团队成员积极参与，共享信息以及公开讨论不同观点。创新型领导则要求能够对固有假设提出质疑，并对当前状态提出挑战，从而能够把握各种项目机会和新方法。指导型领导是一种任务导向的领导，通过对下属的指导与交流、设定完成任务的标准和期限，从而使任务按预定计划完成。由于这四种领导角色均提倡团队内部的充分交流，故也就有利于团队成员的反思与行为调整。据此，本书提出如下假设：

假设 H2a：外联型领导对团队反思产生显著正向影响。

假设 H2b：促进型领导对团队反思产生显著正向影响。

假设 H2c：创新型领导对团队反思产生显著正向影响。

假设 H2d：指导型领导对团队反思产生显著正向影响。

三、团队心理安全对团队反思的影响

本书引入 Edmondson（1999）提出的团队安全气氛概念以及组织行为中的信任概念（Mayer et al.，1995），并进一步探讨团队中的心理安全与反思的关系。

团队心理安全是团队内共有的关于团队的信条，即相信在团队中承担人际风险是安全的，它既包含了一种感情气氛又包含接受团队冲突的程度（West，2002）。本书将心理安全定义为，团队成员在与其他成员交流时能够感觉到心理安全，并不担心会冒人际风险。

根据前面提到的团队反思定义，虽然团队反思是一种团队水平上的概念，但团队成员对任务、过程及程序进行总结和反思时，或就团队中新提出的程序和方法进行沟通和交流时，团队成员的行为仍然是一种个人行为，也可能会冒风险，并不是安全的。针对一种方法发表看法，或对某项程序提出疑问或意见，可能会被其他团队成员看作是一种人际批评，甚至被看作是对他人抱有成见。此外，发表看法或提出质疑的团队成员也可能会担心暴露自己的不足。人们在每天的工作中，与其他人打交道或各种不确定性都会使人面临各种人际风险。学习性的行为也会带来风险，如提出问题可能被视为无知，承认错误（引起对错误的关注）并寻求帮助可能被认为无能，进行批判、反思会被认为消极，寻求反馈可能会被视作打扰、影响他人。尽管这些行为与创新、高绩效等人们所期待的结果很有关系，但采取这些行为对个人来说会带来一些风险，如被视为无知、无能或者具有破坏性。Edmondson 认为，只有在人们感到安全的氛围下，才能产生积极的学习行为和创新。如果能够肯定自己不会被误解、受到嘲讽或受到其他不利影响，就表明心理安全感比较高（Edmondson，2003）。

团队成员针对一项问题提出不同观点，并在讨论和分析过程中共享所有关键信息，这对提高团队决策的正确性大有裨益（Galinskya & Krayb，2004）。然而，心理安全是促使团队成员提出建设性意见进而提高团队决策质量的一个关键（De Dreu & West，2001），因为心理安全可以促进一个开放和建设性的群体讨论氛围（West，2002）。在低水平心理安全的团队中，成员表达观点时会感觉不自在。他们认为分享信息和经验是存在风险的，因而只愿意提供非关键或不相关的信息。然而在心理安全水平比较高的团队中，一个开放和建设性的群体讨论氛围有利于促进团队成员的公开对话，进而可能会激发团队成员提出建设性意见以及新的工

知识团队反思：测量、前因与结果

作思路和方法。

总之，心理安全气氛允许团队成员对团队任务、程序和方法进行公开讨论，而不会因此感到团队或组织层面上的由负面评论带来的威胁。

据此，本书提出如下假设：

假设 H3： 团队心理安全气氛对团队反思产生显著正向影响。

四、团队任务特征的调节作用

（一）任务依赖性的调节作用

由上述文献可知，高任务依赖水平一方面增强了群体成员的责任感，另一方面更是通过互动形成了友谊，对人际关系和群体绩效都产生了积极作用。此外，任务依赖让员工可以通过相互交流与沟通来了解各自的专业知识，并且在高凝聚力的情况下，有利于形成共同愿景。根据社会心理学家多伊奇对相互依赖的分类——促进型相互依赖和阻碍型相互依赖（Deutsch，1949），团队成员之间的相互依赖更多的是促进型相互依赖。本书所涉及的是促进型相互依赖，是指团队成员更愿意进行开放式的信息沟通和思想交流，进而更快推进知识团队反思的形成和提升。如果一个团队任务依赖性较高，则需要团队成员间彼此密切互动支援，才能有效实现任务目标。这种情况下，团队应该采取有机式的组织结构，通过大量的水平沟通与协调，并通过团队成员间的公开反思，必要时对团队目标和策略做出调整。

基于以上分析，本书提出以下假设：

假设 H4： 任务依赖性可以调节反思触发因素与团队反思之间的关系。即在任务依赖性较高的团队中，反思触发因素对知识团队反思的正向影响较强；而在任务依赖性较低的团队中，反思触发因素对知识团队反思的正向影响较弱。

（二）任务例行性的调节作用

任务例行性与任务不确定性相对立，是指工作运作模式相对稳定的程度。任务例行性越高，表示运作的模式已经固定，只要按照所制定的计划或程序去执行即可；相反，例行性低的工作，工作中遇到例外的事情机会较大，员工能去接触不同问题的解决方式，有助于员工发挥创新的空间（Ford，1981）。在任务不确定性高的情境下，许多预先设立的程序与规划将难以发挥协调作用，组织成员需要利用即时的反馈来帮助彼此的有效互动。Withey 等（1983）的实证研究也指出，任务不确定性与人际协调机制的使用有正相关，原因在于任务不确定性越高时，成员间的协调需求越高，故此时采用有机式的组织结构其效能会较高。

低例行性的工作有助于管理者塑造一个开放的工作环境；高例行性的工作往往会限制员工表达意见的机会。当讨论的空间变小，总结与反思的机会也减少，只需要靠既定的规则来做事即可。总之，如果一个团队任务例行性较低时，需要团队处理常常发生的例外情况，才能有效实现任务目标时。这种情况下，团队则应该采取有机式的组织结构，通过大量的水平沟通与协调，并通过团队成员间的公开反思，必要时对团队目标和策略做出调整。

基于以上分析，本书提出以下假设：

假设 H5：任务例行性可以调节反思触发因素与团队反思之间的关系。即在任务例行性较低的团队中，反思触发因素对知识团队反思的正向影响较强；在任务例行性较高的团队中，反思触发因素对知识团队反思的正向影响较弱。

第三节 研究方法

一、研究工具

本书主要涉及以下四变量的测量，分别是团队反思、团队目标取向、团队领导角色、心理安全气氛。关于量表的选择，除知识团队反思量表由本书开发外，本书尽量使用比较成熟的量表，确保一定的信度和效度，并对量表进行翻译修订，确保适合中国企业的实际以及中国人的语言习惯。

（一）知识团队反思

通过前面的理论推导、访谈调查以及数据分析，研究者已经开发了知识团队反思的测量工具。本章使用该量表测量知识团队反思，该量表包含三个维度，由11个项目组成，其中任务反思4条，过程反思4条，行动调整3条。各题项均采用Likert7点量表进行测量。

（二）团队目标取向

团队目标取向是通过对团队成员目标取向的数据进行聚合处理而获得的。成员目标取向量表是在 Vande Walle（1997）研究的基础上编制，量表包含三个维度，本研究选取 10 个条目，其中学习目标取向有 4 个条目，表现目标取向 4 个条目，逃避目标取向 2 个条目。各题项均采用 Likert7 点量表进行测量。团队目标取向的衡量方式采用 Porter（2005）的方法，利用加总所有团队成员目标取向的分数并加以平均以代表团队的目标取向。

（三）团队领导角色

团队领导角色量表是根据 Hirst & Mann（2004）研究中所使用的量表翻译编制而成的。量表包含四个维度，由 9 个项目组成，其中外联型领导有 1 个项目，促进型领导有 3 个项目，创新型领导有 2 个项目，指导型领导有 3 个项目。各题项均采用 Likert7 点量表进行测量。团队领导角色是通过测量团队成员而获得的，因此需要计算团队成员得分的平均值，以此衡量团队领导角色。

（四）心理安全气氛

本书采用的心理安全气氛量表是在 Edmondson（1999）以及 Baer 和 Frese（2003）研究的基础上编制的，量表包含一个维度，由 7 个项目组成。各题项均采用 Likert7 点量表进行测量。心理安全气氛是通过测量团队成员而获得的，因此需要计算团队成员得分的平均值，以此衡量团队心理安全气氛。

（五）团队任务特征

团队任务特征包含任务依赖性与任务例行性两个方面。任务依赖性量表是在 Campion、Medsker 和 Higgs（1993）研究的基础上编制，量表包含一个维度，由 3 个项目组成；任务例行性的量表是在 Withey、Daft 和 Cooper（1983）所开发量表的基础上修改而成，量表由 3 个项目组成。各题项均采用 Likert7 点量表进行测量。任务特征量表是直接测量团队成员的，因此需要计算团队成员得分的平均值，以此代表团队任务特征的得分。

控制变量。为提高研究准确性，本书以团队规模（团队实际人数）、团队所属企业性质（国有/民营/外资）为控制变量。除部分控制变量之外，各变量题项均采用 Likert7 点量表进行测量，以此衡量样本对于各问题的同意程度，1~7 分别代表"完全不同意"到"完全同意"。本章研究中各测量量表的特征汇总如表 5-1 所示。

表 5-1 本章研究中各测量量表的特征汇总

量表	维度	题项数	评分人	变量特征	团队数据产生方式
团队反思	任务反思	4	团队成员	共享特征	加总平均
	过程反思	4			
	行动调整	3			
团队目标取向	团队学习取向	4	团队成员	生成特征	加总平均
	团队证明取向	4			
	团队回避取向	2			
团队领导角色	外联型领导	1	团队成员	共享特征	加总平均
	促进型领导	3			
	创新型领导	2			
	指导型领导	3			
团队心理安全	心理安全气氛	7	团队成员	共享特征	加总平均
团队任务特征	任务依赖性	3	团队成员	生成特征	加总平均
	任务例行性	3			
控制变量	团队规模	1	团队主管	整体特征	直接测量
	企业性质	1			

二、研究样本

抽样设计影响到数据的代表性与科学性，从而影响到研究结论，研究设计中研究者主要考虑以下几个问题：①研究对象的选择。为切合本书主题，研究者在选取企业样本时，有意识地选择不同所有制及不同地域的企业；团队样本选取时，则选择技术创新活动频繁的知识型团队，对团队的性质如长期团队或临时团队则不做要求。②减少同源误差。为减少分析资料来源相同而产生的同源误差，将问卷分为团队主管问卷与团队成员问卷，同时注意主管与成员样本的配对。③团队数据的产生。由于部分团队层次变量的衡量，需将个人填写结果加总平均为团队资料，因此需要较为完整的团队成员资料，此外，在产生团队层次资料之前，必须先检查团队内部成员的回答一致性。

研究者采取方便抽样的方式，通过两种渠道进行了样本数据的收集。一是研究者组织的问卷调查，主要在上海、南京、苏州、沈阳等地进行，调查采取当场填写当场回收的方式。问卷发放之前，先确定接受调查团队的人数，以确定问卷发放数量。每一个团队成员问卷填完后,立即装入已备信封中,然后以团队为单位与其他成员及主管问卷一并装入信封,并将信封装订以防与其他团队混淆,此时即为完成一份团队调查。该部分调查主要使用纸质问卷进行调查。二是由联络人联系并组织的调查,主要是在深圳、北京、云南一带进行,调查前研究者先与联络人通过邮件和电话沟通,待联络人对调查程序充分掌握后,再实行问卷调查,调查程序与第一种渠道相同。该部分调查主要使用电子问卷进行调查。

研究样本来自39家企业中的134支知识型团队。调查过程如下:研究者在150支知识型团队(来自40家企业)中进行问卷发放,问卷有纸质问卷与电子问卷两种。共发出150份主管问卷(本阶段研究只涉及控制变量,下一章研究中会涉及团队的任务绩效等主管变量)及1000份左右的成员问卷。回收后剔除因填答不完整或反映倾向过于明显的问卷,并将团队成员有效问卷回收数低于团队成员总数1/2的团队样本予以剔除。最后共配对成功134组有效团队资料,包括134份主管问卷与656份成员问卷。

团队成员样本特征、团队主管样本特征、团队样本特征、团队所属企业样本特征分别如表5-2、表5-3、表5-4、表5-5所示。

表5-2 团队成员样本特征

团队成员样本特征(n=656)		样本数(名)	样本比例(%)
性别	男	426	65
	女	230	35
学历	高中	45	7
	大专	138	21
	本科	289	44
	研究生	184	28
教育背景	理工	367	56
	文法	118	18
	经管	144	22
	其他	27	4
年龄	25岁以下	151	23
	26~30岁	269	41
	31~35岁	170	26
	36岁以上	66	10

第五章　知识团队反思的影响因素

续表

团队成员样本特征（n=656）		样本数（名）	样本比例（%）
加入团队时间	1年以下	118	18
	1~4年	328	50
	4~7年	164	25
	7年以上	46	7
工作性质	生产	138	21
	研发	223	34
	工程技术	184	28
	营销	59	9
	人力行政	39	6
	其他	13	2

表5-3　团队主管样本特征

团队主管样本特征（n=134）		样本数（名）	样本比例（%）
性别	男	109	81
	女	25	19
学历	高中	7	5
	大专	30	23
	本科	63	47
	研究生	34	25
教育背景	理工	63	47
	文法	26	20
	经管	35	26
	其他	10	7
年龄	25岁以下	22	16
	26~30岁	41	31
	31~35岁	47	35
	36~40岁	16	12
	41岁以上	8	6
加入团队时间	最短为1年，最长为20年，均值为3.5年，标准差为2.9年		

知识团队反思：测量、前因与结果

表 5-4 团队样本特征

团队样本特征（n=134）		样本数（支）	样本比例（%）
团队成立时间	1 年以下	8	6
	1~4 年	47	35
	4~7 年	44	33
	7 年以上	35	26
团队职能	生产/服务	27	20
	技术/研发	87	65
	其他	20	15
团队人数	最少为 3 人，最多为 30 人，均值为 5.8 人，标准差为 3.9 人		

表 5-5 企业样本特征

企业样本特征（n=39）		样本数（家）	样本比例（%）
企业性质	国有企业	11	28
	民营企业	19	49
	三资企业	9	23
企业规模	49 人以下	5	13
	50~99 人	7	18
	100~499 人	20	51
	500 人以上	7	18
企业所处行业	软件服务	12	31
	电子通信	11	28
	机械制造	6	15
	食品化工	5	13
	其他	5	13

三、统计分析

本阶段研究使用团队成员样本数据，采用软件 LISREL8.7 对各量表进行个体层次验证性因素分析；采用 SPSS 11.5 进行描述性统计分析，并进行各影响因素对团队反思三个维度的回归分析；采用 LISREL8.7 构建反思触发因素对团队反思的结构方程模型。

第四节 研究结果

一、测量工具的信度与效度分析

(一)目标取向量表的信度与效度分析

随机抽取总体成员样本的一半,利用SPSS13.0软件对目标取向量表进行探索性因子分析(EFA)。EFA选择主成分分析法,采用方差最大法进行正交旋转,用抽取特征根大于1的方法对成员目标取向量表进行EFA。成员目标取向量表EFA发现,Bartlett球形检验(Bartlett's Sphericity Test)值为1518.41,显著水平小于0.001,说明相关矩阵不可能是单位矩阵;取样适合性KMO(Kaiser-Meyer-Olkin)值为0.80,说明该问卷适合做因素分析。

EFA结果如表5-6所示,可以从目标取向的11个测量项目中提取三个因素,每个项目在相应因素上的标准化因子负荷均在0.65以上。这三个因素的累计方差贡献率是71.84%。测量项目的归属情况与原目标取向量表的构思相一致,可以将三个因素命名为学习目标取向、证明目标取向与回避目标取向。

表5-6 目标取向量表的探索性因素分析结果(n=328)

项目	因素1	因素2	因素3
因素1命名:学习目标取向			
喜欢从事对能力有较高要求的工作	0.89		
寻求发展新技能与新知识的机会	0.83		
选择有更多学习机会的挑战性任务安排	0.81		
愿意为发展工作能力承担失败的风险	0.71		
因素2命名:证明目标取向			
同事知道我做得有多好会觉得非常开心		0.85	
喜欢从事可以向其他人证明能力的工作		0.80	
很在意能否表现得比我的同事好		0.75	
努力弄清楚需要做什么从而证明我的能力		0.65	

知识团队反思：测量、前因与结果

续表

项目	因素1	因素2	因素3
因素3命名：回避目标取向			
尽量回避可能使我显得能力不足的新任务			0.92
害怕从事可能会暴露本人不足的任务			0.90
特征根	4.22	1.81	1.14
累计解释方差比例（%）	42.28	60.42	71.84

注：因子负荷小于0.4的均未显示。

研究者再用 LISREL8.7 软件对另一半样本数据进行验证性因子分析（CFA），验证目标取向量表的因子结构。模型设定为三因子结构，因子间协方差均设为自由估计；除了各维度中第一个项目的因子负荷均固定为1以外，其余项目的因子负荷均设为自由估计。CFA 结果显示：各项目的标准化因子负荷均大于0.62，其T值均在12.01以上，成员目标取向的三因子结构能较好地拟合样本数据（χ^2=78.54，df=32，GFI=0.95，RMSEA=0.068，CFI=0.97），表明量表具有较好的结构效度。

最后用全部数据计算量表的信度系数 α 值，经计算，目标取向量表的三个维度学习取向、证明取向与回避取向的 α 系数值都在0.85以上，表明目标取向量表具有较好的信度。

（二）团队领导角色量表的信度与效度分析

随机抽取总体成员样本的一半，对团队领导角色量表进行探索性因子分析（EFA）。EFA 选择主成分分析法，采用方差最大法进行正交旋转，用抽取四个因子的方法对团队领导角色量表进行 EFA。团队领导角色量表的 EFA 发现，Bartlett 球形检验值为2173.51，显著水平小于0.001，说明相关矩阵不可能是单位矩阵；取样适合性 KMO 值为0.92，说明该问卷适合做因素分析。

EFA 结果如表5-7所示，从团队领导角色的9个测量项目中提取4个因素，每个项目在相应因素上的标准化因子负荷均在0.56以上。这4个因素的累计方差贡献率是85.42%。测量项目的归属情况与原团队领导角色量表的构思相一致，可以将四因素命名为促进型领导、创新型领导、指导型领导与外联型领导。

第五章 知识团队反思的影响因素

表 5-7 团队领导角色量表的探索性因素分析结果（n=328）

项目	因素 1	因素 2	因素 3	因素 4
因素 1 命名：促进型领导角色				
主管确保内部冲突不会对团队产生负面影响	0.86			
主管会采取行动建立良好的团队内部关系	0.84			
主管确保团队成员都具有发表意见的机会	0.63			
因素 2 命名：创新型领导角色				
主管会对现有问题解决方式提出质疑		0.83		
主管总能提出新的工作思路与方法		0.77		
因素 3 命名：指导型领导角色				
主管会建立衡量工作优异的标准			0.84	
主管会监控工作进度，并设置任务完成期限			0.61	
主管会与团队成员商讨任务分配			0.56	
因素 4 命名：外联型领导角色				
主管倾向于与外界建立广泛的工作联系				0.88
特征根	6.53	1.64	1.01	0.89
累计解释方差比例（%）	35.47	48.95	70.47	85.42

注：因子负荷小于 0.4 的均未显示。

再对另一半样本数据进行验证性因子分析（CFA），验证团队领导角色量表的因子结构。模型设定为四因子结构，因子间协方差均设为自由估计；除了外联型领导的一个项目以及其他维度中第一个项目的因子负荷均固定为 1 以外，其余项目的因子负荷均设为自由估计。CFA 结果显示：各项目的标准化因子负荷均大于 0.69，其 T 值均在 10.35 以上，且团队领导角色的四因子结构能较好地拟合样本数据（χ^2=64.36，df=21，GFI=0.98，RMSEA=0.080，CFI=0.98），表明量表结构效度可以接受。

最后用全部数据计算量表信度系数 α 值，经计算，团队领导角色中的促进型领导、创新型领导与指导型领导的 α 系数值都在 0.81 以上，表明团队领导角色量表具有较好的信度。

（三）团队心理安全的信度与效度分析

随机抽取总体成员样本的一半，对团队心理安全量表进行探索性因子分析（EFA）。EFA 选择主成分分析法，采用方差最大法进行正交旋转，用抽取特征根

知识团队反思：测量、前因与结果

大于 1 的方法分别对团队心理安全量表进行 EFA。EFA 发现，可以从团队心理安全的 7 个测量项目中提取 1 个因素，由于其中三个项目的负荷偏低，研究者将这三个项目删除后再次进行 EFA。

第二次 EFA 发现（见表 5-8），Bartlett 球形检验值为 691.70，显著水平小于 0.001，说明相关矩阵不可能是单位矩阵；取样适合性 KMO 值为 0.80，说明该问卷适合做因素分析。分析结果如表 5-8 所示，每个项目在相应因素上的标准化因子负荷均在 0.79 以上。累计方差贡献率是 71.97%。测量项目的归属情况与原量表的构思相一致，可以将该因素命名为心理安全气氛。

表 5-8 团队心理安全量表的探索性因素分析结果（n=328）

项目	因素 1
因素 1 命名：团队心理安全	
没有人故意破坏其他人的努力成果	0.91
团队成员互相尊重他人的独特技术与才能	0.86
寻求其他成员的协助是很容易的	0.84
团队成员能够接受其他人提出的质疑和异议	0.79
特征根	2.88
累计解释方差比例（%）	71.97

注：因子负荷小于 0.4 的均未显示。

最后用另一半样本数据计算量表的信度系数 α 值，经计算，团队心理安全量表的整体 α 系数值为 0.88，表明量表具有较好的信度。

（四）任务特征量表的信度与效度分析

随机抽取总体成员样本的一半，对任务特征量表进行探索性因素分析（EFA）。EFA 选择主成分分析法，采用方差最大法进行正交旋转，用抽取特征根大于 1 的方法分别对任务特征量表进行 EFA。任务特征量表的 EFA 发现，Bartlett 球形检验值为 978.58，显著水平小于 0.001，说明相关矩阵不可能是单位矩阵；取样适合性 KMO 值为 0.75，说明该问卷适合做因素分析。

EFA 结果如表 5-9 所示，可以从任务特征的 6 个测量项目中提取两个因素，每个项目在相应因素上的荷重均在 0.65 以上。这两个因素的累计方差贡献率是 73.97%。测量项目的归属情况与原任务特征量表的构思相一致，可以将这两个因素命名为任务例行性与任务依赖性。

表 5-9 任务特征量表的探索性因素分析结果（n=328）

项目	因素1	因素2
因素1命名：任务例行性		
工作中遇到问题时，解决方法都是固定的	0.93	
工作中遇到的问题都是固定的	0.92	
我每天的工作内容几乎都是相同的	0.81	
因素2命名：任务依赖性		
团员完成任务需要我提供相关的信息或资料		0.85
团队成员所从事的工作是相互关联的		0.83
没有团员提供信息或资料我就不能完成任务		0.65
特征根	2.61	1.82
累计解释方差比例（%）	42.87	73.97

注：因子负荷小于0.3的均未显示。

研究者再用 LISREL8.7 软件对另一半样本数据进行验证性因子分析（CFA），验证任务特征量表的因子结构。模型设定为两因子结构，因子间协方差均设为自由估计；除了各维度中第一个项目的因子负荷均固定为1以外，其余项目的因子负荷均设为自由估计。CFA 结果显示：各项目的标准化因子负荷均大于 0.61，其 T 值均在 7.86 以上，且任务特征的两因子结构能较好地拟合样本数据（χ^2=24.21，df=8，GFI=0.91，RMSEA=0.082，CFI=0.90），表明量表结构效度可以接受。

最后用全部数据计算任务特征量表的信度系数 α 值，经计算，任务依赖性与任务例行性的 α 系数值分别为 0.82、0.77，表明任务特征量表具有较好的信度。

二、团队层次变量的聚合检验

本书是属于团队水平的，而有些变量的测量是在个体水平上进行的，所以首先需要将个体水平的数据整合为团队水平的，但必须满足一定的条件才能进行这一操作（Klein、Dansereau & Hall，1994）。许多团队层次资料都是从团队内部成员取得的，当用成员个体作为团队层次变量的资料来源时，研究者需要用一种组成模型把个体层次的资料聚合为团队层次构念。检验数据聚合的可靠性指标有 r_{wg}、ICC(1)、ICC(2) 等，这些指标具有一些重要的理论意义和验证价值，r_{wg} 是用来评价组内一致性的，而 ICC(1)、ICC(2) 都是对组内差异和组间差异的比较。

知识团队反思：测量、前因与结果

应该根据理论和资料来确定采用哪个指标，即根据构念的类型和构成模式选择不同的论证指标，但 Hofmann（2002）的建议是这几种指标用得越多说服力越大。本研究中，研究者通过计算群体内部一致性系数 r_{wg}（James，1993）、组内相关系数 ICC(1) 与 ICC(2)（Bartko，1976），以此验证个体层次数据聚合到团队层次的适合性。经对本书全部样本数据进行计算，各变量的聚合检验指标值如表 5-10 所示。

表 5-10 各变量多水平数据的聚合检验

变量	r_{wg}	ICC(1)	ICC(2)
任务反思	0.90	0.14	0.72
过程反思	0.82	0.13	0.67
行动调整	0.84	0.18	0.74
团队学习取向	0.92	0.19	0.73
团队证明取向	0.84	0.22	0.69
团队回避取向	0.86	0.26	0.73
外联型领导	0.85	0.14	0.71
促进型领导	0.82	0.16	0.65
创新型领导	0.85	0.14	0.73
指导型领导	0.73	0.29	0.61
心理安全气氛	0.83	0.19	0.78
任务依赖性	0.81	0.23	0.69
任务例行性	0.84	0.22	0.73

如表 5-10 所示，各变量的平均 r_{wg} 值均符合大于 0.70 的标准（James，1993）；ICC(1) 处于 James（1982）研究结果的范围之内；ICC(2) 也均符合大于 0.60 的标准（Glick，1985），表明组内一致性是充分的，可以对个体分数进行聚合处理。

三、团队层次变量的描述性统计分析

各变量描述性统计分析结果如表 5-11 所示。相关矩阵表明，团队反思三个维度之间存在显著相关；任务反思、过程反思、行动调整三因素与其他变量也存在不同程度的相关。

第五章　知识团队反思的影响因素

表 5-11　团队层次各变量的描述性统计分析 (n=134)

变量	Mean	SD	1	2	3	4	5	6	7	8	9	10	11	12
任务反思	5.74	0.83												
过程反思	5.49	1.04	0.78**											
行动调整	5.47	1.11	0.73**	0.74**										
团队学习取向	6.07	0.76	0.43**	0.31**	0.28**									
团队证明取向	5.65	0.88	0.26**	0.29**	0.21**	0.57**								
团队回避取向	3.71	1.30	-0.21*	-0.27**	-0.18	-0.28**	-0.12							
外联型领导	5.77	1.16	0.45**	0.44**	0.47**	0.19*	0.17**	-0.06						
促进型领导	5.75	1.09	0.64**	0.65**	0.69**	0.24**	0.27**	-0.09	0.56**					
创新型领导	5.70	1.03	0.61**	0.62**	0.63**	0.20*	0.23**	-0.04	0.65**	0.78**				
指导型领导	5.77	0.92	0.64**	0.66**	0.63**	0.24**	0.25**	-0.01	0.56**	0.78**	0.83**			
心理安全	5.64	0.99	0.46**	0.45**	0.56**	0.23**	0.13	-0.17	0.35**	0.57**	0.48**	0.51**		
任务依赖性	5.28	1.07	0.35**	0.38**	0.35**	0.13	0.19*	-0.07	0.45**	0.42**	0.33**	0.41**	0.33**	
任务例行性	3.57	1.32	-0.07	0.01	0.00	-0.12	0.05	0.14	0.02	-0.12	-0.07	-0.13	-0.02	0.15

注：* 表示 p < 0.1，** 表示 p < 0.05（双尾检验）。

四、影响知识团队反思的回归分析

为了能够进一步检验前面的假设,研究中分别以任务反思、过程反思与行动调整为因变量,进行分层多元回归分析。本书以团队规模与企业性质为控制变量。在进行回归分析前,首先对团队所属企业性质变量进行重新编码,创设了两个虚拟变量(Dummy Variables):民营企业与外资企业。在层次回归方程中,第一步将团队规模与企业性质的两个虚拟变量作为控制变量引入方程;第二步引入预测变量,看引入预测变量后,方程的解释力增加了多少。增加的解释力(ΔR^2)即为某些变量对于知识团队反思的效应量。如果该效应量显著,则说明该变量对团队反思的影响作用是显著的。

(一)团队目标取向对反思的影响

进行多元回归并检验多重共线性问题和自相关问题。结果表明,VIF(方差膨胀因子)接近1,表明变量间的多重共线性问题并不明显;Dw指数接近2,说明存在自相关的可能性也不大。团队目标取向对团队反思的回归分析结果如表5-12所示。

表5-12 团队目标取向对团队反思的层次回归分析

自变量	任务反思		过程反思		行动调整	
控制变量						
团队规模	−0.03	−0.02	−0.02	−0.03	0.01	−0.02
民营企业	0.09	0.05	0.05	0.02	0.08	0.04
外资企业	0.12	0.11	0.07	0.05	0.10	0.09
目标取向						
学习取向		0.33**		0.21*		0.25*
证明取向		0.05		0.18		0.09
回避取向		−0.21*		−0.25*		−0.20
R^2	0.05	0.36**	0.02	0.28**	0.02	0.26**
ΔR^2	0.05	0.31**	0.02	0.26**	0.02	0.24**

注:①n = 134;②表中回归系数为标准化解;③* 表示 $p < 0.1$,** 表示 $p < 0.05$。

对任务反思而言,研究在控制了团队规模与企业性质的回归效应后,目标取向对任务反思具有显著的增量效应($\Delta R^2=0.31$,$p<0.01$)。具体结果如下:团队学

习取向（β=0.33）对任务反思有显著正向影响（p<0.01）；团队证明取向（β=0.05）对任务反思影响不显著（p>0.05）；团队回避取向（β=-0.21）对任务反思具有显著负向影响（p<0.05）。

对过程反思而言，研究在控制了团队规模与企业性质的回归效应后，目标取向对过程反思具有显著的增量效应（R^2=0.26，p<0.01）。具体结果如下：团队学习取向（β=0.21）对过程反思有显著正向影响（p<0.05）；团队证明取向（β=0.18）对过程反思影响不显著（p>0.05）；团队回避取向（β=-0.25）对过程反思具有显著负向影响（p<0.05）。

对行动调整而言，研究在控制了团队规模与企业性质的回归效应后，目标取向对行动调整具有显著的增量效应（ΔR^2=0.24，p<0.01）。具体结果如下：团队学习取向（β=0.25）对行动调整有显著正向影响（p<0.05）；团队证明取向（β=0.09）对行动调整影响不显著（p>0.05）；团队回避取向（β=-0.20）对行动调整的负向影响不显著（p>0.05）。

（二）团队领导角色对反思的影响

回归分析结果表明，VIF 接近 1，表明变量间的多重共线性问题并不明显；Dw 指数接近 2，说明存在自相关的可能性也不大。团队领导角色对团队反思的回归分析结果如表 5-13 所示。

表 5-13　团队领导角色对团队反思的层次回归分析

自变量	任务反思		过程反思		行动调整	
控制变量						
团队规模	-0.03	-0.08	-0.02	-0.05	0.01	-0.06
国有企业	0.09	0.07	0.05	0.04	0.08	0.07
外资企业	0.12	0.10	0.07	0.06	0.10	0.04
团队领导角色						
外联型领导		0.07		-0.02		0.06
促进型领导		0.24*		0.29**		0.47**
创新型领导		0.19		0.21*		0.23*
指导型领导		0.06		0.05		0.05
R^2	0.05	0.35**	0.02	0.35**	0.02	0.40**
ΔR^2	0.05	0.30**	0.02	0.32**	0.02	0.38**

注：①N = 134；②表中回归系数为标准化解；③* 表示 p < 0.1，** 表示 p < 0.05。

对任务反思而言,研究在控制了团队规模与企业性质的回归效应后,团队领导角色对任务反思具有显著的增量效应($R^2=0.40$,$p<0.01$)。具体结果如下:外联型领导($\beta=0.07$)对任务反思影响不显著($p>0.05$);促进型领导($\beta=0.24$)对任务反思具有显著正向影响($p<0.05$);创新型领导($\beta=0.19$)对任务反思具有显著正向影响($p<0.01$);指导型领导($\beta=0.06$)对任务反思影响不显著($p>0.05$)。

对过程反思而言,研究在控制了团队规模与企业性质的回归效应后,团队领导角色对过程反思具有显著的增量效应($R^2=0.35$,$p<0.01$)。具体结果如下:外联型领导($\beta=-0.02$)对过程反思影响不显著($p>0.05$);促进型领导($\beta=0.29$)对过程反思具有显著正向影响($p<0.05$);创新型领导($\beta=0.21$)对过程反思具有显著正向影响($p<0.05$);指导型领导($\beta=0.05$)对过程反思影响不显著($p>0.05$)。

对行动调整而言,研究在控制了团队规模与企业性质的回归效应后,团队领导角色对行动调整具有显著的增量效应($\Delta R^2=0.38$,$p<0.01$)。具体结果如下:外联型领导($\beta=0.06$)对行动调整影响不显著($p>0.05$);促进型领导($\beta=0.47$)对行动调整具有显著正向影响($p<0.05$);创新型领导($\beta=0.23$)对行动调整具有显著正向影响($p<0.01$);指导型领导($\beta=0.05$)对行动调整影响不显著($p>0.05$)。

(三)团队心理安全对反思的影响

回归分析结果表明,VIF 接近 1,表明变量间的多重共线性问题并不明显;Dw 指数接近 2,说明存在自相关的可能性也不大。团队心理安全对团队反思的回归分析结果如表 5-14 所示。

表 5-14 团队心理安全对团队反思的层次回归分析

自变量	任务反思		过程反思		行动调整	
控制变量						
团队规模	-0.03	-0.05	-0.02	-0.02	0.01	-0.05
国有企业	0.09	0.07	0.05	0.04	0.08	0.04
外资企业	0.12	0.11	0.07	0.04	0.10	0.06
心理安全						
团队心理安全		0.38**		0.35**		0.57**
R^2	0.05	0.25**	0.02	0.19**	0.02	0.37**
ΔR^2	0.05	0.20**	0.02	0.17**	0.02	0.35**

注:①n = 134;②表中回归系数为标准化解;③* 表示 $p<0.1$,** 表示 $p<0.05$。

对任务反思而言,研究在控制了团队规模与企业性质的回归效应后,团队心理安全对任务反思具有显著的增量效应($\Delta R^2=0.20$,$p<0.01$),且团队心理安全($\beta=0.38$)对其具有显著正向影响($p<0.01$);对过程反思而言,研究在控制了团队规模与企业性质的回归效应后,团队心理安全对过程反思具有显著的增量效应($\Delta R^2=0.17$,$p<0.01$),且团队心理安全($\beta=0.35$)对其具有显著正向影响($p<0.01$);对行动调整而言,研究在控制了团队规模与企业性质的回归效应后,团队心理安全对行动调整具有显著的增量效应($\Delta R^2=0.35$,$p<0.01$),且团队心理安全($\beta=0.57$)对其具有显著正向影响($p<0.01$)。

通过上述分析可以初步认为,团队学习取向、团队促进领导与团队心理安全气氛三个变量为团队反思的触发因素。

五、触发因素对反思的结构方程模型

本书中所使用的变量大都属于不可直接测量的潜变量。对于潜变量的调节效应分析方法有很多,但具体使用方法要综合考虑数据的特点、研究的问题和要实现的目标。应用分组结构方程建模就是其中一种有效方法,但考虑到本书团队层次样本量仅有134个,故若将样本分两组进行结构方程建模,样本数则会减半,因此分析结果的稳定性则可能大受影响。

Kenny和Judd(1984)建议,使用带乘积项的结构方程分析潜变量的调节效应具有更高的精确性。该方法提出后,经过研究者的不断改进,成为了较好的潜变量缓冲效应分析方法,并形成了较为成熟的操作程序(温忠麟等,2003,2004)。考虑到本书的因变量较多,需要呈现不同因变量的回归模型,若采用多元逐步回归分析将显得非常繁杂,不易于进行各个回归模型间的比较。另外,在研究中又必须同时检验团队反思的不同触发因素对于团队反思的直接效应以及触发因素与任务特征对团队反思的交互效应,因此可以采用带乘积项的结构方程模型进行分析。为了简化研究问题并实现指标间的配对乘积,首先将每个维度的测量项目均合并为三个。主要是合并含义比较接近的测量项目,以学习目标取向为例,"我希望选择有更多学习机会的挑战性任务安排"和"我常寻求发展新技能与新知识的机会"均体现了寻求新机会以发展能力,所以可以将其合并。再比如团队心理安全,研究者则将"没有人故意破坏其他人的努力成果"、"团队成员互相尊重他人的独特技术与才能"这两个项目合并。这样的合并是有根据的,并且适当精简

测量指标更有利于模型的识别（Foxall & Hackett，1992）。

(一) 反思触发因素对团队反思的结构模型：以任务依赖性为调节变量

首先对各变量进行中心化（即各自减去其样本均值）处理，然后将各触发因素的测量指标与任务依赖性的测量指标进行配对相乘，作为交互项的观测指标。反思触发因素对团队反思及其各维度的影响，以及任务依赖性对两者关系的调节效应，结构方程模型如图 5-2 所示。为清晰呈现变量间的关系，仅给出了 T 值大于 1.96 的变量和路径。结构方程能较好地拟合样本数据（$\chi^2/df=2.29$，GFI=0.97，RMSEA=0.076，CFI=0.97）。

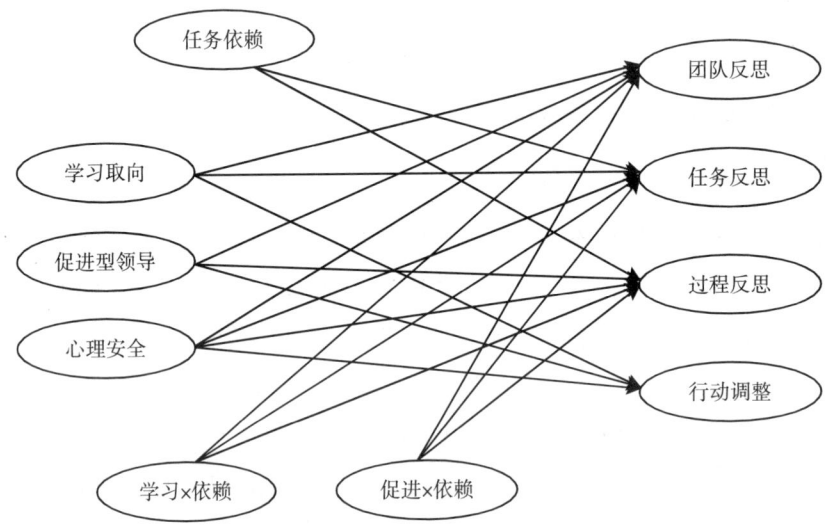

图 5-2 反思触发因素对团队反思的影响路径：以任务依赖为调节变量

变量间的路径系数及显著性水平见表 5-15。

表 5-15 反思触发因素对团队反思的路径系数：以任务依赖为调节变量

因变量	自变量	标准化路径系数	T 值
任务反思	任务依赖性	0.26	3.21
	团队学习取向	0.34	3.97
	心理安全	0.36	4.06
	学习×依赖	0.31	3.42
	促进×依赖	0.22	2.67

续表

因变量	自变量	标准化路径系数	T值
过程反思	任务依赖性	0.21	2.02
	促进型领导	0.33	3.47
	心理安全	0.34	3.56
	学习×依赖	0.26	3.32
	促进×依赖	0.21	2.47
行动调整	团队学习取向	0.26	3.38
	促进型领导	0.44	4.33
	心理安全	0.48	4.56
团队反思	团队学习取向	0.36	3.05
	促进型领导	0.24	2.44
	心理安全	0.41	4.28
	学习×依赖	0.24	2.03
	促进×依赖	0.28	3.52

注：以上所有路径系数都会在 0.05 水平下显著。

对任务反思而言，在任务依赖性变量的缓冲下，团队学习取向（β=0.34）与团队心理安全（β=0.36）是影响任务反思的主要触发因素；任务依赖性对任务反思的主效应（β=0.26）也是显著的；任务依赖性与团队学习取向的交互项对任务反思的影响（β=0.31）显著，且这种影响是正向的；任务依赖性对促进型领导与任务反思的调节效应（β=0.22）也显著。

对过程反思而言，在任务依赖性变量的缓冲下，促进型领导（β=0.33）与团队心理安全（β=0.34）是影响过程反思的主要触发因素；任务依赖性对过程反思的主效应（β=0.21）也是显著的；任务依赖性与团队学习取向的交互项对过程反思的影响（β=0.26）显著，且这种影响是正向的；任务依赖性对促进型领导与过程反思的调节效应（β=0.21）也显著。

行动调整仅受到团队学习取向（β=0.26）、促进型领导（β=0.44）与团队心理安全（β=0.48）的影响；团队任务依赖性并未对其有显著的影响关系，且对三个触发因素与行动调整之间的关系未产生显著调节作用。

对团队反思而言，在任务依赖性变量的缓冲下，团队学习取向（β=0.36）、促进型领导（β=0.24）与团队心理安全（β=0.41）是影响过程反思的主要触发因素；任务依赖性对团队反思的主效应不显著；任务依赖性与团队学习取向的交互项对团队反思的影响（β=0.24）显著，且这种影响是正向的；任务依赖性对促进型领导与团队反思关系的调节效应（β=0.28）也是显著的。

（二）反思触发因素对团队反思的结构模型：以任务例行性为调节变量

首先对各变量进行中心化（即各自减去其样本均值）处理，然后将各触发因素的测量指标与任务例行性的测量指标进行配对相乘，作为交互项的观测指标。

反思触发因素对团队反思及其各维度的影响，以及任务例行性对两者关系的调节效应，结构方程模型如图 5-3 所示。为清晰呈现变量间的关系，仅给出了 T 值大于 1.96 的变量和路径。结构方程能较好地拟合样本数据（$\chi^2/df=2.33$，GFI=0.95，RMSEA=0.080，CFI=0.95）。

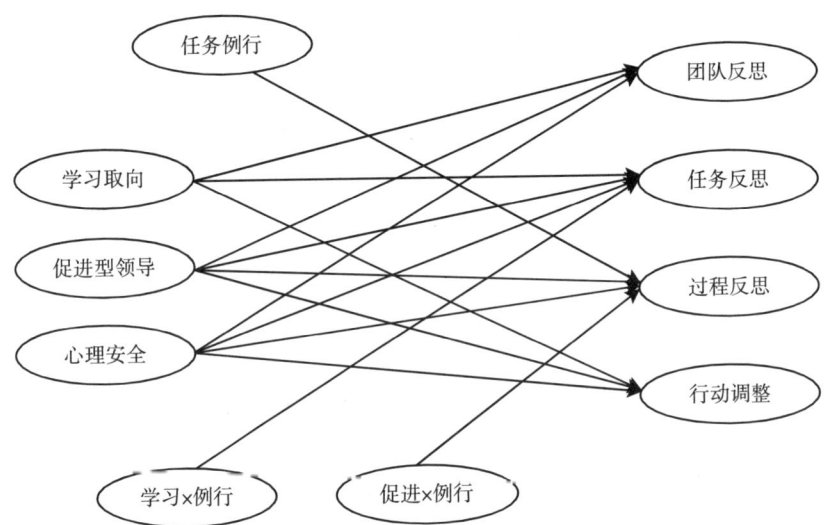

图 5-3 反思触发因素对团队反思的影响路径：以任务例行为调节变量

变量间的路径系数及显著性水平见表 5-16。

表 5-16 反思触发因素对团队反思的路径系数：以任务例行为调节变量

因变量	自变量	标准化路径系数	T 值
任务反思	团队学习取向	0.20	2.26
	促进型领导	0.22	2.89
	心理安全	0.31	3.46
	学习×例行	−0.35	3.94

续表

因变量	自变量	标准化路径系数	T值
过程反思	任务例行性	−0.22	2.32
	促进型领导	0.23	2.49
	心理安全	0.36	3.74
	促进×例行	−0.41	4.43
行动调整	团队学习取向	0.29	3.45
	促进型领导	0.41	4.17
	心理安全	0.49	4.65
团队反思	团队学习取向	0.33	3.34
	促进型领导	0.29	3.11
	心理安全	0.43	4.49

注：以上所有路径系数都会在 0.05 水平下显著。

对任务反思而言，在任务例行性变量的缓冲下，团队学习取向（β=0.20）、促进型领导（β=0.22）与团队心理安全（β=0.31）是影响任务反思的主要触发因素；任务例行性与团队学习取向的交互项对任务反思的影响（β=0.31）显著，且这种影响是正向的。

对过程反思而言，在任务例行性变量的缓冲下，促进型领导（β=0.23）与团队心理安全（β=0.36）是影响过程反思的主要触发因素；任务例行性对过程反思的主效应（β=−0.22）也是显著的；任务例行性与促进型领导的交互项对过程反思的影响（β=−0.41）显著，且这种影响是正向的。

行动调整仅受到团队学习取向（β=0.29）、促进型领导（β=0.41）与团队心理安全（β=0.49）的影响；团队任务例行性并未对其有显著的影响关系，且对三个触发因素与行动调整之间的关系未产生显著调节作用。

对团队反思而言，在任务例行性变量的缓冲下，团队学习取向（β=0.33）、促进型领导（β=0.29）与团队心理安全（β=0.43）是影响过程反思的主要触发因素；任务例行性对团队反思的主效应不显著，且对三个触发因素与行动调整之间的关系未产生显著调节作用。

总而言之，本章研究中的假设检验情况如表 5-17 所示。

知识团队反思：测量、前因与结果

表 5-17　第五章研究假设检验情况

研究假设	检验结果
假设 1a：团队成员学习目标取向组合对团队反思产生显著正向影响	支持
假设 1b：团队成员回避目标取向组合对团队反思产生显著负向影响	部分支持
假设 2a：外联型领导对团队反思产生显著正向影响	不支持
假设 2b：促进型领导对团队反思产生显著正向影响	支持
假设 2c：创新型领导对团队反思产生显著正向影响	部分支持
假设 2d：指导型领导对团队反思产生显著正向影响	不支持
假设 3：团队心理安全气氛对团队反思产生显著正向影响	支持
假设 4：任务依赖性可以调节反思触发因素与团队反思之间的关系	部分支持
假设 5：任务例行性可以调节反思触发因素与团队反思之间的关系	部分支持

第五节　本章总结

一、知识团队反思的触发因素

团队反思会受到不同层面变量的影响。本书分别以团队目标取向、团队领导角色与团队心理安全为自变量，以团队反思的三个维度为因变量，分析团队反思的影响因素。

首先，通过检验团队目标取向与团队反思的关系，本书发现，知识团队学习取向对知识团队的任务反思、过程反思与行动调整均具有显著正向影响；知识团队证明取向对任务反思、过程反思与行动调整也具有正向影响，但这种影响并不显著；知识团队回避取向对知识团队的任务反思与过程反思具有显著负向影响，对行动调整的负向影响不显著。因此，团队学习取向是知识团队反思的一种触发因素。学习取向的团队在追求目标过程中发现问题或遭遇障碍时，团队成员能够对环境做出迅速准确的辨别和分析，从而能够公开反思团队的策略和方法，并根据环境变化对不适合团队的策略和方法进行调整。

其次，通过检验团队领导角色与团队反思的关系，本书发现，外联型领导与指导型领导对团队反思三个维度的影响均不显著；促进型领导对知识团队的任务反思、过程反思与行动调整均具有显著正向影响；创新型领导对知识团队的过程反思与行动调整均具有显著正向影响，对任务反思的正向影响不显著。因此，促进型领导是知识团队反思的一种触发因素。促进型领导角色是指知识团队的领导确保团队成员都具有发表意见的机会，采取行动建立良好的团队内部关系，并确保团队内部冲突不会对团队产生负面影响。如果知识团队的领导担负这样一种角色，将会激发知识团队的反思水平。

最后，通过检验团队心理安全与团队反思的关系，本书发现，知识团队心理安全对知识团队的任务反思、过程反思与行动调整均具有显著正向影响。团队成员对任务、过程及程序进行总结和反思是要冒一定风险的，针对一个工序和方法发表看法，或对某项程序提出疑问或意见，可能会被其他团队成员看作是一种人际批评，甚至被看作是对他人抱有成见。如果团队成员能够感知到较高的心理安全气氛，即团队中形成一种开放和建设性的群体讨论氛围，团队成员则可能会冒上述风险，从而对团队任务与过程进行反思，也才有可能对不合适的程序进行调整。因此，团队心理安全也是知识团队反思的一种触发因素。

总而言之，本书认为知识团队反思的三个触发因素为团队学习取向、促进型领导与团队心理安全。

二、团队任务特征的调节作用

以反思触发因素及其与任务特征的交互项为外生潜变量，以团队反思及其各维度为内生潜变量，构建结构方程模型，分析各变量的主效应与交互效应。通过研究，本书发现，任务依赖性与任务例行性对触发因素与团队反思各维度的关系具有不同程度的调节作用。说明在任务特征的不同水平，反思触发因素对团队反思存在不同的回归效应。

首先，对任务反思而言，任务依赖性可以正向调节团队学习取向与任务反思的关系；任务依赖性还可以正向调节促进型领导与任务反思的关系；任务例行性可以负向调节团队学习取向与任务反思的关系。

其次，对过程反思而言，任务依赖性可以正向调节团队学习取向与过程反思的关系；任务依赖性还可以正向调节促进型领导与过程反思的关系；任务例行性也负向可以调节促进型领导与过程反思的关系。

最后，对团队反思而言，任务依赖性可以正向调节团队学习取向与团队反思的关系；任务依赖性还可以正向调节促进型领导与团队反思的关系；任务例行性不具有显著调节作用。

为了识别反思触发因素（这里指团队学习取向与促进型领导）与团队任务特征（任务依赖性与任务例行性）的交互作用模式。以团队反思为例，通过绘图以展示高、低任务特征组中，团队学习取向与促进型领导对团队反思的回归曲线，如图 5-4 与图 5-5 所示。

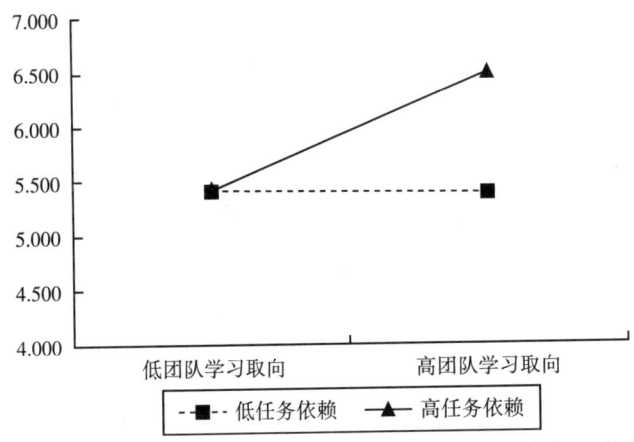

图 5-4　高、低任务依赖组团队学习取向对团队反思的影响效应

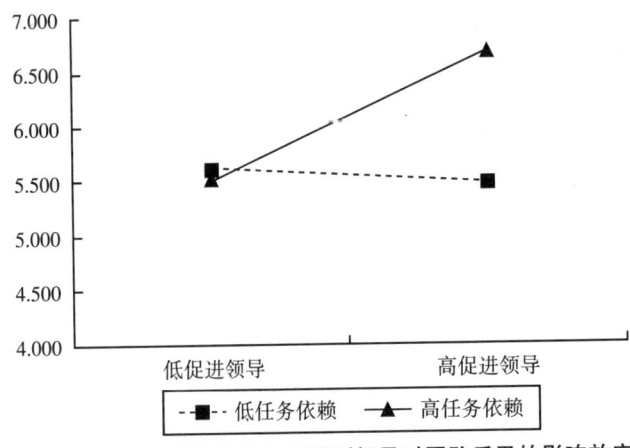

图 5-5　高、低任务依赖组促进型领导对团队反思的影响效应

从图中可以看出，只有当任务依赖性较高时，团队学习取向与促进型领导对团队反思的正向影响才会较强。

第六章　知识团队反思的团队层次效应

第一节　研究目的与初步模型

前两章的研究已经明确了中国背景下知识团队反思的概念构思和维度结构框架，并且分析了影响知识团队反思的主要因素，提出了知识团队反思的触发因素模型。然而本书不但要揭示团队反思的结构及其影响因素，更要为团队绩效的提升提供新的理论诠释。

团队反思作为一种团队过程，将会在知识团队反思的前因变量与团队绩效之间起到一种"桥梁"作用，因为按照 IPO 模型，团队反思的前因变量作为一种团队投入因素，会通过团队反思这一团队过程影响到团队结果。只有厘清团队反思的这种中介作用机理，才能体现知识团队反思的主要研究价值。

团队研究的 IPO 模型从投入—过程—产出角度为本书理解团队反思的形成过程与作用机制提供了简单而清晰的框架，因此本书将从 IPO 模型的视角探讨知识团队反思的团队层次效应。通过前一章的理论推导与实证分析，本书已经得到知识团队反思的主要影响因素即触发因素，本章将以这些触发因素作为投入因素，团队反思作为过程变量，团队绩效作为结果变量，构建 IPO 模型，如图 6-1 所示。

本书选取团队学习取向、促进型领导与心理安全作为 IPO 模型的投入因素，以团队反思作为过程因素，并选择团队效率、合作满意与创新绩效三个变量组成的团队绩效作为 IPO 模型的结果因素。此外，本书还将探讨团队任务特征能否调节团队反思与团队绩效之间的关系。

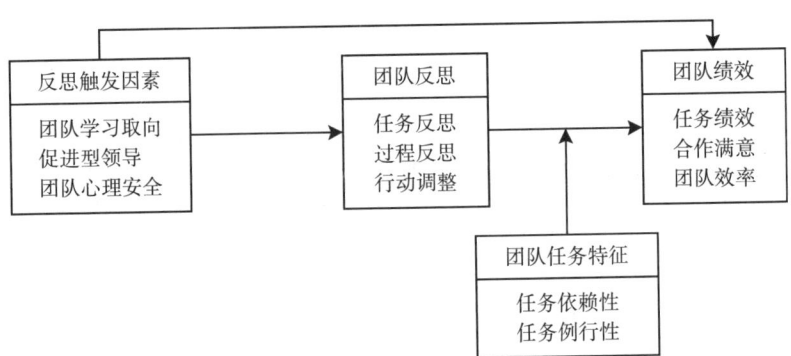

图 6-1 以知识团队反思为中介的团队层次效应模型

第二节 理论推导与研究假设

团队效能是指团队产出满足预期的程度，反映实际结果与预期结果的比较。团队效能包括任务绩效和团队态度两个方面。知识团队的任务绩效可以通过量化的数字（如新产品开发数量与质量、新产品销售额或利润率等）或团队成员（主要是团队领导）的主观认定来评判；团队态度则可以通过成员工作满意度和团队承诺来判断。本书将从任务绩效与合作满意度两方面衡量团队效能。团队效率也是衡量团队绩效的一个重要标准（Hoegl & Gemuenden，2001）。本书将知识团队效率界定为知识团队的运作速度以及最大程度利用各种信息和资源的能力。总之，本书将知识团队绩效界定为任务绩效、合作满意与团队效率三个组成部分。

一、团队反思对团队绩效的影响

（一）知识团队反思与团队效能

经常集体反思的团队可以更好地利用团队成员的专业知识，使得团队更加有效。首先，通过公开反思活动，团队成员能够了解到其他成员对问题的理解和看法，从而能够综合大家的意见，很快找到解决问题的最佳办法（Hoegl & Parboteeah，2006）。其次，通过不断反思，团队成员可以相互了解各自的专长，也更有可能在团队内部形成交互记忆系统（Lewis，2003），从而使得团队能够有效发挥各个成员的专长。此外，对团队优势与劣势的更深认识也使得团队的专业知识能够以更合理的方式分配到团队中。因此，反思团队能够更好地运用团队成员的知识技能，从而有效提升团队效能。

经常反思过去并根据未来环境变化做出调整的团队更有可能探讨和应对由环境变化带来的挑战，这方面的主动努力有利于团队更好地理解和处理团队面临的问题。有研究发现，那些经常对原假设提出质疑，并采用新方式审视环境的团队，提出问题与解决问题的能力会更强（Schwenk，1988；Hirokawa，1990）。通过集体反思，团队成员能够对环境做出迅速准确的辨别和分析，并弄清楚自己需要做什么，从而可以选择正确的方法解决"正确"的问题。此外，高水平反思团队中，团队成员会持续表达他们对问题的看法，这不仅促进了团队内部的良好沟通，使团队成员合作满意；也有助于关键信息的收集与分享，使团队成员能够更加准确地理解他们所面临的问题，并找到合适的解决办法。

基于以上分析，可以提出以下假设：

假设 H1： 知识团队反思对团队效能具有显著正向影响作用。

假设 H1a： 知识团队反思对任务绩效具有显著正向影响作用。

假设 H1b： 知识团队反思对合作满意具有显著正向影响作用。

（二）知识团队反思与团队效率

团队反思也会对团队效率产生积极影响。首先，如前文所述，反思团队使得团队成员能够认清团队所面临问题的性质（Sicotte & Langley，2000），了解团队自身所具有的优势和劣势，还能够使得团队成员意识到完成任务的最后期限与资源方面的限制。所有这些信息都有助于团队制定合理有效的项目进程与计划，最大限度地利用各种信息和资源，从而有效提升团队的运作效率。

其次，高反思团队能够快速识别团队所面临的"真正"问题，从而能够快速有效地解决这些问题。相比之下，时间与资源更容易在低水平反思团队中浪费，主要原因就是团队成员往往会抓住"错误"的问题（如不重要或不紧迫的问题）不放，致使团队在"错误"的方向上越走越远，导致团队效率低下。此外，低反思团队更有可能会否认、歪曲或隐藏团队所面临的困难，并对将要发生的事态采取观望态度（Hoegl & Parboteeah，2006）。与之相反，高反思团队能够正视各种困难，并迅速找到有效的应对措施。

最后，由于高反思团队能够对团队任务做出合理分配，并能够在执行任务过程中充分发挥各个团队成员的专长和技能，这也有可能会提升团队效率。相对而言，低水平反思团队很可能会将任务分配给不能胜任的团队成员，或者会花更多的时间找到适合某项工作的员工。这种情况下，时间和资源就会白白浪费。然而在高水平反思团队中，团队成员的知识、技能、经验与工作需要之间能够实现合理匹配，这也意味着团队任务能够高效率地完成。

基于以上分析，可以提出以下假设：

假设 H2：知识团队反思对团队效率具有显著正向影响作用。

二、团队任务特征的调节作用

（一）任务依赖性的调节作用

任务依赖性是团队成员需要从其他成员获得资源、信息和支持来完成自己任务和工作的程度，它决定了协作成员间的互动水平。考察成员的任务依赖性有助于分析团队是否形成了一个整体而并非是部分的简单叠加或个体的松散组合，可见它是理解团队现象的关键因素。虽然任务相互依赖性的实证研究并不多见，但其已经成为一个组织设计概念上的重要原则，基本可以认为，当部门间的相互依赖性越高时，越需要使用非正式的协调并采取有机式的组织结构方式（McCann & Galbraith，1981）。因此本书将任务依赖性当作团队绩效形成的情境因素，对于团队反思与团队绩效之间的关系具有某种干扰作用。总之，如果一个团队任务依赖性较高时，团队则应该采取有机式的组织结构，通过大量的水平沟通与协调，并通过团队成员间的公开反思，必要时对团队目标和策略做出调整，才能够有效提升团队绩效。

基于以上分析，本书提出以下假设：

假设 H3：任务依赖性可以调节团队反思与团队绩效之间的关系。即在任务依赖性高的团队中，知识团队反思对团队绩效的正向影响，要显著高于任务依赖性低的团队。

假设 H3a：任务依赖性可以调节团队反思与任务绩效之间的关系。

假设 H3b：任务依赖性可以调节团队反思与合作满意之间的关系。

假设 H3c：任务依赖性可以调节团队反思与团队效率之间的关系。

（二）任务例行性的调节作用

前面已经指出，低例行性的工作有助于管理者塑造一个开放的工作环境；而

第六章 知识团队反思的团队层次效应

高例行性的工作往往会限制员工表达意见的机会。任务例行性越高表示任务确定性越高，有明确的方向准则，不需要很大的改变或新想法的意见，改变的空间相对也小。当讨论的空间变小，只需要靠既定的规则做事即可。Glassman（1986）在一项对 R&D 人员的行为调查后发现，在工作上拥有充分的时间与自由地从事创新的研究是科技人员最大的期望。Middlemist 和 Hitt（1981）也指出，当工作是例行性或是个人的任务自主权较低时，比当任务是非例行性或是给予个人任务自主权较高时，气氛与创新行为间的关系会较低。所以任务的类型应用在团队绩效的模式上，可以当作团队绩效模式下的限制情境。因此本书将工作例行性当作团队绩效的情境因素，对于团队反思与团队绩效之间的关系具有干扰作用。

总之，如果一个团队任务例行性较低时，团队应该采取有机式的组织结构形式，通过大量的水平沟通与协调，通过团队成员间的公开反思，必要时对团队目标和策略做出调整，更能够有效提升团队绩效。相反，如果一个团队任务例行性较低时，团队的组织结构形式往往比较机械，团队成员遵循规划和程序往往会更加重要，但公开反思则不一定需要，因此团队反思活动则不一定能有效提升团队绩效。

基于以上分析，本书提出以下假设：

假设 H4：任务例行性可以调节团队反思与团队绩效之间的关系。即在任务例行性低的团队中，知识团队反思对团队绩效的正向影响，要显著高于任务例行性高的团队。

假设 H4a：任务例行性可以调节团队反思与任务绩效之间的关系。

假设 H4b：任务例行性可以调节团队反思与合作满意之间的关系。

假设 H4c：任务例行性可以调节团队反思与团队效率之间的关系。

三、团队反思的中介作用

至此，本书分别建立了两个独立的关系模型：①前因变量与知识团队反思；②知识团队反思与团队绩效。下面试图建立在前因变量与团队绩效之间以知识团队反思为中介作用的模型。

（一）知识团队反思在团队学习取向与团队绩效间的中介作用

当团队的组合是高度学习目标取向时，团队成员会表现出积极提出新想法的态度，团队成员的创新行为也有利于提升团队的创新绩效；团队成员善于通过创

知识团队反思：测量、前因与结果

造性工作提升自身能力，重新思考过去做事的方法，进而建立团队的创新气氛，增强整个团队的合作满意程度与团队的运作效率。

群体的反思与调整行为是组织内有效团队合作的重要构成要素（Tjosvold et al.，2004）。团队成员通过公开讨论与完成任务相关的话题（即评估已完成之任务）并讨论团队沟通的方式，会增强团队辨别问题的能力。而团队成员也可能通过反思活动，为团队提供不同的想法，以确认影响团队绩效的因素，进而改善这些因素。因此，拥有不同目标取向的团队，确认障碍与挫折的反思及调整行为也会有所不同，进而会对整个团队的绩效造成不同的影响。可以推断，当团队组合为高度学习目标取向时，团队成员相信自身能力是可以通过努力得到改变的，所以当目标完成过程中遇到挫折或阻碍任务达成的问题时，团队成员愿意通过不断反思与调整，积极分析当前影响团队发展的障碍，从而接受新的挑战，提出新的想法并找到新的解决问题的办法，最终促进团队效能与团队效率的提升。

基于以上分析，本书提出以下假设：

假设 H5：知识团队学习目标取向对团队绩效（任务绩效、合作满意与团队效率）具有显著正向影响。

假设 H6：知识团队反思是团队学习目标取向与团队绩效关系的中介变量。

（二）知识团队反思在团队领导角色与团队绩效间的中介作用

通过上一章理论推导与实证分析，本书发现，在四种团队领导角色中，只有促进型领导能够显著促进知识团队反思水平的提升。因此，这里只讨论这种领导角色对团队绩效的影响，以及团队反思在这种领导角色与团队绩效间的中介作用。

许多研究表明，领导风格如果不是最关键的组织创新影响因素，至少也是重要因素。鉴于知识工作者的工作大多具有不确定性、风险性、易受批判性，而本书中的促进型领导倡导在团队中建立一种合作的氛围，从而确保团队交流是平等和安全的，并鼓励团队成员积极参与，共享信息以及公开讨论不同观点。通过影响共同愿景、团队承诺、授权、功能性冲突对凝聚力、沟通、冲突管理起作用，克服群体成员的社会惰化行为，进而影响团队绩效。

促进型领导通过沟通价值观和共同使命感，能够为团队带来更多的信息，团队成员的心理赋能感知会更加高涨，也能够更好地公开反思与评价过去的工作方法，而不担心受到不利于他们的评价。通过有效的沟通、反思与调整活动，主管可以让成员集中精力共同应对共同目标,并能够挖掘团队成员的潜力。

基于以上分析,本书提出以下假设:

假设 H7:促进型领导对团队绩效(任务绩效、合作满意与团队效率)具有显著正向影响。

假设 H8:知识团队反思是促进型领导与团队绩效关系的中介变量。

(三)知识团队反思在心理安全气氛与团队绩效间的中介作用

Edmondson(1999)认为,只有在人们感到安全的氛围下,才能产生积极的学习行为和创新。由于该项研究很好地支持了心理安全感在团队学习模型中的作用,Edmondson 围绕心理安全这一问题进行了系列研究。在其后续研究中,她进一步明确了心理安全感的概念、关于心理安全感的理论研究框架和研究意义。根据上述文献综述,可以推断,团队中的高心理安全气氛能够促进团队成员的公开对话与有效沟通,并促进团队成员的反思与行为调整活动,进而有效提升团队绩效。

基于以上分析,本书提出以下假设:

假设 H9:团队心理安全对团队绩效(任务绩效、合作满意与团队效率)具有显著正向影响。

假设 H10:知识团队反思是团队心理安全气氛与团队绩效关系的中介变量。

第三节 研究方法

一、研究工具

本书涉及七个变量的测量,分别是:团队反思、团队学习取向、促进型领导角色、心理安全气氛、任务特征、团队效能与团队效率。除团队效能与团队效率外,其他变量均采用本书第五章中所采用的量表。

(一)知识团队效能

团队效能可以从任务绩效与合作满意度两方面来衡量,任务绩效量表与合作满意量表均使用黄敏萍(2002)改编自 Tjosvold(1988)研究的量表进行测量。

其中任务绩效量表由 4 个项目构成，合作满意量表由 3 个项目构成，各题项均采用 Likert7 点量表进行测量。

（二）知识团队效率

团队效率量表根据 Hoegl 和 Gemuenden（2001）的量表与 Janz 和 Pattarawan（2003）的量表改编，由 3 个项目构成，主要测量团队运作速度以及团队利用各种信息和资源的能力。各题项均采用 Likert7 点量表进行测量。

控制变量。相关研究显示，团队规模会影响团队绩效（Haleblian & Finkelstein，1993）。此外，考虑到在不同所有制的企业中，团队效能与效率可能有所差别。因此，为提高研究准确性，本书以团队规模（团队实际人数）、团队所属企业性质为控制变量。

需要说明的是，为减少分析资料来源相同而产生的同源误差，本书将问卷分为团队主管问卷与团队成员问卷。任务绩效、团队效率以及控制变量由团队主管评定；其他变量（合作满意、团队反思、成员学习取向、团队任务特征、创新型领导角色、促进型领导角色、心理安全气氛）则由团队成员评分。

本章研究中各测量量表的特征汇总如表 6-1 所示。

表 6-1　本章研究中各测量量表的特征汇总

量表	维度	题项数	评分人	变量特征	团队数据产生方式
团队效能	任务绩效	4	团队主管	整体特征	直接测量
	合作满意	3	团队成员	共享特征	加总平均
团队效率	团队效率	3	团队主管	整体特征	直接测量
团队反思	任务反思	4	团队成员	共享特征	加总平均
	过程反思	4			
	行动调整	3			
团队学习取向	团队学习取向	4	团队成员	共享特征	加总平均
团队任务特征	任务依赖性	3	团队成员	生成特征	加总平均
	任务例行性	3			
促进型领导	促进型领导	3	团队成员	共享特征	加总平均
团队心理安全	心理安全气氛	4	团队成员	共享特征	加总平均
控制变量	团队规模	1	团队主管	整体特征	直接测量
	企业性质	1			

二、研究样本

本章研究样本与上一章所用样本相同。研究样本来自 39 家企业中的 134 支知识型团队。配对样本包括 134 组有效团队资料,包括 134 份主管问卷与 656 份成员问卷。

三、统计分析

本阶段研究使用团队成员样本数据,采用 SPSS11.5 进行描述性统计分析;采用 LISREL8.7 对相关变量进行个体层次验证性因素分析与团队层次变量的结构方程模型分析。

第四节 研究结果

一、测量工具的信度与效度分析

知识团队反思、学习取向、团队领导角色与团队心理安全等量表的信度与效度已在前面章节中得到检验,故本章不再重复检验。

(一) 合作满意量表的信度分析

由于测量合作满意度的量表只有两个条目(我们团队成员之间合作愉快、我乐意与团队成员继续合作)。经用全部数据计算,合作满意量表的整体 α 系数值为 0.83,表明合作满意量表具有较好的信度。

(二) 任务绩效量表的信度与效度分析

任务绩效是由主管评分,受到样本数量的限制,本书直接对团队任务绩效量表进行信度检验和验证性因素分析(CFA)。CFA 结果如表 6-2 所示,各条目的标准化因子载荷均大于 0.68,CFA 结果还显示任务绩效量表的单因子结构能较好地拟合样本数据($\chi^2/df=2.18$,GFI=0.94,RMSEA=0.074,CFI=0.95)。显示量表的结构效度较好。

知识团队反思：测量、前因与结果

表6-2 研究任务绩效的因子结构（n=134）

因子	条目	因子载荷
任务绩效	团队的目标完成状况良好	0.68
	团队的计划执行进度良好	0.75
	团队取得了良好的工作成果	0.81
	团队资源利用的成效良好	0.72

注：标准化因子载荷系数的 T 值均大于 10。

此外，任务绩效量表的整体 α 系数值为 0.84，表明量表具有较好的信度。

（三）团队效率量表的信度与效度分析

团队效率也是由主管评分，受到样本数量的限制，本书直接对团队效率量表进行信度检验和验证性因素分析（CFA）。CFA 结果如表 6-3 所示，各条目的标准化因子载荷均大于 0.75，CFA 结果还显示，团队效率量表的单因子结构能较好地拟合样本数据（$\chi^2/df=3.01$，GFI=0.91，RMSEA=0.078，CFI=0.92），显示量表的结构效度较好。

表6-3 团队效率的因子结构（n=134）

因子	条目	因子载荷
团队效率	团队的运作速度非常快	0.78
	能够最大程度利用各种信息与资源	0.75
	我们的团队是一个高效率的团队	0.86

注：标准化因子载荷系数的 T 值均大于 12。

此外，团队效率量表的整体 α 系数值为 0.82，表明量表具有较好的信度。

二、团队层次变量的聚合检验

知识团队反思、学习取向、任务特征、团队领导角色与团队心理安全等量表的聚合检验已在上一章研究中通过，故本章不再重复检验。任务绩效与团队效率是由团队主管评价直接得到分数的，故不需要进行聚合检验。这里只对合作满意量表进行聚合检验，经对本书全部样本数据进行计算，合作满意变量的平均 r_{wg} 值为 0.86，符合大于 0.70 的标准（James，1993）；ICC(1) 为 0.16，处于 James（1982）研究结果的范围之内；ICC(2) 为 0.74，也均符合大于 0.60 的标准（Glick，

1985），表明组内一致性是充分的，可以对个体分数进行聚合处理。因此可以计算维度内项目的均值来代表该维度的得分，以进行下面的分析。

三、团队层次变量的描述性统计分析

团队层次变量的描述性统计分析结果如表6-4所示。相关矩阵表明，团队反思三个维度之间存在显著相关；任务反思、过程反思、行动调整三因素与任务绩效、合作满意、团队效率也存在不同程度的相关。在本书中，团队反思是由团队成员的自我报告数据聚合而来的，而任务绩效则是由各个团队的主管评定的，两个概念数据来源不同（团队成员和团队管理者），但显示了显著的相关，与研究假设是相符合的。

表 6-4 团队层次变量的描述性统计分析（n=134）

变量	Mean	SD	1	2	3	4	5	6	7	8	9	10	11
团队反思	5.58	0.89											
任务反思	5.74	0.83	0.90**										
过程反思	5.49	1.04	0.92**	0.78**									
行动调整	5.47	1.11	0.91**	0.73**	0.74**								
团队学习取向	6.07	0.76	0.35**	0.43**	0.31**	0.28*							
促进型领导	5.75	1.09	0.72**	0.64**	0.65**	0.69**	0.24**						
心理安全	5.64	0.99	0.54**	0.46**	0.45**	0.56**	0.23**	0.57**					
任务依赖性	5.28	1.07	0.39**	0.35**	0.38**	0.35**	0.13	0.42**	0.33**				
任务例行性	3.57	1.32	−0.01	−0.07	0.01	0.00	−0.12	−0.12	−0.02	0.15			
任务绩效	5.79	0.91	0.76**	0.69**	0.66**	0.73**	0.12	0.73**	0.70**	0.39**	0.04		
合作满意	5.86	1.10	0.75**	0.65**	0.65**	0.76**	0.19	0.69**	0.64**	0.38**	−0.08	0.77**	
团队效率	5.47	0.97	0.65**	0.58**	0.66**	0.53**	0.35**	0.54**	0.39**	0.32**	0.03	0.60**	0.55**

注：* 表示 $p<0.1$，** 表示 $p<0.05$（双尾检验）。

四、团队反思对团队绩效的影响分析

（一）团队反思对团队绩效的作用分析：以任务依赖性为调节变量

为了简化研究问题并实现指标间的配对乘积，本书首先将每个维度的测量项目均合并为三个，主要是合并含义比较接近的测量项目；其次对各变量进行中心

化（即各自减去其样本均值）处理；最后将团队反思各个维度的测量指标与任务依赖性的测量指标进行配对相乘，作为交互项的观测指标。

团队反思对团队绩效的影响，以及任务依赖性对两者关系的调节效应，结构方程模型如图 6-2 所示。为清晰呈现变量间的关系，图中仅绘出了 T 值大于 1.96 的变量和路径，结构方程能较好地拟合样本数据（$\chi^2/df=2.12$，GFI=0.98，RMSEA=0.058，CFI=0.98）。

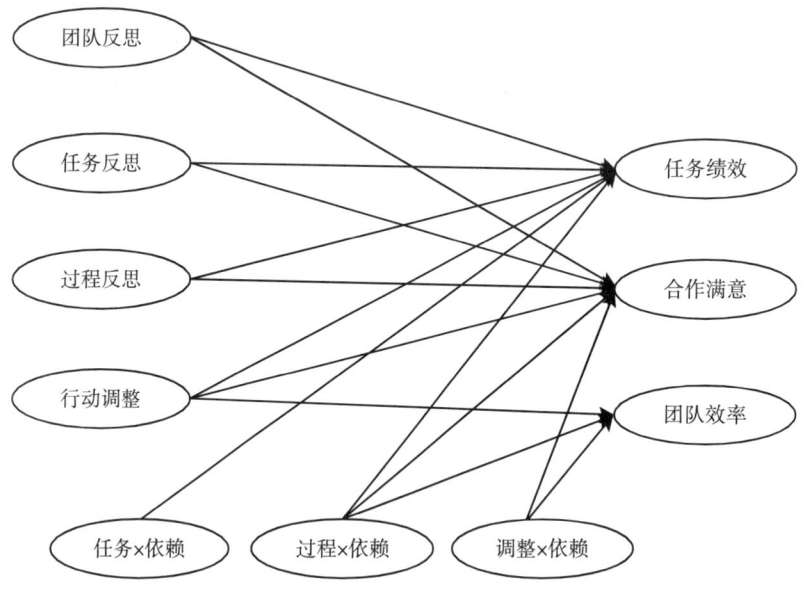

图 6-2　团队反思对团队绩效的影响路径：以任务依赖为调节变量

变量间的路径系数及显著性水平见表 6-5。

表 6-5　团队反思对团队绩效的路径系数：以任务依赖为调节变量

因变量	自变量	标准化路径系数	T 值
任务绩效	任务反思	0.33	3.01
	过程反思	0.23	2.34
	行动调整	0.24	2.38
	任务反思×任务依赖	0.22	2.28
	过程反思×任务依赖	0.41	4.39
	团队反思	0.36	3.47

续表

因变量	自变量	标准化路径系数	T值
合作满意	任务反思	0.22	2.04
	过程反思	0.27	3.50
	行动调整	0.29	2.87
	过程反思×任务依赖	0.36	3.58
	行动调整×任务依赖	0.34	3.34
	团队反思	0.33	3.41
团队效率	行动调整	0.21	2.10
	过程反思×任务依赖	0.24	2.33
	行动调整×任务依赖	0.37	3.65

对任务绩效而言，在任务依赖性变量的缓冲下，任务反思（β=0.33）、过程反思（β=0.23）与行动调整（β=0.24）对任务绩效均具有显著正向影响；任务依赖性对任务绩效的主效应不显著；任务依赖性与任务反思的交互项对任务绩效的影响（β=0.22）显著，且这种影响是正向的；任务依赖性对过程反思与任务绩效的调节效应（β=0.41）也显著；此外，团队反思作为一个独立变量对任务绩效的正向作用（β=0.36）也显著。

对合作满意而言，在任务依赖性变量的缓冲下，任务反思（β=0.22）、过程反思（β=0.27）与行动调整（β=0.29）对合作满意均具有显著正向影响；任务依赖性对合作满意的主效应不显著；任务依赖性与过程反思的交互项对合作满意的影响（β=0.36）显著，且这种影响是正向的；任务依赖性对行动调整与合作满意的调节效应（β=0.34）也显著；此外，团队反思作为一个独立变量对合作满意的正向作用（β=0.33）也显著。

对团队效率而言，在任务依赖性变量的缓冲下，任务反思与过程反思对团队效率的主效应不显著；行动调整（β=0.21）对团队效率具有显著正向影响；任务依赖性对团队效率的主效应不显著；任务依赖性与过程反思的交互项对团队效率的影响（β=0.24）显著，且这种影响是正向的；任务依赖性对行动调整与团队效率的调节效应（β=0.37）也显著；团队反思作为一个独立变量对团队效率的影响不显著。

(二) 团队反思对团队绩效的作用分析：以任务例行性为调节变量

首先对各变量进行中心化（即各自减去其样本均值）处理，然后将团队反思各个维度的测量指标与任务例行性的测量指标进行配对相乘，作为交互项的观测指标。

团队反思对团队绩效的影响，以及任务例行性对两者关系的调节效应，结构方程模型如图 6-3 所示。为清晰呈现变量间的关系，图中仅绘出了 T 值大于 1.96 的变量和路径，结构方程能较好地拟合样本数据（$\chi^2/df=2.44$，GFI=0.94，RMSEA=0.069，CFI=0.95）。

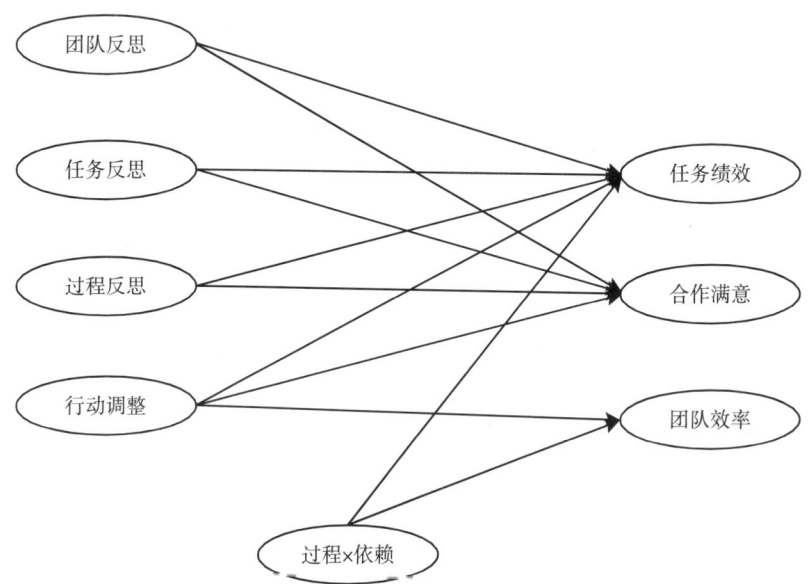

图 6-3　团队反思对团队绩效的影响路径：以任务例行为调节变量

变量间的路径系数及显著性水平见表 6-6。

表 6-6　团队反思对团队绩效的路径系数：以任务例行为调节变量

因变量	自变量	标准化路径系数	T 值
任务绩效	任务反思	0.34	3.32
	过程反思	0.22	2.33
	行动调整	0.26	2.42
	过程反思×任务例行	-0.31	3.03
	团队反思	0.38	3.54

第六章 知识团队反思的团队层次效应

续表

因变量	自变量	标准化路径系数	T值
合作满意	任务反思	0.22	2.04
	过程反思	0.24	2.39
	行动调整	0.28	3.82
	团队反思	0.34	3.43
团队效率	行动调整	0.22	2.16
	过程反思×任务例行	−0.32	3.35

下面是具体分析结果：对任务绩效而言，在任务例行性变量的缓冲下，任务反思（β=0.34）、过程反思（β=0.22）与行动调整（β=0.26）对任务绩效均具有显著正向影响；任务例行性对任务绩效的主效应不显著；任务例行性与任务反思的交互项对任务绩效的影响（β=−0.29）显著，且这种影响是负向的；任务例行性对过程反思与任务绩效的调节效应（β=0.31）也显著；此外，团队反思作为一个独立变量对任务绩效的正向作用（β=0.38）也显著。

对合作满意而言，在任务例行性变量的缓冲下，任务反思（β=0.22）、过程反思（β=0.24）与行动调整（β=0.28）对合作满意均具有显著正向影响；任务例行性对合作满意的主效应不显著；任务例行性与过程反思的交互项对合作满意的影响（β=−0.33）显著，且这种影响是负向的；此外，团队反思作为一个独立变量对合作满意的正向作用（β=0.34）也显著。

对团队效率而言，在任务例行性变量的缓冲下，任务反思与过程反思对团队效率的主效应不显著；行动调整（β=0.22）对团队效率具有显著正向影响；任务例行性对团队效率的主效应不显著；任务例行性与过程反思的交互项对团队效率的影响（β=−0.32）显著，且这种影响是正向的；团队反思作为一个独立变量对任务绩效的影响不显著。

五、团队反思的中介效应分析

在前面的分析中，研究者检验了知识团队反思对团队绩效的影响效应。接下来需要进一步检验知识团队反思在反思触发因素与团队绩效之间的中介效应，即因果模型之间存在的"自变量—中间变量—因变量"的逻辑关系。

根据温忠麟等（2005）提出的中介效应检验程序，本书中介效应的检验遵循以下步骤：第一步，判断自变量（即本书中的反思触发因素）对因变量（即本书中的团队绩效）是否有显著影响，如果影响显著，则进行下一步分析。第二步，判断自变量对中介变量是否有显著影响以及中介变量对因变量是否有显著影响，如果影响均显著，则进行下一步分析；如果有一个影响不显著，则需要进行其他检验。第三步，在模型中同时放入自变量与中介变量，再次检验自变量对因变量的影响系数，如果系数不显著，说明完全中介作用成立；如果系数显著，说明部分中介作用成立。

根据该检验步骤，本书进行下面的分析。

第一步，反思触发因素对团队绩效的影响分析。

以团队反思的四个触发因素为自变量，团队绩效的三个因素为因变量，构建结构方程模型，结果如图6-4所示。为清晰呈现变量间的关系，图中仅绘出了T值大于1.96的变量和路径，结构方程能较好地拟合样本数据（$\chi^2/df=3.19$，GFI=0.92，RMSEA=0.077，CFI=0.91）。

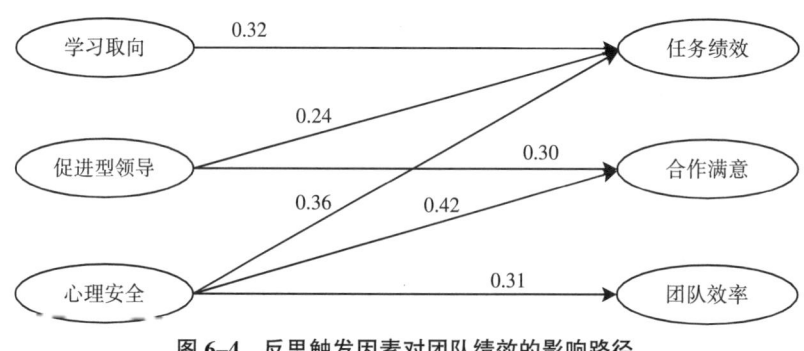

图6-4 反思触发因素对团队绩效的影响路径

下面是具体分析结果：团队学习取向对任务绩效（$\beta=0.42$）具有显著正向影响；促进型领导对任务绩效（$\beta=0.34$）与合作满意（$\beta=0.32$）具有显著正向影响；团队心理安全对任务绩效（$\beta=0.36$）、合作满意（$\beta=0.44$）与团队效率（$\beta=0.35$）均具有显著影响。

第二步，触发因素对反思以及反思对团队绩效的影响分析。

反思对团队绩效的影响已经在前一节进行了分析，结果发现反思对团队效率的影响不显著，但是对团队效能的影响是显著的，因此本书仅以团队效能为因变量构建中介作用模型。此外，触发因素对反思的影响分析已在上一章中完成。至此,中介作用所必须具备的第一步与第二步条件均得到满足。

第三步,团队反思的中介效应分析。

以团队反思为中介变量,学习取向、促进型领导与心理安全为自变量,任务绩效与合作满意为因变量,构建结构方程模型。为了检验团队反思的中介作用,本书将基准模型(完全中介模型,如图6-5所示)和另外两个竞争模型(部分中介模型和修正后的部分中介模型,分别如图6-6与图6-7所示)进行比较,最终确定一个与数据拟合且相对节俭的获胜模型,结果如表6-7所示。

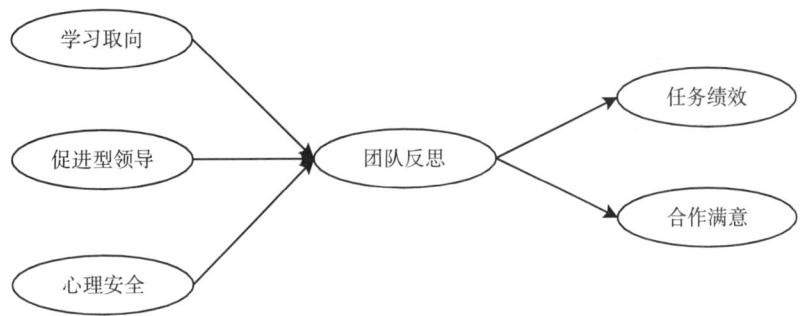

图6-5 完全中介模型

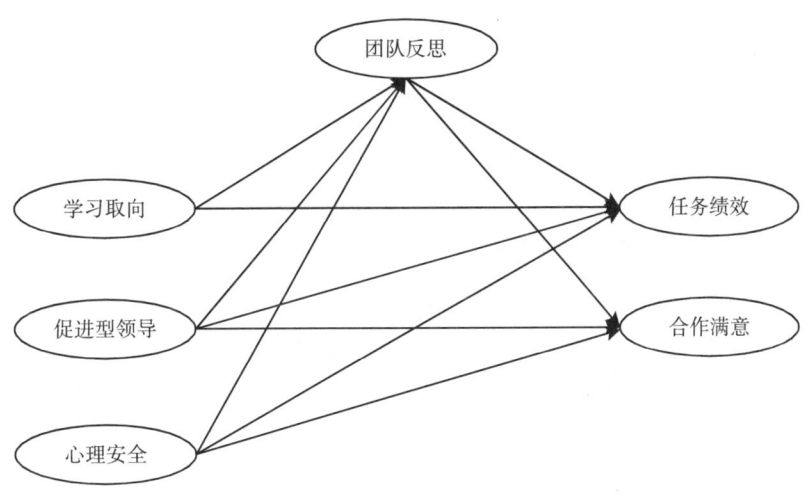

图6-6 部分中介模型

通过嵌套模型比较,本书发现模型一(基准模型)的拟合情况要比模型二(部分中介模型)差,因此本书认为中介作用模型是成立的。同时本书去除模型二中几条不显著的路径(即促进型领导→任务绩效、心理安全→任务绩效),形

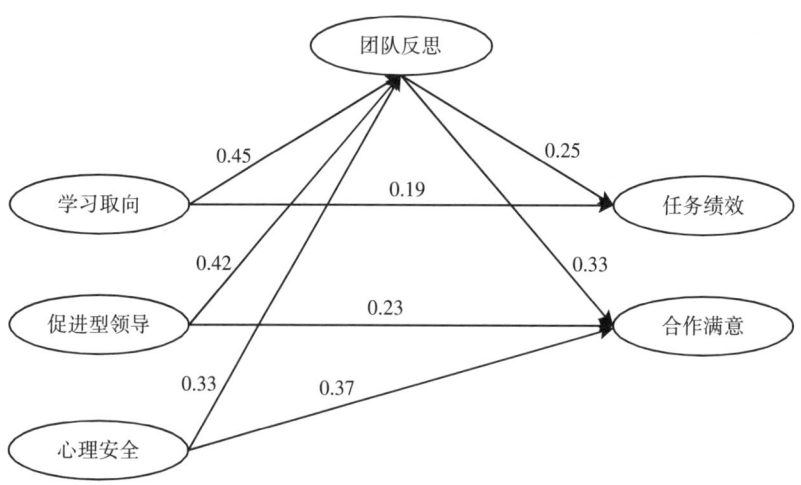

图 6-7 修正后的部分中介作用模型（路径系数的 T 值均大于 3.0）

表 6-7 结构方程模型比较结果（n=134）

模型	χ^2	df	χ^2/df	RMSEA	GFI	CFI
模型一：完全中介模型	743.76	87	8.45	0.214	0.72	0.82
模型二：部分中介模型	234.32	64	3.66	0.093	0.91	0.92
模型三：修正的部分中介模型	202.97	74	2.74	0.072	0.94	0.95

注：模型一：完全中介模型（基准模型）；模型二：基于模型一增加学习取向→任务绩效、促进型领导→任务绩效与合作满意、心理安全→任务绩效与合作满意；模型三：基于模型二减少促进型领导→任务绩效、心理安全→任务绩效。

成了模型三。然后再比较模型三与模型二，结果发现模型三的拟合状况要好于模型二。最佳匹配模型如图 6-7 所示。

从图 6-7 中可知，团队反思既有完全中介作用，又有部分中介作用。团队反思在团队学习取向与任务绩效之间起部分中介作用；团队反思在促进型领导与任务绩效之间起完全中介作用；在促进型领导与合作满意之间起部分中介作用；团队反思在心理安全与任务绩效之间起完全中介作用；在心理安全与合作满意之间起部分中介作用。

最后，本章研究中的假设检验情况汇总如表 6-8 所示。

第六章 知识团队反思的团队层次效应

表6-8 本章研究假设检验情况

研究假设	检验结果
假设1：知识团队反思对团队效能具有显著正向影响作用	支持
假设1a：知识团队反思对任务绩效具有显著正向影响作用	支持
假设1b：知识团队反思对合作满意具有显著正向影响作用	支持
假设2：知识团队反思对团队效率具有显著正向影响作用	部分支持
假设3：任务依赖性可以调节团队反思与团队绩效之间的关系	部分支持
假设3a：任务依赖性可以调节团队反思与任务绩效之间的关系	部分支持
假设3b：任务依赖性可以调节团队反思与合作满意之间的关系	部分支持
假设3c：任务依赖性可以调节团队反思与团队效率之间的关系	部分支持
假设4：任务例行性可以调节团队反思与团队绩效之间的关系	部分支持
假设4a：任务例行性可以调节团队反思与任务绩效之间的关系	部分支持
假设4b：任务例行性可以调节团队反思与合作满意之间的关系	不支持
假设4c：任务例行性可以调节团队反思与团队效率之间的关系	不支持
假设5：知识团队学习目标取向对团队绩效（任务绩效、合作满意与团队效率）具有显著正向影响	部分支持
假设6：知识团队反思是团队学习目标取向与团队绩效关系的中介变量	部分支持
假设7：促进型领导对团队绩效（任务绩效、合作满意与团队效率）具有显著正向影响	部分支持
假设8：知识团队反思是促进型领导与团队绩效关系的中介变量	部分支持
假设9：团队心理安全气氛对团队绩效（任务绩效、合作满意与团队效率）具有显著正向影响	支持
假设10：知识团队反思是团队心理安全气氛与团队绩效关系的中介变量	部分支持

第五节 本章总结

一、知识团队反思对团队效能的影响

本书结果支持团队反思对团队效能具有正向影响的假设。首先，任务反思对团队效能具有显著正向影响。在执行一项团队任务之前，团队成员若能充分讨论完成任务的各种方法；在执行团队任务过程中，团队成员若能经常检查任务进展

·145·

知识团队反思：测量、前因与结果

是否符合当初设定的目标；在团队任务完成后，团队成员若能对任务完成情况进行全面评估，并经常总结工作经验，那么，团队任务绩效与合作满意度将会得到有效提升。

其次，过程反思对团队效能具有显著正向影响。团队成员若能对当初制定的目标以及实现目标的方法进行公开反思，既能确保团队目标合理有效，又能帮助团队找到一条正确的工作路线，即用正确的方法完成"正确"的事；团队成员经常讨论如何有效沟通与合作，会促进团队内部的良好沟通与信息共享，并可以使团队成员彼此了解各自的特长，也就更能够有效利用团队成员的专业知识与技能，从而提升团队的任务绩效与合作满意度。

最后，行动调整对团队效能也具有显著正向影响。一个经常根据环境变化对团队目标、策略、方法做出调整的团队，会更好地探讨和理解与知识活动相伴的模棱两可和含混不清的问题（Sicotte & Langley，2000），也更有可能处理由于环境持续变化所带来的一系列挑战，从而有效提升团队效能。这也说明，通过行动调整，团队就可以实现在反思阶段所期望的团队目标、策略、程序等方面的变化。

二、知识团队反思对团队效率的影响

本书结果不完全支持团队反思对团队效率正向影响的假设。在团队反思的三个因素中，只有行动调整对团队效率的正向影响刚刚达到显著水平。如果团队能够根据环境变化及时调整工作计划和工作程序，将有助于提升团队的效率。但本书实证数据表明，任务反思与过程反思对团队效率的正向影响均未能在 0.05 水平下显著。本书最初认为团队成员通过自我反思可以更加有效地分配任务，对团队的优势与劣势也会有正确认识，并能够最大限度地利用团队内外各种资源，从而有效提升团队效率。但是本书中的实证数据很大程度上并不支持这一假设。

需要说明的是，本书结果并没有显示团队反思与团队效率的负相关，这说明正向的团队反思—团队效率关系没有完全被负向关系所"抵消"。

三、团队任务特征的调节作用

以团队反思三个维度及其与任务特征的交互项为外生潜变量，以团队绩效各维度为内生潜变量,构建结构方程模型,分析团队任务特征的调节效应。通过研究发现,任务依赖性与任务例行性对团队反思与团队绩效的关系具有不同程度的调节作用。说明在不同任务特征的团队中,团队反思对团队绩效存在不同程度的影响作用。

首先,对任务绩效而言,任务依赖性可以正向调节任务反思与任务绩效的关系;任务依赖性还可以正向调节过程反思与任务绩效的关系;任务例行性可以负向调节过程反思与任务绩效的关系。

其次,对合作满意而言,任务依赖性可以正向调节过程反思与合作满意的关系;任务依赖性还可以正向调节行动调整与合作满意的关系。

最后,对团队效率而言,任务依赖性可以正向调节过程反思与团队效率的关系;任务依赖性还可以正向调节行动调整与团队效率的关系;任务例行性可以负向调节过程反思与团队效率的关系。

为了识别团队反思(三维度)与团队任务特征(任务依赖性与任务例行性)的交互作用模式,本书通过绘图以展示高、低任务特征组中,任务反思、过程反思与行动调整对任务绩效、合作满意与团队效率的影响作用。

从图 6-8、图 6-9、图 6-10、图 6-11、图 6-12、图 6-13 可以看出,只有当任务依赖性较高时,任务反思与过程反思对任务绩效的正向影响才会较强,过程反思与行动调整对合作满意的正向影响会较强,过程反思与行动调整的正向影响也会较强;而当任务依赖性较低时,上述正向影响会较弱,甚至影响为负。

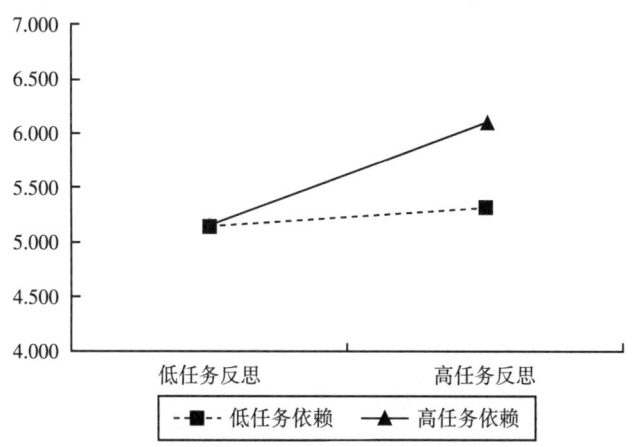

图 6-8　高、低任务依赖组任务反思对任务绩效的影响效应

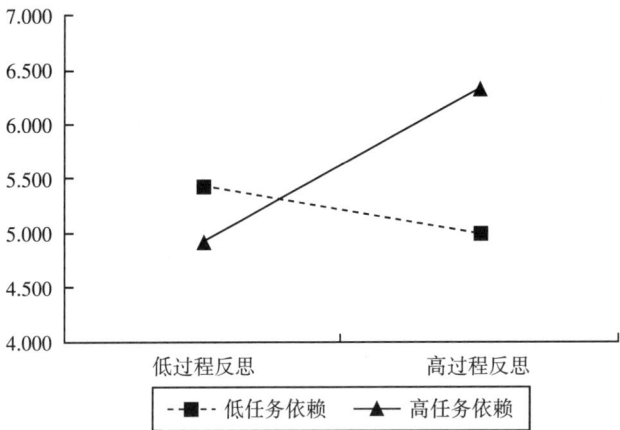

图 6-9 高、低任务依赖组过程反思对任务绩效的影响效应

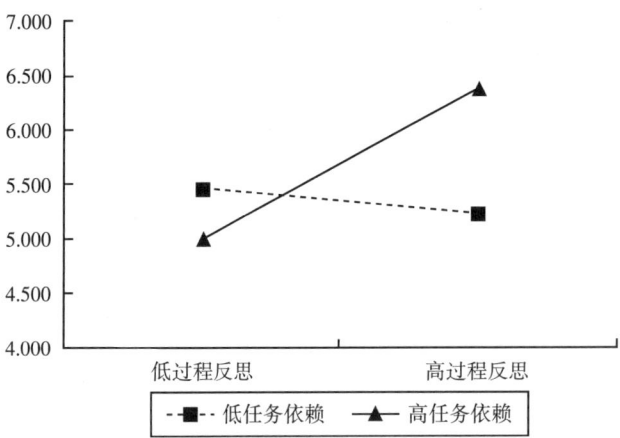

图 6-10 高、低任务依赖组过程反思对合作满意的影响效应

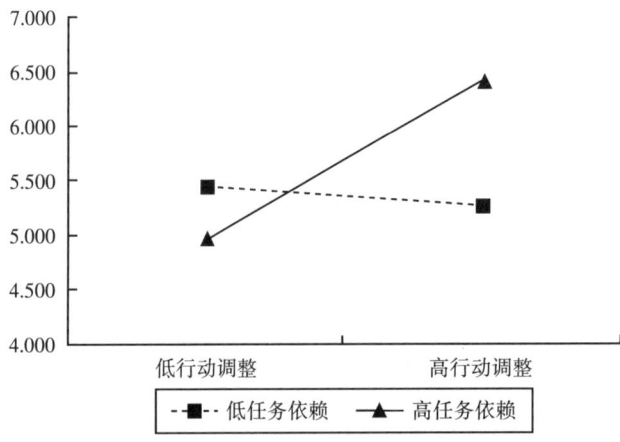

图 6-11 高、低任务依赖组行动调整对合作满意的影响效应

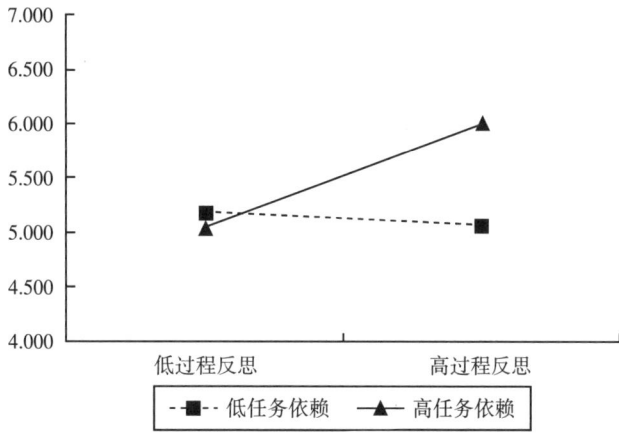

图 6-12　高、低任务依赖组过程反思对团队效率的影响效应

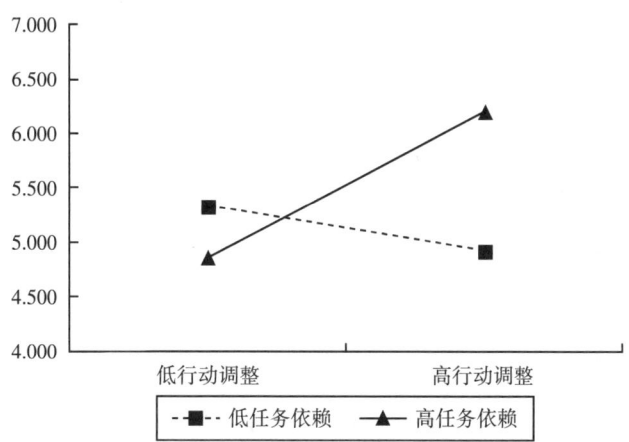

图 6-13　高、低任务依赖组行动调整对团队效率的影响效应

此外，从图 6-14 与图 6-15 可知，只有当任务例行性较低时，过程反思对任务绩效与团队效率的正向影响会较强；而当任务例行性较高时，上述正向影响会较弱，甚至影响为负。

四、知识团队反思的中介作用

团队反思既有完全中介作用，又有部分中介作用。团队反思在团队学习取向与任务绩效之间起部分中介作用；团队反思在促进型领导与任务绩效之间起完全中介作用；在促进型领导与合作满意之间起部分中介作用；团队反思在心理安全与任务绩效之间起完全中介作用；在心理安全与合作满意之间起部分中介作用。

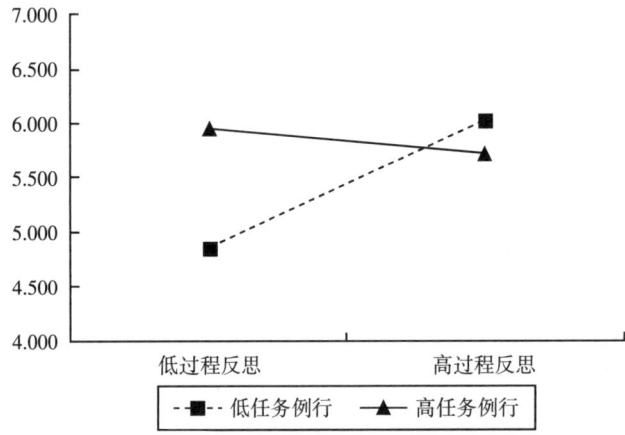

图 6-14　高、低任务例行组过程反思对任务绩效的影响效应

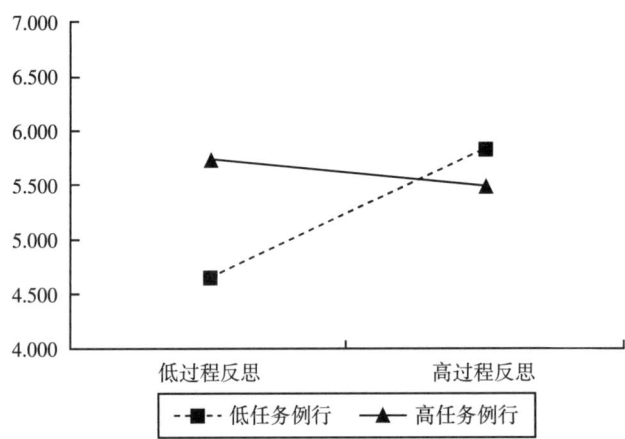

图 6-15　高、低任务例行组过程反思对团队效率的影响效应

尤其需要注意的是，促进型领导与心理安全对任务绩效的影响是完全借助于团队反思的中介作用来实现的。

第七章 知识团队反思的个体层次效应

第一节 研究目的与初步模型

员工的知识活动行为是一种组织行为，由于员工在组织中转移知识会影响员工在组织中的利益，所以员工知识活动行为是一种复杂的组织活动行为。本书中涉及的知识员工行为是正面的知识活动行为，即知识获取行为、知识创新行为与知识分享行为。Woodman等（1993）提出的组织创新交互模式认为，探讨与创新相关的结果变量需要考虑个人、群体以及组织三层因素之间的交互作用。但在创新相关的实证研究方面，分析角度大都从单一层次进行，即使少数同时考虑群体层次与个体层次变量的实证研究中，研究者也只是进行跨层次的资料收集（Neuman & Wright，1999；柯江林等，2007），并未真正落实到跨层次的分析策略上。从研究方法上讲，检验变量间关系是否会在不同层次上有跨层次（Cross-level）模型构建的效果，是组织研究发展的主要方向（Rousseau，1988；Klein，Dansereau & Hall，1994）。

在前一章的研究中，已经分析了知识团队反思在团队绩效形成过程中的作用机制。在本章，本书还将进一步探讨知识团队反思在个人绩效（行为）形成过程中的作用机制。本书分析探讨中国背景下团队反思的目的，不但是要揭示团队反思对团队绩效的影响机理，还要进一步明确团队反思是如何影响知识员工个人行为的，从而为如何干预和管理知识员工行为提供理论依据。此外，团队反思作为一种团队过程，将会在知识员工个人特征与知识员工行为之间起到一种"调控"作用，因为知识员工的个人行为不仅受到其个人特征的影响，还会受到其所处环境的影响。团队反思作为一种团队"环境"因素,必须会影响到个人特征与个人行为的关系。因此,研究者需要对团队反思的个人层次效应展开研究,也就是既要研究团队反思对个人行为的直接影响,还需要研究作为情境变量的团队反思对个人特征与个人行为关系的调节作用。

本书将运用跨层次分析思路,研究作为个体层次因素的员工目标取向与作为群体层次因素的团队反思对知识员工行为的影响。本书主要目的在于将过去针对知识员工行为的单一层次研究扩展至个人与团队两个层次,推导并验证一个影响知识员工行为的多层次(Multilevel)模型。本书分别从个人与团队两个层次探讨影响知识员工行为的因素。基本研究框架如图7-1所示。

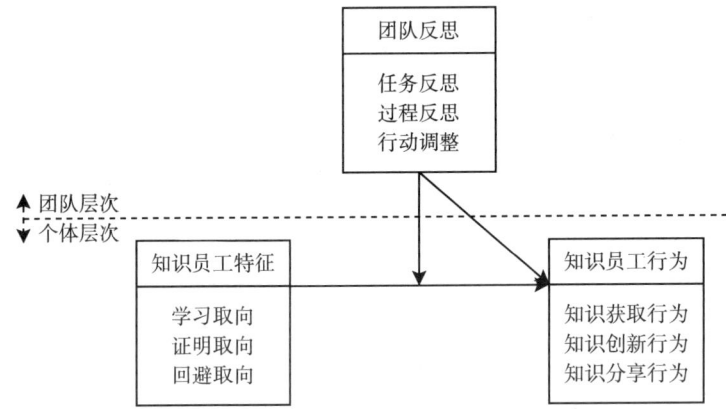

图7-1 知识团队反思的个体层次效应模型

图7-1中,本章研究选取员工学习取向、员工证明取向与员工回避取向这三个对知识员工行为具有不同影响的个人特征因素作为个人层次前因变量,并选择知识获取行为、知识创新行为与知识分享行为三个变量组成的知识员工行为作为结果变量。在分析前因变量对结果变量影响效应的基础上,了解团队反思对知识员工的影响如何,团队反思能否作为知识员工特征与知识员工行为之间的缓冲变量。这是本章需要解决的问题。

第七章 知识团队反思的个体层次效应

第二节 理论推导与研究假设

一、知识员工行为的多层影响因素

社会心理学的观点认为,知识员工行为一方面是由个体的内在特质决定的;另一方面是知识员工行为必须在社会环境中展开,环境因素对于知识员工行为的刺激与驱动作用非常重要。为了使团队成员的知识活动行为发挥到最佳水平,通常需要理解知识员工行为的多层次影响因素。

以知识员工的创新行为为例,King等(1992)指出,组织创新最终要落实在组织内的个人身上,员工创造性活动是组织创新的核心要素。创新的结果是由个人延伸到团体,再由团队延伸到组织,个人创新是团队创新与组织创新的基础。因此,创新行为的影响因素是众多领域研究者关注的热点。大量研究表明,影响组织内个体创新行为的主要因素处在个人、团队和组织三个不同的层次上。其中个人层次的影响因素涉及个体的创新特质与个体的创新意愿,如认知能力、人格特征、成就动机、工作主动性等(Dunegan, 1992; McCrae, 1992; Amabile, 1996; Frese, 1994);团队层次的影响因素包括有利于激发成员创新的团队结构与团队过程,如团队目标和愿景、团队成员异质性、团队反思、团队中的少数派影响(Schippers, 2003; Hoegl, 2006; De Dreu, 2001)等;组织层次上的影响因素包括组织结构、组织气氛、外部环境(Damanpour, 1996; Amabile, 1996; West, 2002)等。

对于员工知识分享行为影响因素的研究,大量研究表明,影响组织内个体知识分享行为的主要因素处在个人、团队和组织三个不同的层次上。个人层次的研究主要是从权力、信任、员工特征、工作态度等角度对员工知识分享行为展开探讨(Szulanski, 2000; Dixon, 2000; Davenport & Prusak, 1998; Hendriks, 1999; Fraser, Marcella & Middleton, 2000; 路琳, 2006);团队层次的研究主要是围绕团队设计、沟通以及管理策略等因素对员工知识分享行为的影响而展开(Cohen & Levinthal, 1990; Lee & Choi, 2003; Hooff, 2006);组织层次的研究主要是围绕社会心理压力和组织氛围企业文化组织的制度略等因素对员工知识分享行为的影响而展开（Bock，2005；Lin & Lee，2006；Davenport，1998；McDermott，2001；Okhuysen & Eisenhardt，2002）。

对于知识获取行为来说，虽然相关研究较少，但仍然可以推断，影响知识员工获取知识的影响因素中，除了包括知识员工个人获取知识的意愿外，还受到其所处环境的影响。综上所述，知识员工的个体行为不仅受其本身特征的影响，还受其所处的社会情境的影响，而团队因素作为重要的情境变量，也会参与到对创新行为的影响过程。为此本书提出如下假设：

假设1：知识员工行为不仅受个人因素的影响，而且受到团队因素的影响。

假设1a：知识员工的知识获取行为不仅受个人因素的影响，而且受到团队因素的影响。

假设1b：知识员工的创新行为不仅受个人因素的影响，而且受到团队因素的影响。

假设1c：知识员工的知识分享行为不仅受个人因素的影响，而且受到团队因素的影响。

二、知识员工目标取向与其行为的关系

目标取向理论主要探讨影响学习者从事学习行为的动机过程，早期研究者（Dweck，1986，1988）认为个体的成就目标取向有两种模式：学习目标取向和表现目标取向。受个体潜在的能力观影响，不同的目标取向表现出不同的动机模式和行为方式，前者有利于学习，而后者不利于学习。但近年来也有研究认为，表现目标也可能引起积极的结果，所以后来学者又把表现目标分为绩效趋向目标与绩效回避目标两种（Elliot，1996），前者更关注表现得比他人更好的，后者更关注避免得到不好的能力评价的。

早期研究者将目标取向视为连续带上的两极，分别是极端的学习取向与极端的表现取向，但 Vande Walle（1997）和 Button 等（1996）均对此观点提出质疑，他们分别开发了目标取向量表，以实证研究结果指出学习目标取向与表现目标取向不是互相对立的，个体可能在不同类型的目标取向上给予不同程度的偏好，比如一个人极有可能在改善其技能的同时争取较好的绩效表现。无论是作为相对稳定的特质（Trait）因素，还是随情景而变化的状态（State）因素，目标取向对个

体在动态复杂情景中的行为与态度具有重要影响。Payne（2007）通过元分析认为，目标取向比个体的认知能力与人格特征更能预测工作绩效。因此，本书将采用 Vande Walle（1997）的三种目标取向模式，分别探讨学习取向（Learning Goal Orientation）、证明取向（Proving Goal Orientation）以及回避取向（Avoiding Goal Orientation）与知识员工行为的关系。

首先，高学习取向的团队成员认为能力是可以改变的，会通过努力工作以增强自身能力。他们可以较为有效地设定目标，面对失败时也能够坚持并寻找有效的策略（Vande Walle，1997）。由于他们不怕失败、不怕承担风险，并且勇于接受挑战，将挑战性工作视为学习新事物的机会，因而他们会积极提出与分享自己新的想法并加以实践。为此本书提出如下假设：

假设 2：知识员工学习目标取向对知识员工行为产生显著正向影响。

假设 2a：知识员工学习目标取向对知识获取行为产生显著正向影响。

假设 2b：知识员工学习目标取向对员工创新行为产生显著正向影响。

假设 2c：知识员工学习目标取向对知识分享行为产生显著正向影响。

其次，高证明取向的团队成员倾向于通过努力寻求胜过他人的机会，但对困难或具挑战性的任务常常缺乏兴趣。有关证明取向的实证研究结果存在较多分歧，虽然在 Bell 与 Kozlowski（2002）的研究中发现证明取向与个人绩效之间存在负向关系，但许多研究仍发现，证明取向与个人绩效间不存在显著相关。考虑到本书是以知识员工行为作为结果变量，由于高证明取向者倾向于从事以前表现比较好的任务，能否选择从事知识活动行为还要受到其他因素的影响，所以个人证明取向与知识员工行为的关系并不确定。为此本书提出如下假设：

假设 3：知识员工证明目标取向对知识员工行为不会产生显著影响。

假设 3a：知识员工证明目标取向对知识获取行为不会产生显著影响。

假设 3b：知识员工证明目标取向对员工创新行为不会产生显著影响。

假设 3c：知识员工证明目标取向对知识分享行为不会产生显著影响。

最后，高回避取向的团队成员认为个人能力是不会因努力而得到改变的，并且很容易从失败和挫折中退却。他们害怕接受挑战，担心他人给予负面评价，从而很容易产生防卫性行为。高回避取向的团队成员对于当前的制度并不试图加以改变，对于改变现状的一些新想法，也不敢予以执行，因此高回避取向的个体往往在工作中表现出较少的创新行为。为此本书提出如下假设：

知识团队反思：测量、前因与结果

假设 4：知识员工回避目标取向对知识员工行为产生显著负向影响。

假设 4a：知识员工回避目标取向对知识获取行为产生显著负向影响。

假设 4b：知识员工回避目标取向对员工创新行为产生显著负向影响。

假设 4c：知识员工回避目标取向对知识分享行为产生显著负向影响。

三、团队反思对知识员工行为的影响

团队反思是团队成员对团队目标、策略（比如决策）与程序（比如沟通）进行公开反思以使它们适应当前或预期环境变化的程度。按照团队反思的概念及其内涵描述，可以看出，团队的反思水平越高，其成员适应性与创造性能力越强。West 等（1996）认为，在高反思的团队中，团队成员倾向于制定详细的计划、关注长期结果，并且对环境因素做出积极反应；而非反思的团队较少关注团队目标、团队战略以及它们所处的外部环境，团队成员倾向于被动适应而不是积极主动，只能根据环境变化做出防御性反应。Hoegl 等（2006）也认为，一个经常反思的（Reflexive）团队往往会意识到团队行动的影响，更可能持续地审视它的内外环境，团队成员的行动也更加积极主动。持续的反思与评价会使团队成员对团队陈述产生新的认识，从而使它们在新环境下更具适应性和创造力；而一个不经常反思的团队只能行使其职能，对行为后果缺乏认识。Tjosvold（1991）认为，反思可以帮助团队成员发现，当前的工作方法很可能由于环境的变化早已变得过时。

一个反思的团队更有可能去探讨与应对由环境持续变化所带来的一系列挑战，这些主动努力有利于团队更好地去理解并处理与创新活动相伴的模棱两可和含混不清的问题。团队成员通过持续反思可以彼此了解各自的特长，团队越是反思，就越有可能有效利用团队成员的专业知识与技能。由此可见，高水平的团队反思有利于团队成员学习与获取新知识。并且，在高水平反思条件下，团队中的正面意见与反面意见都会得到彻底考虑与合理处理，团队成员的思考也更具创新性、发散性与批判性，团队成员会对计划与决策方案做出有效选择，团队的决策质量也因此得到提高。此外，对创新活动的反思会促进团队成员间的更好沟通，并带来更加有效的信息共享。

综上所述，如果团队成员能够感知到团队内部具有较高的反思水平，他们则会在工作中努力获取知识以发挥其创新技能并有效分享其创意。因此，本书假设如下：

假设 5：团队反思对知识员工行为产生显著正向影响。

假设 5a：团队反思对知识获取行为产生显著正向影响。

假设 5b：团队反思对员工创新行为产生显著正向影响。

假设 5c：团队反思对知识分享行为产生显著正向影响。

四、团队反思的调节效应

为了使团队成员的知识活动行为发挥到最佳水平，通常需要理解人格倾向与情境特质之间的交互影响。互动观点也认为，团队特质与个体特质对个体行为具有交互影响（Cattell，1948）。如果仅以个人因素或环境因素分析对个体行为的影响，将无法了解产生某一特定行为的真正原因，所以研究者必须从两者交互作用的视角加以分析（Schneider，1987；Damanpour，1996）。

回顾创新相关文献，学者们除了研究影响创新行为的主要影响因素外，还对这些影响因素的交互作用进行了探讨。Woodman 等（1993）提出的组织创新交互模式认为，探讨创新行为需要考虑个人属性（如认知风格、能力、性格、内在动机等）、群体属性（团队组成、团队过程等）以及组织属性（如任务特征、组织氛围等）三个因素间的交互影响。实证研究方面，Oldham 和 Cummings（1996）研究了人格特征、任务复杂性与领导支持对员工创造性的交互作用；Zhou 和 George（2001）研究了工作不满足、组织承诺以及组织环境因素对员工创造性的交互作用；Madjar 等（2002）研究了创造性人格与社会支持对员工创新的交互影响。上述研究基本表明，促进性的环境有助于增强内在动机对创新行为的影响作用，而在抑制性的环境中，即使有高的内在动机，也不一定产生高的创新行为。

团队反思除了对知识员工行为产生直接影响外，还可能会提供一个空间让其他变量影响知识员工行为。一方面，高水平的团队反思可能致使团队从事验证性信息的收集，过度依赖合作，过于鼓吹团队内部一致性，这就容易使团队产生群体思维（Group Think）现象；另一方面，高水平的团队反思也可能会促进团队对于反对意见与观点的建设性辩论，从而就有可能出现高质量的决策与创新实践。De Dreu（2002）发现，高水平的少数异议会产生更多的创新行为与更高的团队效能，但其前提条件是具备高水平的团队反思。这意味着反思可以调节少数异议与团队创新的关系，因为反思会使少数异议更易发生并能够更好地得到处理。同样，De Dreu（2007）的最新研究认为，团队反思在合作结果依赖性与团队有效性之间起到一种调节作用，该研究表明，在高水平团队反思条件下，合作结果的依赖性会促进信息共享、团队学习以及团队有效性。

遗憾的是，目前尚无研究探讨团队反思与目标取向是否会对创新行为产生交互效应。可以根据上述研究发现作如下推断：

第一，由于高学习取向的员工重视长远能力发展，其行为往往由内在动机所驱使，如果此类员工处在较高反思的团队中，主管和同事的"公开反思"活动可以证明其动机与行为的"合理性"，进而增强其内在动机对知识活动行为的推动作用，并促使其表现出更多的知识活动行为；而在较低反思的团队中，学习取向与知识员工行为的正向相关会降低，因为抑制性的环境会降低内在动机对知识员工行为的促进作用。

第二，高证明取向的员工可能会表现出知识活动行为，也可能不会表现出知识活动行为，但由于此类员工倾向于寻找正向的评价，因而在高反思的团队中，主管和同事的鼓励可以激发此类员工表现出知识获取、知识创新与知识分享行为。

第三，相对而言，回避取向的员工倾向于回避失败或避免负向的评价（Button，1996），其行为往往由外在动机所驱使，因为他们非常重视主管或同事的评价等外在因素。如果此类员工处在较高反思的团队中，对知识活动的认可或激励极有可能会降低此类员工选择不从事知识活动的可能性；而在反思较低的团队中，此类员工选择不从事知识活动的可能性就会增加，以与其特征行为相一致。因此本书提出如下假设：

假设6： 团队反思可以调节知识员工目标取向与知识员工行为之间的关系。较高的团队反思可以增强学习目标取向与证明目标取向对知识活动行为的正向影响，减弱回避目标取向对知识活动行为的负向影响。

假设6a： 团队反思可以调节知识员工目标取向与知识获取行为之间的关系。

假设6b： 团队反思可以调节知识员工目标取向与员工创新行为之间的关系。

假设6c： 团队反思可以调节知识员工目标取向与知识分享行为之间的关系。

最后，从研究方法上讲，检验变量间关系是否会在不同层次上有跨层次（Cross-level）模型构建的效果，是组织研究发展的主要方向。研究将运用跨层次分析思路，研究作为个体因素的目标取向与作为群体因素的团队反思对知识员工行为的影响。最后需要说明的是，知识团队的创新绩效会受到个人创新、团队特征、团队过程、组织氛围等多种因素的影响。当一个团队面临新的任务和挑战时，团队成员在特定情境中可能会重新设定任务目标、工作方法、工作程序甚至人际关系等，从而提升整个团队的绩效（West & Anderson，1996）。因此，团队成员个人的行为有可能由下而上提升至团队层次的行为，而整个团队的行为又有可能会对团队的绩效产生影响。由于这不是本书的研究重点，故不提出研究假设。

第三节　研究方法

一、研究工具

本书涉及五个变量的测量，分别是：团队反思、员工目标取向与知识员工行为（包括知识获取行为、知识创新行为与知识分享行为）。除知识员工行为外，其他变量均采用本书前面章节中所采用的量表。

本书中的知识员工行为由知识获取行为、知识创新行为与知识分享行为三个方面组成。对成员创新行为的测量，本书选取 Scott 和 Bruce（1994）量表中的 2 个条目。而知识获取行为与知识分享行为均使用林育理（2005）改编自 Rogers（2000）研究的量表进行测量。其中任务绩效量表由两个项目构成，合作满意量表也由两个项目构成。各变量题项均采用 Likert7 点量表进行测量，1~7 分别代表"完全不同意"到"完全同意"。

本章研究中各测量量表的特征汇总如表 7-1 所示。

表 7-1　本章研究中各测量量表的特征汇总

量表	维度	题项数	评分人	变量层次	数据产生方式
团队反思	任务反思	4	团队成员	团队	加总平均
	过程反思	4			
	行动调整	3			

知识团队反思：测量、前因与结果

续表

量表	维度	题项数	评分人	变量层次	数据产生方式
员工目标取向	学习取向	4	团队成员	个体	直接测量
	证明取向	4			
	回避取向	2			
知识员工行为	知识获取行为	2	团队成员	个体	直接测量
	知识创新行为	2			
	知识分享行为	2			

二、研究样本

本章研究样本与本书第四章所用样本相同。研究样本来自39家企业中的134支知识型团队。配对样本包括134组有效团队资料，其中包含656份团队成员问卷。

三、统计分析

采用SPSS13.0软件进行基本统计分析和回归分析；以LISREL8.7结构方程建模软件进行量表的结构效度检验；采用HLM软件进行二层线性模型的建构与分析。

第四节 研究结果

一、测量工具的信度与效度分析

除了知识员工行为外，本书中所涉量表的信度与效度也在前面章节的研究中得到检验，故本章不再重复检验。下面本书对知识员工行为量表的信度与效度进行分析。

随机抽取总体成员样本的一半，利用SPSS13.0软件对知识员工行为量表进行探索性因子分析（EFA）。考虑到知识员工行为各维度间存在相关，采用Promax 转轴法进行斜交旋转处理。根据特征值与碎石图结果确定抽取因子的数目。知识员工行为量表的 EFA 发现，Bartlett's 球形检验值为 819.99，显著水平小于 0.001，说明相关矩阵不可能是单位矩阵；取样适合性 KMO 值为 0.86，说明该问卷适合做因素分析。

表 7-2 知识员工行为量表的探索性因素分析结果（n=328）

项目	因素 1	因素 2	因素 3
因素 1 命名：创新行为			
寻求应用新的流程、技术与方法	0.92		
经常提出有创意的点子和想法	0.91		
因素 2 命名：知识分享行为			
经常与同事互相提出工作方面的建议		0.93	
经常与同事交换彼此的知识和经验		0.92	
因素 3 命名：知识获取行为			
从外部吸收知识进而产生新的想法			0.95
从研讨会或期刊中为公司带来新知识			0.79
特征根	4.53	1.86	0.90
累计解释方差比例（%）	58.76	73.11	83.15

注：因子负荷小于 0.3 的均未显示。

EFA 结果如表 7-2 所示，可以从目标取向的 6 个测量项目中提取 3 个因素，每个项目在相应因素上的荷重均在 0.79 以上。这三个因素的累计方差贡献率是 83.15%。测量项目的归属情况与原目标取向量表的构思相一致，可以将因素 1、因素 2、因素 3 分别命名为知识创新行为、知识分享行为与知识获取行为。

本书再用 LISREL8.7 软件对另一半样本数据进行验证性因子分析（CFA），验证知识员工行为量表的因子结构。模型设定为三因子结构，因子间协方差均设为自由估计；除了各维度中第一个项目的因子负荷均固定为 1 以外，其余项目的因子负荷均设为自由估计。CFA 结果显示：各项目的标准化因子负荷均大于 0.72，t 值均大于 4.0，且知识员工行为的三因子结构能较好地拟合样本数据（χ^2=9.95，df=6，GFI=0.99，RMSEA=0.045，CFI=0.99），表明量表具有较好的结构效度。

最后用全部数据计算量表的信度系数 α 值，经计算，知识员工行为量表的整体 α 系数值为 0.86，且知识获取行为、创新行为与知识分享行为的 α 系数值都

知识团队反思：测量、前因与结果

在 0.80 以上，表明知识员工行为量表具有较好的信度。

此外，知识团队反思量表的聚合检验已在前面研究中通过，故本章不再重复检验。

二、个体层次变量的描述性统计分析

个体层次变量的描述性统计分析如表 7-3 所示。

表 7-3 个体层次变量的描述性统计分析（n=656）

变量	Mean	SD	1	2	3	4	5	6
员工学习取向	6.09	0.72	(0.85)					
员工证明取向	5.68	0.90	0.23**	(0.81)				
员工回避取向	3.70	1.12	−0.19*	−0.08	(0.80)			
知识获取行为	5.57	0.92	0.37**	0.12	−0.29*	(0.82)		
员工创新行为	5.45	0.97	0.35**	0.14	−0.24*	0.62**	(0.88)	
知识分享行为	5.66	0.98	0.30**	0.17	−0.18*	0.52**	0.59**	(0.85)

注：①* 表示 $p<0.1$，** 表示 $p<0.05$；②括号内数字为信度系数。

信度分析表明，知识员工目标取向与知识员工行为各维度的 α 系数均在 0.80 以上，说明量表具有较好的信度，因此可以计算各维度内项目的均值来代表该维度的得分。相关矩阵表明，知识员工行为三个维度之间存在显著相关；知识获取行为、员工创新行为、知识分享行为三因素与员工学习取向、员工证明取向、员工回避取向之间也存在不同程度的相关。值得注意的是，员工学习取向与知识员工行为的三个维度均存在显著正向相关；员工回避取向与知识员工行为的三个维度均存在显著的负向关系。

三、反思与目标取向对知识获取行为的交互效应

本书运用多层模型分析软件 HLM5.04 构建两水平多层模型（2-level Multi-level Model），以下是分析步骤及结果。需要说明的是，本书所涉及的主要变量目标取向、团队反思与知识获取行为在理论上都具有零值，因此本书没有对这些变量数值进行中心化处理（王济川等，2008）。

（一）运行空模型

空模型也称随机截距模型，它是多层模型构建的基础，用于检验结果变量知

识获取行为（KAB）的组内同质性或组间异质性，以此说明 KAB 变异中多大程度是由组内变异引起的，多大程度是由组间变异引起的。

空模型方程如下：

第一层：$KAB_{ij} = \beta_{0j} + r_{ij}$

其中，$Var(r_{ij}) = \sigma^2$

第二层：$\beta_{0j} = \gamma_{00} + \mu_{0j}$

其中，$Var(\mu_{0j}) = \tau_{00}$

式中，KAB 是指知识员工的知识获取行为；下标 i 代表第一层单元，即团队成员（知识员工）个体；下标 j 代表第二层的单元，即知识员工所在的团队（知识团队）；β_{0j} 代表各个团队中 KAB 的截距，r_{ij} 是第一层的残差项；γ_{00} 代表第二层的截距，即 β_{0j} 的均值，μ_{0j} 是第二层的残差项；σ^2 代表第一层残差方差，τ_{00} 代表第二层残差方差。

从表 7-4 中空模型分析结果可以看出，代表组内方差的第一层残差方差 σ^2=0.606（p<0.01），代表组间方差的随机截距方差 τ_{00}=0.218（p<0.01），组间方差与组内方差都在 0.01 水平下显著，说明团队成员个人因素和团队因素共同造成了个人知识获取行为的差异，假设 1a 因此获得了验证。

表 7-4　影响知识获取行为的零模型分析结果

变量	回归系数与显著性检验			方差成分与显著性检验		
	回归系数	标准误	t 检验	Level-1	原始方差	χ^2 检验
空模型				0.606		
截距	5.568	0.086	69.316**		0.218	403.28**

注：** 表示 p<0.05。

经计算，$ICC(1) = \tau_{00}/(\tau_{00} + \sigma^2) = 0.264$，说明成员知识获取行为的总体变异中有 26.4% 是由于团队的差异造成的，也说明本书数据可用多层模型进行分析。

（二）截距预测模型

本书将团队层次变量纳入空模型，但该模型中不包括第一层解释变量，用来探讨团队变量团队反思的三个维度任务反思（TR）、过程反思（PR）与行动调整（AA）能否解释知识获取行为（KAB）的组间变异。

截距预测模型方程如下：

第一层：$KAB_{ij} = \beta_{0j} + r_{ij}$

其中，$\text{Var}(r_{ij}) = \sigma^2$

第二层：$\beta_{0j} = \gamma_{00} + \gamma_{01}(\text{TR}) + \gamma_{02}(\text{PR}) + \gamma_{03}(\text{AA}) + \mu_{0j}$

其中，$\text{Var}(\mu_{0j}) = \tau_{00}$

式中，γ_{01}、γ_{02} 与 γ_{03} 是第二层方程的回归斜率，其中 γ_{01} 代表 TR 对 KAB 的影响；γ_{02} 代表 PR 对 KAB 的影响；γ_{03} 代表 AA 对 KAB 的影响。

团队反思的三个维度对第一层随机截距的效应，也就是团队反思的主效应，如表 7-5 所示。$\gamma_{01}=0.095$（$p<0.05$），$\gamma_{02}=0.112$（$p<0.05$），$\gamma_{03}=0.106$（$p<0.05$），表明团队反思三个维度均可以解释 KAB 的组间变异，说明在反思较高的团队，KAB 显著高于反思较低的团队，也说明团队反思对知识员工的知识获取行为具有显著正向影响。假设 5a 因此获得验证。

表 7-5 团队反思对知识获取行为的预测结果

变量	回归系数与显著性检验		
	回归系数	标准误	t 检验
截距—知识获取行为（KAB）			
第二层斜率（γ_{00}）	5.568	0.086	69.313**
任务反思 TR（γ_{01}）	0.095	0.098	1.314*
过程反思 PR（γ_{02}）	0.112	0.075	1.469*
行动调整 AA（γ_{03}）	0.106	0.078	1.865*

注：* 表示 $p<0.1$，** 表示 $p<0.05$。

（三）不包括团队层次变量的二层随机模型

随机模型将解释变量三维目标取向加入模型的个体层，并将模型中所有斜率都设为随机斜率，一方面通过回归系数检验团队成员的学习取向（MLGO）、证明取向（MPGO）与回避取向（MAGO）在团队内部对因变量 KAB 的解释能力，另一方面检验这些回归系数是否在不同团队间有显著差异，这个差异是指方差方面的差异。

随机模型方程如下：

第一层：$\text{KAB} = \beta_{0j} + \beta_{1j}(\text{MLGO}) + \beta_{2j}(\text{MPGO}) + \beta_{3j}(\text{MAGO}) + r_{ij}$

其中，$\text{Var}(r_{ij}) = \sigma^2$

第二层：$\beta_{0j} = \gamma_{00} + \mu_{0j}$

第七章 知识团队反思的个体层次效应

$$\beta_{1j} = \gamma_{10} + \mu_{1j}$$
$$\beta_{2j} = \gamma_{20} + \mu_{2j}$$
$$\beta_{3j} = \gamma_{30} + \mu_{3j}$$

其中，$Var(\mu_{0j}) = \tau_{00}$，$Var(\mu_{1j}) = \tau_{10}$，$Var(\mu_{2j}) = \tau_{20}$，$Var(\mu_{3j}) = \tau_{30}$。

式中，β_{1j}、β_{2j} 与 β_{3j} 是第一层方程的回归斜率，其中 β_{1j} 代表 MLGO 对 KAB 的影响；β_{2j} 代表 MPGO 对 KAB 的影响；β_{3j} 代表 MAGO 对 KAB 的影响。γ_{10}、γ_{20} 与 γ_{30} 是第二层方程的回归截距，分别代表各个团队中 β_{1j}、β_{2j} 与 β_{3j} 的均值。

表 7-6 中随机模型分析结果表明，MLGO、MPGO 与 MAGO 三个个体因素加入方程之后，解释了个人因素所造成变异的 35.15%［(0.606-0.393)/0.606］，式中，0.606 是指空模型的第一层残差方差。对 KAB 这个因变量来说，MLGO 具有显著的正向预测效果（$\beta=0.357$，$p<0.01$）；MPGO 的预测效果不显著（$\beta=0.096$，n.s.）；MAGO 具有显著的负向预测效果（$\beta=-0.159$，$p<0.05$）。随机模型证实了先前本书提出的假设 2a、3a 及 4a。

表 7-6 影响知识获取行为的随机模型分析结果

变量	回归系数与显著性检验			方差成分与显著性检验		
	回归系数	标准误	t 检验	Level-1	原始方差	χ^2 检验
随机模型				0.393		
截距	5.514	0.088	69.459**		0.239	363.37**
成员学习取向（MLGO）	0.357	0.075	6.264**		0.042	66.12
成员证明取向（MPGO）	0.096	0.088	1.681		0.115	96.38*
成员回避取向（MAGO）	-0.159	0.081	-3.563*		0.147	123.81**

注：* 表示 $p<0.1$，** 表示 $p<0.05$。

由于模型固定部分的回归系数显著与否与建立第二层模型没有关系，需要根据方差部分的显著与否来建立第二层模型。从表 7-6 中方差成分分析可以看出，MPGO 的回归系数的方差成分达到了显著水平（方差为 0.115，$p<0.05$），MAGO 的回归系数的方差成分也达到了显著水平（方差为 0.147，$p<0.01$），表明 MPGO 与 MAGO 对 KAB 的回归系数在不同团队之间有明显的差异，因此有必要针对这两个回归系数构建二层模型，以分析团队层次因素对这种差异造成的影响。需要说明的是，虽然 MLGO 对 KAB 的回归系数显著，但其在团队间的方差并不显著（$\chi^2=66.12$，n.s.），这一结果表明，MLGO 与 KAB 两者间的关系不依赖于团队环

境而变化,因此没有必要以该回归系数为因变量来构建相应的二层模型。

(四) 包括团队层次变量的完整模型

本书以 MPGO 与 MAGO 对 KAB 的回归系数为因变量,用团队反思的三个维度作为自变量,构建了包括第二层自变量的完整模型,以此检验团队反思的三个维度如何调节第一层解释变量(MPGO 与 MAGO)与结果变量 KAB 的关系。从前一步分析可知,MLGO 对 KAB 的影响在不同团队内高度相似,故此处的分析就没有用团队层次变量来预测这一相关。

完整模型方程如下:

第一层:$KAB = \beta_{0j} + \beta_{1j}(MPGO) + \beta_{2j}(MAGO) + r_{ij}$

第二层:$\beta_{0j} = \gamma_{00} + \gamma_{01}(TR) + \gamma_{02}(PR) + \gamma_{03}(AA) + \mu_{0j}$

$\beta_{1j} = \gamma_{10} + \gamma_{11}(TR) + \gamma_{12}(PR) + \gamma_{13}(AA) + \mu_{1j}$

$\beta_{2j} = \gamma_{20} + \gamma_{21}(TR) + \gamma_{22}(PR) + \gamma_{23}(AA) + \mu_{2j}$

式中,β_{1j} 与 β_{2j} 是第一层方程的回归斜率,其中 β_{1j} 代表 MPGO 对 KAB 的影响;β_{2j} 代表 MAGO 对 KAB 的影响;γ_{11}、γ_{12}、γ_{13}、γ_{21}、γ_{22} 与 γ_{23} 是第二层方程的回归斜率,其中,γ_{11}、γ_{12} 与 γ_{13} 分别代表团队反思的三个维度对 MPGO 与 KAB 之间关系的调节作用;γ_{21}、γ_{22} 与 γ_{23} 分别代表团队反思的三个维度对 MAGO 与 KAB 之间关系的调节作用。

从表 7-7 分析结果可知,MPGO 与 MAGO 对 KAB 的影响会随团队反思而变化,因为团队反思的一个维度(即过程反思 PR)会加强($\gamma_{12}=0.108$,$p<0.05$)MPGO 和 KAB 之间的正向关联($\gamma_{10}=0.085$),同时团队反思的两个维度(即过程反思 PR 与行动调整 AA)也会削弱($\gamma_{22}=0.129$,$p<0.05$;$\gamma_{23}=0.118$,$p<0.05$)MAGO 与 KAB 之间的负向联系($\gamma_{20}=-0.145$),这两种调节效应与假设 6a 相符,但由于任务反思与行为调整对 MPGO 和 KAB 之间的正向关联没有调节作用,以及任务反思对 MAGO 与 KAB 之间的负向联系没有调节作用,故假设 6a 只得到了部分验证。

为了解释 MPGO 与 MAGO 对 KAB 的影响在团队间的变异有多少比例是由团队反思的三个维度造成的,需要求条件方差相对原始方差的比例,解释的方差比例为"(原始方差-条件方差)/原始方差",其中,原始方差是指不包括第二层变量的随机结果中的方差成分,条件方差是包括第二层(团队反思)变量后,随机结果中剩余的方差成分。

表 7-7 团队反思对影响知识获取行为的回归系数的预测结果

变量	回归系数与显著性检验		
	回归系数	标准误	t 检验
截距—知识获取行为（KAB）			
第二层斜率（γ_{00}）	5.365	0.084	68.576**
任务反思 TR（γ_{01}）	0.092	0.098	1.309*
过程反思 PR（γ_{02}）	0.104	0.085	1.432*
行动调整 AA（γ_{03}）	0.102	0.087	1.854*
证明取向（MPGO）-知识获取行为（KAB）			
第二层斜率（γ_{10}）	0.085	0.089	1.854
任务反思 TR（γ_{11}）	0.043	0.126	1.136
过程反思 PR（γ_{12}）	0.108	0.069	2.267*
行动调整 AA（γ_{13}）	0.064	0.132	1.453
回避取向（MAGO）-知识获取行为（KAB）			
第二层斜率（γ_{20}）	−0.145	0.079	−3.535*
任务反思 TR（γ_{21}）	0.067	0.122	1.564
过程反思 PR（γ_{22}）	0.129	0.065	2.629*
行动调整 AA（γ_{23}）	0.118	0.079	2.548*

注：* 表示 $p<0.1$，** 表示 $p<0.05$。

表 7-8 方差成分分析表明：MPGO 与 KAB 的关系在团队间的变异，有 10.78% 由团队反思的三个维度所解释；MAGO 与 KAB 的关系在团队间的变异，有 28.36% 由团队反思的三个维度所解释。此外，表 7-8 中条件方差都在 0.01 水平上显著，说明仍有其他团队层次因素在影响 KAB 以及个体层次目标取向与 KAB 之间的关系。

表 7-8 团队变量所解释的方差成分和比例

变量	随机效应		
	原始方差	条件方差	解释的方差比例（%）
知识获取行为（KAB）			
截距	0.213	0.206	3.29
成员证明取向（MPGO）	0.102	0.091	10.78
成员回避取向（MAGO）	0.134	0.096	28.36

注：该表中原始方差与表 7-6 中原始方差有所区别，因为这里的随机模型不包含 MLGO。

四、反思与目标取向知识对创新行为的交互效应

主要变量目标取向、团队反思与成员创新行为理论上都具有零值，因此本书没有对这些变量数值进行中心化处理（王济川等，2008）。

（一）运行空模型

空模型用于检验结果变量个人创新行为（MIB）的组内同质性或组间异质性，以此说明 MIB 变异中多大程度是由组内变异引起的，多大程度是由组间变异引起的。

空模型方程如下：

第一层：$MIB_{ij} = \beta_{0j} + r_{ij}$

其中，$Var(r_{ij}) = \sigma^2$

第二层：$\beta_{0j} = \gamma_{00} + \mu_{0j}$

其中，$Var(\mu_{0j}) = \tau_{00}$

式中，MIB 是指知识员工的创新行为；下标 i 代表第一层单元，即团队成员（知识员工）个体；下标 j 代表第二层的单元，即知识员工所在的团队（知识团队）；β_{0j} 代表各个团队中 MIB 的截距，r_{ij} 是第一层的残差项；γ_{00} 代表第二层的截距，即 β_{0j} 的均值，μ_{0j} 是第二层的残差项；σ^2 代表第一层残差方差，τ_{00} 代表第二层残差方差。

从表 7-9 中空模型分析结果可以看出，代表组内方差的第一层残差方差 σ^2=0.621（$p<0.01$），代表组间方差的随机截距方差 τ_{00}=0.232（$p<0.01$），组间方差与组内方差都在 0.01 水平下显著，说明团队成员个人因素和团队因素共同造成了个人创新行为的差异，假设 1b 因此获得了验证。

表 7-9 影响创新行为的零模型分析结果

变量	回归系数与显著性检验			方差成分与显著性检验		
	回归系数	标准误	t 检验	Level-1	原始方差	χ^2 检验
空模型				0.621		
截距	5.453	0.089	67.475**		0.232	402.18**

注：** 表示 $p<0.05$。

经计算，$ICC(1) = \tau_{00}/(\tau_{00} + \sigma^2) = 0.272$，说明成员创新行为的总体变异中有 27.2% 是由于团队的差异造成的，也说明本书数据可用多层模型进行分析。

(二) 截距预测模型

将团队层次变量纳入空模型,但该模型中不包括第一层解释变量,用来探讨团队变量团队反思的三个维度任务反思 (TR)、过程反思 (PR) 与行动调整 (AA) 能否解释创新行为 (MIB) 的组间变异。

截距预测模型方程如下:

第一层:$MIB_{ij} = \beta_{0j} + r_{ij}$

其中,$Var(r_{ij}) = \sigma^2$

第二层:$\beta_{0j} = \gamma_{00} + \gamma_{01}(TR) + \gamma_{02}(PR) + \gamma_{03}(AA) + \mu_{0j}$

其中,$Var(\mu_{0j}) = \tau_{00}$

式中,γ_{01}、γ_{02} 与 γ_{03} 是第二层方程的回归斜率,其中 γ_{01} 代表 TR 对 MIB 的影响;γ_{02} 代表 PR 对 MIB 的影响;γ_{03} 代表 AA 对 MIB 的影响。

团队反思三个维度的主效应,如表 7-10 所示。$\gamma_{01}=0.112$ ($p<0.05$),$\gamma_{02}=0.083$ ($p<0.05$),$\gamma_{03}=0.125$ ($p<0.05$),表明团队反思三个维度均可以解释 MIB 的组间变异,说明在反思较高的团队,MIB 显著高于反思较低的团队,也说明团队反思对知识员工创新行为具有显著正向影响。假设 5b 因此获得验证。

表 7-10 团队反思对创新行为的预测结果

变量	回归系数与显著性检验		
	回归系数	标准误	t 检验
截距—创新行为 (MIB)			
第二层斜率 (γ_{00})	5.453	0.089	67.766**
任务反思 TR (γ_{01})	0.112	0.073	1.913*
过程反思 PR (γ_{02})	0.083	0.086	1.457*
行动调整 AA (γ_{03})	0.125	0.064	2.018*

注:* 表示 $p<0.1$,** 表示 $p<0.05$。

(三) 不包括团队层次变量的二层随机模型

随机模型将解释变量三维目标取向加入模型的个体层,并将模型中所有斜率都设为随机斜率,一方面通过回归系数检验团队成员的学习取向 (MLGO)、证明取向 (MPGO) 与回避取向 (MAGO) 在团队内部对因变量 MIB 的解释能力,另一方面检验这些回归系数是否在不同团队间有显著差异,这个差异是指方差方面的差异。

随机模型方程如下：

第一层：MIB = β_{0j} + β_{1j}（MLGO）+ β_{2j}（MPGO）+ β_{3j}（MAGO）+ r_{ij}

其中，Var(r_{ij}) = σ^2

第二层：β_{0j} = γ_{00} + μ_{0j}

β_{1j} = γ_{10} + μ_{1j}

β_{2j} = γ_{20} + μ_{2j}

β_{3j} = γ_{30} + μ_{3j}

其中，Var(μ_{0j}) = τ_{00}，Var(μ_{1j}) = τ_{10}，Var(μ_{2j}) = τ_{20}，Var(μ_{3j}) = τ_{30}

式中，β_{1j}、β_{2j} 与 β_{3j} 是第一层方程的回归斜率，其中 β_{1j} 代表 MLGO 对 MIB 的影响；β_{2j} 代表 MPGO 对 MIB 的影响；β_{3j} 代表 MAGO 对 MIB 的影响。γ_{10}、γ_{20} 与 γ_{30} 是第二层方程的回归截距，分别代表各个团队中 β_{1j}、β_{2j} 与 β_{3j} 的均值。

表 7-11 中随机模型分析结果表明，MLGO、MPGO 与 MAGO 三个个体因素加入方程之后，解释了个人因素所造成变异的 33.66% [(0.621-0.412)/0.621]，式中，0.621 是指空模型的第一层残差方差。对 MIB 这个因变量来说，MLGO 具有显著的正向预测效果（β=0.312，p<0.01）；MPGO 的预测效果不显著（β=0.085，n.s.）；MAGO 具有显著的负向预测效果（β=-0.164，p<0.01）。随机模型证实了先前本书提出的假设 2b、3b 及 4b。

表 7-11 影响创新行为的随机模型分析结果

变量	回归系数与显著性检验			方差成分与显著性检验		
	回归系数	标准误	t 检验	Level-1	原始方差	χ^2 检验
随机模型				0.412		
截距	5.347	0.086	65.477**		0.283	384.32**
成员学习取向（MLGO）	0.312	0.085	5.358**		0.036	64.63
成员证明取向（MPGO）	0.085	0.094	1.546		0.168	127.98**
成员回避取向（MAGO）	-0.164	0.087	-4.578**		0.134	114.64**

注：* 表示 p<0.1，** 表示 p<0.05。

由于模型固定部分的回归系数显著与否与建立第二层模型没有关系，需要根据方差部分的显著与否来建立第二层模型。从表 7-11 方差成分分析可以看出，MPGO 的回归系数的方差成分达到了显著水平（方差为 0.168，p<0.01），MAGO

的回归系数的方差成分也达到了显著水平（方差为 0.134，p<0.01），表明 MPGO 与 MAGO 对 MIB 的回归系数在不同团队之间有明显的差异，因此有必要针对这两个回归系数构建二层模型，以分析团队层次因素对这种差异造成的影响。需要说明的是，虽然 MLGO 对 MIB 的回归系数显著，但其在团队间的方差并不显著（$\chi^2=64.63$，n.s.），这一结果表明，MLGO 与 MIB 两者间的关系不依赖于团队环境而变化，因此没有必要以该回归系数为因变量来构建相应的二层模型。

（四）包括团队层次变量的完整模型

本书以 MPGO 与 MAGO 对 MIB 的回归系数为因变量，用团队反思的三个维度作自变量，构建了包括第二层自变量的完整模型，以此检验团队反思的三个维度如何调节第一层解释变量（MPGO 与 MAGO）与结果变量 MIB 的关系。从前一步分析可知，MLGO 对 MIB 的影响在不同团队内高度相似，故此处的分析就没有用团队层次变量来预测这一相关。

完整模型方程如下：

第一层：$MIB = \beta_{0j} + \beta_{1j}(MPGO) + \beta_{2j}(MAGO) + r_{ij}$

第二层：$\beta_{0j} = \gamma_{00} + \gamma_{01}(TR) + \gamma_{02}(PR) + \gamma_{03}(AA) + \mu_{0j}$

$\beta_{1j} = \gamma_{10} + \gamma_{11}(TR) + \gamma_{12}(PR) + \gamma_{13}(AA) + \mu_{1j}$

$\beta_{2j} = \gamma_{20} + \gamma_{21}(TR) + \gamma_{22}(PR) + \gamma_{23}(AA) + \mu_{2j}$

式中，β_{1j} 与 β_{2j} 是第一层方程的回归斜率，其中 β_{1j} 代表 MPGO 对 MIB 的影响；β_{2j} 代表 MAGO 对 MIB 的影响；γ_{11}、γ_{12}、γ_{13}、γ_{21}、γ_{22} 与 γ_{23} 是第二层方程的回归斜率，其中，γ_{11}、γ_{12} 与 γ_{13} 分别代表团队反思的三个维度对 MPGO 与 MIB 之间关系的调节作用；γ_{21}、γ_{22} 与 γ_{23} 分别代表团队反思的三个维度对 MAGO 与 MIB 之间关系的调节作用。

从表 7-12 分析结果可知，MPGO 与 MAGO 对 MIB 的影响会随团队反思而变化，因为团队反思的三个维度（即任务反思、过程反思与行动调整）会加强（$\gamma_{11}=0.104$，$p<0.05$；$\gamma_{12}=0.113$，$p<0.05$；$\gamma_{13}=0.136$，$p<0.05$）MPGO 和 MIB 之间的正向关联（$\gamma_{10}=0.081$），同时也会削弱（$\gamma_{21}=0.163$，$p<0.05$；$\gamma_{22}=0.147$，$p<0.05$；$\gamma_{23}=0.175$，$p<0.05$）MAGO 与 MIB 之间的负向联系（$\gamma_{20}=-0.158$），这两种调节效应与假设 6b 相符。

表 7-12 团队反思对影响创新行为的回归系数的预测结果

变量	回归系数与显著性检验		
	回归系数	标准误	t 检验
截距—创新行为（MIB）			
第二层斜率（γ_{00}）	5.295	0.075	67.376**
任务反思 TR（γ_{01}）	0.120	0.082	1.865*
过程反思 PR（γ_{02}）	0.086	0.089	1.547*
行动调整 AA（γ_{03}）	0.117	0.066	1.893*
证明取向（MPGO）—创新行为（MIB）			
第二层斜率（γ_{10}）	0.081	0.091	1.317
任务反思 TR（γ_{11}）	0.104	0.076	2.187*
过程反思 PR（γ_{12}）	0.113	0.065	2.343*
行动调整 AA（γ_{13}）	0.136	0.061	2.417*
回避取向（MAGO）—创新行为（MIB）			
第二层斜率（γ_{20}）	−0.158	0.069	−4.347**
任务反思 TR（γ_{21}）	0.163	0.045	2.917*
过程反思 PR（γ_{22}）	0.147	0.057	2.236*
行动调整 AA（γ_{23}）	0.175	0.042	2.965*

注：* 表示 $p < 0.1$，** 表示 $p < 0.05$。

表 7-13 方差成分分析表明：MPGO 与 MIB 的关系在团队间的变异，有 21.08% 由团队反思的三个维度所解释；MAGO 与 MIB 的关系在团队间的变异，有 31.54% 由团队反思的三个维度所解释。此外，表 7-13 中条件方差都在 0.01 水平上显著，说明仍有其他团队层次因素在影响 MIB 以及个体层次目标取向与 MIB 之间的关系。

表 7-13 团队变量所解释的方差成分和比例

变量	随机效应		
	原始方差	条件方差	解释的方差比例（%）
创新行为（MIB）			
截距	0.294	0.284	3.40
成员证明取向（MPGO）	0.166	0.131	21.08
成员回避取向（MAGO）	0.130	0.089	31.54

注：该表中原始方差与表 7-11 中原始方差有所区别，因为这里的随机模型不包含 MLGO。

五、反思与目标取向对知识分享行为的交互效应

主要变量目标取向、团队反思与知识分享行为在理论上都具有零值,因此本书没有对这些变量数值进行中心化处理(王济川等,2008)。

(一)运行空模型

空模型用于检验结果变量知识分享行为(KSB)的组内同质性或组间异质性,以此说明 KSB 变异中多大程度是由组内变异引起的,多大程度是由组间变异引起的。

空模型方程如下:

第一层:$KSB_{ij} = \beta_{0j} + r_{ij}$

其中,$Var(r_{ij}) = \sigma^2$

第二层:$\beta_{0j} = \gamma_{00} + \mu_{0j}$

其中,$Var(\mu_{0j}) = \tau_{00}$

式中,KSB 是指知识员工的知识分享行为;下标 i 代表第一层单元,即团队成员(知识员工)个体;下标 j 代表第二层的单元,即知识员工所在的团队(知识团队);β_{0j} 代表各个团队中 KSB 的截距,r_{ij} 是第一层的残差项;γ_{00} 代表第二层的截距,即 β_{0j} 的均值,μ_{0j} 是第二层的残差项;σ^2 代表第一层残差方差,τ_{00} 代表第二层残差方差。

从表 7-14 中空模型分析结果可以看出,代表组内方差的第一层残差方差 $\sigma^2=0.654$(p<0.01),代表组间方差的随机截距方差 $\tau_{00}=0.262$(p<0.01),组间方差与组内方差都在 0.01 水平下显著,说明团队成员个人因素和团队因素共同造成了个人知识分享行为的差异,假设 1c 因此获得了验证。

表 7-14 影响知识分享行为的零模型分析结果

变量	回归系数与显著性检验			方差成分与显著性检验		
	回归系数	标准误	t 检验	Level-1	原始方差	χ² 检验
空模型				0.654		
截距	5.664	0.088	65.652**		0.262	431.41**

注:** 表示 p < 0.05。

经计算,$ICC(1) = \tau_{00}/(\tau_{00} + \sigma^2) = 0.286$,说明成员知识分享行为的总体变异中有 28.6% 是由于团队的差异造成的,也说明本书数据可用多层模型进行分析。

知识团队反思：测量、前因与结果

（二）截距预测模型

本书将团队层次变量纳入空模型，但该模型中不包括第一层解释变量，用来探讨团队变量团队反思的三个维度任务反思（TR）、过程反思（PR）与行动调整（AA）能否解释知识分享行为（KSB）的组间变异。

截距预测模型方程如下：

第一层：$KSB_{ij} = \beta_{0j} + r_{ij}$

其中，$Var(r_{ij}) = \sigma^2$

第二层：$\beta_{0j} = \gamma_{00} + \gamma_{01}(TR) + \gamma_{02}(PR) + \gamma_{03}(AA) + \mu_{0j}$

其中，$Var(\mu_{0j}) = \tau_{00}$

式中，γ_{01}、γ_{02} 与 γ_{03} 是第二层方程的回归斜率，其中 γ_{01} 代表 TR 对 KSB 的影响；γ_{02} 代表 PR 对 KSB 的影响；γ_{03} 代表 AA 对 KSB 的影响。

团队反思的三个维度的主效应如表 7-15 所示。$\gamma_{01}=0.105$（$p<0.05$），$\gamma_{02}=0.114$（$p<0.05$），$\gamma_{03}=0.098$（$p<0.05$），表明团队反思三个维度均可以解释 KSB 的组间变异，说明在反思较高的团队，KSB 显著高于反思较低的团队，也说明团队反思对知识员工的知识分享行为具有显著正向影响。假设 5c 因此获得验证。

表 7-15 团队反思对知识分享行为的预测结果

变量	回归系数与显著性检验		
	回归系数	标准误	t 检验
截距—知识分享行为（KSB）			
第二层斜率（γ_{00}）	5.664	0.088	65.653**
任务反思 TR（γ_{01}）	0.105	0.079	1.426*
过程反思 PR（γ_{02}）	0.114	0.074	1.453*
行动调整 AA（γ_{03}）	0.098	0.087	1.263*

注：* 表示 $p<0.1$，** 表示 $p<0.05$。

（三）不包括团队层次变量的二层随机模型

随机模型将解释变量三维目标取向加入模型的个体层，并将模型中所有斜率都设为随机斜率，一方面通过回归系数检验团队成员的学习取向（MLGO）、证明取向（MPGO）与回避取向（MAGO）在团队内部对因变量 KSB 的解释能力，另一方面检验这些回归系数是否在不同团队间有显著差异，这个差异是指方差方面的差异。

随机模型方程如下：

第一层：KSB = $\beta_{0j} + \beta_{1j}$(MLGO) + β_{2j}(MPGO) + β_{3j}(MAGO) + r_{ij}

其中，Var(r_{ij}) = σ^2

第二层：$\beta_{0j} = \gamma_{00} + \mu_{0j}$

$\beta_{1j} = \gamma_{10} + \mu_{1j}$

$\beta_{2j} = \gamma_{20} + \mu_{2j}$

$\beta_{3j} = \gamma_{30} + \mu_{3j}$

其中，Var(μ_{0j}) = τ_{00}，Var(μ_{1j}) = τ_{10}，Var(μ_{2j}) = τ_{20}，Var(μ_{3j}) = τ_{30}

式中，β_{1j}、β_{2j}与β_{3j}是第一层方程的回归斜率，其中β_{1j}代表MLGO对KSB的影响；β_{2j}代表MPGO对KSB的影响；β_{3j}代表MAGO对KSB的影响。γ_{10}、γ_{20}与γ_{30}是第二层方程的回归截距，分别代表各个团队中β_{1j}、β_{2j}与β_{3j}的均值。

表7-16中随机模型分析结果表明，MLGO、MPGO与MAGO三个个体因素加入方程之后，解释了个人因素所造成变异的35.17%〔(0.654-0.424)/0.654〕，式中，0.654是指空模型的第一层残差方差。对KSB这个因变量来说，MLGO具有显著的正向预测效果（$\beta=0.218$，$p<0.01$）；MPGO同样具有显著的正向预测效果（$\beta=0.143$，$p<0.05$）；MAGO具有显著的负向预测效果（$\beta=-0.177$，$p<0.01$）。随机模型证实了先前本书提出的假设2c及假设4c，假设3c未获验证。

表7-16 影响知识分享行为的随机模型分析结果

变量	回归系数与显著性检验			方差成分与显著性检验		
	回归系数	标准误	t检验	Level-1	原始方差	χ^2检验
随机模型				0.424		
截距	5.622	0.087	64.432**		0.253	344.51**
成员学习取向（MLGO）	0.218	0.084	5.117**		0.106	89.42*
成员证明取向（MPGO）	0.143	0.088	3.919*		0.101	86.64*
成员回避取向（MAGO）	-0.177	0.081	-4.593*		0.119	103.46*

注：* 表示 $p<0.1$，** 表示 $p<0.05$。

由于模型固定部分的回归系数显著与否与建立第二层模型没有关系，需要根据方差部分的显著与否来建立第二层模型。从表7-16方差成分分析可以看出，

MLGO 的回归系数的方差成分达到了显著水平（方差为 0.106，p<0.05），MPGO 的回归系数的方差成分达到了显著水平（方差为 0.101，p<0.05），MAGO 的回归系数的方差成分也达到了显著水平（方差为 0.119，p<0.05），表明 MLGO、MPGO 与 MAGO 对 KSB 的回归系数在不同团队之间有明显的差异，因此有必要针对这两个回归系数构建二层模型，以分析团队层次因素对这种差异造成的影响。

（四）包括团队层次变量的完整模型

本书以 MPGO 与 MAGO 对 KSB 的回归系数为因变量，用团队反思的三个维度作自变量，构建了包括第二层自变量的完整模型，以此检验团队反思的三个维度如何调节第一层解释变量（MLGO、MPGO 与 MAGO）与结果变量 KSB 的关系。

完整模型方程如下：

第一层：$KSB = \beta_{0j} + \beta_{1j}(MLGO) + \beta_{2j}(MPGO) + \beta_{3j}(MAGO) + r_{ij}$

第二层：$\beta_{0j} = \gamma_{00} + \gamma_{01}(TR) + \gamma_{02}(PR) + \gamma_{03}(AA) + \mu_{0j}$

$\beta_{1j} = \gamma_{10} + \gamma_{11}(TR) + \gamma_{12}(PR) + \gamma_{13}(AA) + \mu_{1j}$

$\beta_{2j} = \gamma_{20} + \gamma_{21}(TR) + \gamma_{22}(PR) + \gamma_{23}(AA) + \mu_{2j}$

$\beta_{3j} = \gamma_{30} + \gamma_{31}(TR) + \gamma_{32}(PR) + \gamma_{33}(AA) + \mu_{2j}$

式中，β_{1j}、β_{2j} 与 β_{3j} 是第一层方程的回归斜率，其中 β_{1j} 代表 MLGO 对 KSB 的影响；β_{2j} 代表 MPGO 对 KSB 的影响；β_{3j} 代表 MAGO 对 KSB 的影响；γ_{11}、γ_{12}、γ_{13}、γ_{21}、γ_{22}、γ_{23}、γ_{31}、γ_{32} 与 γ_{33} 是第二层方程的回归斜率，其中，γ_{11}、γ_{12} 与 γ_{13} 分别代表团队反思的三个维度对 MLGO 与 KSB 之间关系的调节作用；γ_{21}、γ_{22} 与 γ_{23} 分别代表团队反思的三个维度对 MPGO 与 KSB 之间关系的调节作用；γ_{31}、γ_{32} 与 γ_{33} 分别代表团队反思的三个维度对 MAGO 与 KSB 之间关系的调节作用。

从表 7-17 分析结果可知，MLGO、MPGO 与 MAGO 对 KSB 的影响会随团队反思而变化，因为团队反思的一个维度（即过程反思 PR）会加强（$\gamma_{12}=0.102$，$p<0.05$）MLGO 和 KSB 之间的正向关联（$\gamma_{10}=0.206$），团队反思的一个维度（即过程反思 PR）会加强（$\gamma_{22}=0.098$，$p<0.05$）MPGO 和 KSB 之间的正向关联（$\gamma_{20}=0.137$），同时团队反思的三个维度（即任务反思 TR、过程反思 PR 与行动调整 AA）也会削弱（$\gamma_{31}=0.099$，$p<0.05$；$\gamma_{32}=0.114$，$p<0.05$；$\gamma_{33}=0.113$，$p<0.05$）MAGO 与 KSB 之间的负向联系（$\gamma_{30}=-0.134$），这三种调节效应与假设 6c 相符，但由于任务反思与行为调整对 MPGO 和 KSB 之间的正向关联没有调节作用，以

及任务反思对 MAGO 与 KSB 之间的负向联系没有调节作用，故假设 6c 得到了部分验证。

表 7-17 团队反思对影响知识分享行为的回归系数的预测结果

变量	回归系数与显著性检验		
	回归系数	标准误	t 检验
截距—知识分享行为（KSB）			
第二层斜率（γ_{00}）	5.586	0.089	65.667**
任务反思 TR（γ_{01}）	0.108	0.075	1.341*
过程反思 PR（γ_{02}）	0.103	0.074	1.389*
行动调整 AA（γ_{03}）	0.089	0.099	1.276*
学习取向（MLGO）—知识分享行为（KSB）			
第二层斜率（γ_{10}）	0.206	0.093	5.004**
任务反思 TR（γ_{11}）	0.057	0.128	1.463
过程反思 PR（γ_{12}）	0.102	0.087	2.125*
行动调整 AA（γ_{13}）	0.076	0.116	1.559
证明取向（MPGO）—知识分享行为（KSB）			
第二层斜率（γ_{20}）	0.137	0.075	3.536*
任务反思 TR（γ_{21}）	0.053	0.111	1.243
过程反思 PR（γ_{22}）	0.098	0.098	2.007*
行动调整 AA（γ_{23}）	0.067	0.136	1.417
回避取向（MAGO）—知识分享行为（KSB）			
第二层斜率（γ_{30}）	−0.134	0.086	−4.458**
任务反思 TR（γ_{31}）	0.099	0.102	2.107*
过程反思 PR（γ_{32}）	0.114	0.079	2.457*
行动调整 AA（γ_{33}）	0.113	0.082	2.473*

注：* 表示 $p<0.1$，** 表示 $p<0.05$。

表 7-18 方差成分分析表明：MLGO 与 KSB 的关系在团队间的变异，有 11.32% 由团队反思的三个维度所解释；MPGO 与 KSB 的关系在团队间的变异，有 9.90% 由团队反思的三个维度所解释；MAGO 与 KSB 的关系在团队间的变异，有 26.05% 由团队反思的三个维度所解释。此外，表 7-18 中条件方差都在 0.01 水平上显著，说明仍有其他团队层次因素在影响 KSB 以及个体层次目标取向与 KSB 之间的关系。

表 7-18 团队变量所解释的方差成分和比例

变量	随机效应		
	原始方差	条件方差	解释的方差比例（%）
知识分享行为（KSB）			
截距	0.253	0.239	5.53
成员学习取向（MLGO）	0.106	0.094	11.32
成员证明取向（MPGO）	0.101	0.091	9.90
成员回避取向（MAGO）	0.119	0.088	26.05

总而言之，本章研究中的假设检验情况如表 7-19 所示。

表 7-19 第六章研究假设检验情况

研究假设	检验结果
假设 1：知识员工行为不仅受个人因素的影响，而且受到团队因素的影响	支持
假设 1a：员工创新行为不仅受个人因素的影响，而且受到团队因素的影响	支持
假设 1b：知识获取行为不仅受个人因素的影响，而且受到团队因素的影响	支持
假设 1c：知识分享行为不仅受个人因素的影响，而且受到团队因素的影响	支持
假设 2：知识员工学习目标取向对知识员工行为产生显著正向影响	支持
假设 2a：知识员工学习目标取向对知识获取行为产生显著正向影响	支持
假设 2b：知识员工学习目标取向对员工创新行为产生显著正向影响	支持
假设 2c：知识员工学习目标取向对知识分享行为产生显著正向影响	支持
假设 3：知识员工证明目标取向对知识员工行为不会产生显著影响	部分支持
假设 3a：知识员工证明目标取向对知识获取行为不会产生显著影响	支持
假设 3b：知识员工证明目标取向对员工创新行为不会产生显著影响	支持
假设 3c：知识员工证明目标取向对知识分享行为不会产生显著影响	不支持
假设 4：知识员工回避目标取向对知识员工行为产生显著负向影响	支持
假设 4a：知识员工回避目标取向对知识获取行为产生显著负向影响	支持
假设 4b：知识员工回避目标取向对员工创新行为产生显著负向影响	支持
假设 4c：知识员工回避目标取向对知识分享行为产生显著负向影响	支持
假设 5：团队反思对知识员工行为产生显著正向影响	支持
假设 5a：团队反思对知识获取行为产生显著正向影响	支持
假设 5b：团队反思对员工创新行为产生显著正向影响	支持
假设 5c：团队反思对知识分享行为产生显著正向影响	支持

第七章　知识团队反思的个体层次效应

续表

研究假设	检验结果
假设6：团队反思可以调节目标取向与知识员工行为之间的关系	部分支持
假设6a：团队反思可以调节目标取向与知识获取行为之间的关系	部分支持
假设6b：团队反思可以调节目标取向与员工创新行为之间的关系	部分支持
假设6c：团队反思可以调节目标取向与知识分享行为之间的关系	部分支持

第五节　本章总结

一、三维目标取向与知识员工行为的关系

通过检验三维目标取向与知识员工行为间的关系，本书发现，知识员工学习取向对知识员工的知识获取行为、创新行为与知识分享行为均具有显著正向影响，而知识员工回避取向对知识获取行为、创新行为与知识分享行为均具有显著负向影响，此结果与过去相关研究结论基本一致。相关实证研究（Vande Walle，1997）也指出证明取向与努力付出的意愿没有显著相关，而本书表明，知识员工证明取向对知识获取行为与创新行为的影响不显著，这与过去研究结果相似；但本书还发现，知识员工证明取向对知识分享行为具有显著正向影响。对于证明取向的知识员工而言，绩效较好的个体会相信自己拥有较强的能力，并且相信结果是可以控制的；而绩效较差的个体则会认为自己对结果有很少的控制能力。证明取向的知识员工是否会在工作中表现出知识获取行为与创新行为，还取决于他们对于自身能力的认知以及工作任务的难易程度，所以进一步了解个体工作特性可能会有助于分析证明取向与知识获取行为及创新行为之间的关系。

二、团队反思的主效应与调节效应

通过构建多层线性模型，本书发现，团队反思对知识员工的知识获取行为、创新行为与知识分享行为均具有显著正向影响，在高反思的知识团队中，其成员的知识获取行为、创新行为与知识分享行为要显著高于低反思的知识团队。

团队反思除了具有这种主效应外，还对三维目标取向与知识员工行为间的关系具有不同程度的调节效应。

首先，团队反思对知识员工学习取向与知识员工行为间的关系具有不同程度的调节作用。研究发现，学习取向与知识获取行为的关系没有显著调节作用；对学习取向与创新行为的关系也没有显著调节作用。高学习取向的个体重视的是长远的能力发展，并且不喜欢根据社会比较来改变对自身能力的判断，其内在动机使其在不同情境下都能体现出知识获取行为与创新行为，故团队反思对学习取向与知识获取行为及创新行为间关系的影响较小。然而，团队反思中的过程反思却可以调节学习取向与知识分享行为间的关系。在对团队方法、程序进行公开反思的知识团队中，知识员工学习取向对知识分享行为的正向影响会加强。

其次，团队反思对知识员工证明取向与知识员工行为间的关系具有不同程度的调节作用。经研究发现，团队反思中的过程反思在证明取向对知识获取行为与知识分享行为的影响中起显著正向调节作用，在对团队方法、程序进行公开反思的知识团队中，知识员工证明取向对知识获取与知识分享行为的正向影响会加强。研究还发现，团队反思中的任务反思、过程反思与行为调整三个维度对知识员工证明取向与创新行为间的关系具有显著调节作用，在任务反思、过程反思与行动调整水平较高的知识团队中，知识员工证明取向对创新行为的正向影响会加强，因此，对证明取向的团队成员来说，如果造就一种团队气氛，强调团队对任务完成情况进行反思、对团队运行过程进行反思，并根据外部环境变化对团队计划和策略进行调整，这种认知将是调动员工进行知识活动积极性的主观因素，从而激发知识团队成员对知识活动的投入。

最后，团队反思对知识员工回避取向与知识员工行为间的关系具有不同程度的反向调节作用。经研究发现，团队反思中的过程反思与行动调整在证明取向对知识获取行为的影响中起显著负向调节作用，在对团队方法、程序进行公开反思并根据环境变化对方法、程序进行调整的知识团队中，知识员工回避取向对知识获取行为的负向影响会减弱。研究还发现，团队反思中的任务反思、过程反思与行为调整三个维度对知识员工回避取向员工创新行为与知识分享行为的影响中具有显著负向调节作用，在任务反思、过程反思与行动调整水平较高的知识团队中，知识员工回避取向对创新行为对知识分享行为的负向影响会减弱。由于高回避取向的个体倾向于寻找正向评价,避免负向评价,会挑选较容易完成的工作来提高短期绩效,并且认为自己对工作结果有很少的控制能力。相对而言,高回避取向的团队成员较难适应公开反思的团队氛围,其外在动机使其在高反思的知识团队中不易"一如既往",从而也会或多或少地表现出知识获取行为、创新行为与知识分享行为。

第八章　研究结论与研究展望

随着团队在组织中的广泛应用，团队研究受到越来越多的关注。如何管理知识员工行为与提高知识团队绩效是理论界与实践界都十分关注的重要问题。而构建高效团队是一项艰难工作：当今的大多数团队，特别是从事创新活动的知识团队，都身处动态变化的环境之中。而团队反思正是团队关注环境并根据环境变化做出反应的关键所在。复杂动态的环境要求团队成员能够对自己的工作方式和所处的工作环境进行公开反思，制定应变计划，并根据环境变化，对自己的工作方式做出相应的调整。

本书从微观层面上，结合理论分析、实地调查研究等方法，深入研究组织管理领域里知识团队中的反思现象，并考察知识团队反思的结构测量、影响因素（如团队领导方式、团队目标导向、团队心理安全等）与影响效果（如团队反思对团队绩效与团队成员行为的影响）。本书取得的成果将拓展团队反思的研究领域，深化人们对团队成员行为决策问题与团队绩效形成机制的认识，进一步丰富团队创新与团队效能理论，为组织具体的知识团队管理实践提供更有效的引导。

在本书总体设计部分，作者曾提出了这一研究思路所涉及的四个关键问题，即知识团队反思的测量、知识团队反思影响因素、知识团队反思的团队层次效应与知识团队反思的个体层次效应。本章旨在对全书的研究工作做一个全面总结，其中第一节概括主要研究结论，第二节提炼主要理论贡献，第三节总结本书的实践意义，第四节指出研究局限与未来研究方向。

知识团队反思：测量、前因与结果

第一节 主要研究结论

一、中国背景下知识团队反思的测量

在 West（1996，2000）等研究的基础上，本书将团队反思界定为：团队成员对团队目标、策略（比如决策）与程序（比如沟通）进行公开反思以使它们适应当前或预期环境变化的程度。团队反思本质上是一种团队过程，它是认知过程与行动过程的统一。

通过借鉴国外相关研究结论、国内企业访谈与问卷调查，本书编制了中国背景下的知识团队反思问卷，并使问卷尽可能测量到团队反思的不同要素与不同水平。初步探索性因素分析表明，团队反思量表由任务反思、过程反思与行动调整三个因素构成。通过对正式团队成员样本数据的验证性因素分析、所有样本数据的两层次验证性因素分析以及团队层次数据的描述性分析、相关分析等，证明本书开发得到的知识团队反思量表具有较好的信度和效度，为研究者开展知识团队反思的相关研究提供了有效的测量工具。

从量表结构看，知识团队反思包含三个要素：一是任务反思，用于测量轻度反思，主要是对任务完成情况进行反思；二是过程反思，用于测量中度反思，主要是对决策、沟通等团队过程进行反思，与任务反思相比，它是更深层次的反思；三是行动调整，主要用于测量团队根据环境变化对团队目标、决策和计划进行调整的程度。

二、知识团队反思的影响因素

团队反思并非"空中楼阁"，它会受到不同组织层面变量的影响。本书分别考察了团队目标取向、团队领导角色与团队心理安全对知识团队反思的影响，以及知识团队的任务依赖性与任务例行性对该影响作用的调节效应。

研究发现，当团队成员的组合是高度学习目标取向时，团队反思水平将会较高；如果团队的主管扮演着促进型领导角色，即在团队中建立一种合作的氛围，团队反思的水平也会得到有效提升；如果团队成员能够感知到较高的心理安全气氛，即团队中形成一种开放和建设性的群体讨论氛围，也会促进团队反思水平的提升；当团队成员的组合是高度回避目标取向时，知识团队反思水平则会较低。本书中的实证数据有效支持了这方面的假设。总之，团队学习取向、促进型领导与团队心理安全为知识团队反思的三个正向影响因素。当然，这些影响因素与团队反思间并非简单的一一对应关系。如果将团队反思细分为任务反思、过程反思和行动调整，那么这些影响因素与团队反思的关系将呈现更为多样化的结果，且它们之间的关系会受到任务依赖性与任务例行性的不同程度的调节作用，即在任务依赖性与任务例行性高低不同的团队环境下，团队目标取向、团队领导角色与团队心理安全气氛对知识团队反思会产生不同程度的影响。但总体而言，团队学习取向、促进型领导与团队心理安全为知识团队反思的三个重要的前因变量。

三、知识团队反思的团队层次效应

研究团队反思的团队层次效应，既要研究团队反思对团队绩效的影响以及团队任务特征对该影响的调节效应，还要研究作为团队过程的反思在触发因素与团队绩效间的中介作用。

本书研究发现，任务反思、过程反思与行动调整这三个团队反思的维度对团队效能均具有正向影响，但是本书不完全支持团队反思，对团队效率正向影响的假设。

首先，在执行团队任务过程中，团队成员若能充分讨论完成任务的各种方法，经常检查任务进展是否符合当初设定的目标，对任务完成情况进行全面评估，并经常总结工作经验，团队任务绩效与合作满意度将会得到有效提升；在知识活动过程中，团队成员若能对当初制定的目标以及实现目标的方法进行公开反思，经常讨论如何有效沟通与合作，会有效提升团队的任务绩效与合作满意度；此外，一个经常根据环境变化对团队目标、策略、方法做出调整的团队，会更好地探讨和理解与知识活动相伴的模棱两可和含混不清的问题，也更有可能处理由于环境持续变化所带来的一系列挑战，从而能有效提升团队效能。这也说明，通过行动调整，团队就可以实现在反思阶段所期望的团队目标、策略、程序等方面的变化。

其次，本书结果不完全支持团队反思对团队效率正向影响的假设。在团队反思的三个因素中，只有行动调整对团队效率的正向影响刚刚达到显著水平。如果团队能够根据环境变化及时调整工作计划和工作程序，将有助于提升团队的效率。但本书实证数据表明，任务反思与过程反思对团队效率的正向影响均未达到显著水平。本书最初认为团队成员通过自我反思可以更加有效地分配任务，对团队的优势与劣势也会有正确认识，并能够最大限度地利用团队内外各种资源，从而有效提升团队效率。但本书中的实证数据很大程度上并不支持这一假设。本书认为，可能有以下两方面原因：

第一，团队反思需要花费一定的时间与资源。团队反思活动，如询问、工作评估、自我反思与探索性学习等，需要团队成员投入一定的时间与精力。团队成员若要对团队任务与过程进行反思，还需要具备一定的素质和能力（Hoegl & Parboteeah, 2006），往往需要团队领导对团队成员进行培训，并能容忍团队成员犯错，这些都造成了一定程度上的时间与资源"浪费"。因此，与反思程度较低的团队相比，经常有反思活动的团队需要投入额外的时间与成本，而由反思带来的附加效率会被反思本身所需要的额外时间与成本"抵消"，所以造成反思对效率的直接影响并不显著。

第二，团队反思在实施团队任务的后期阶段可能会造成效率损失。一方面，团队反思需要持续关注外界的环境变化，而对本职工作的投入就会相应减少。这种外部导向的做法在产品概念设计阶段可能有效；但在实施团队任务的后期阶段，内部导向的做法就可能更加合适（Ancona & Caldwell, 1992）。因为在实施团队任务的后期阶段，特别是创意需要得到贯彻实施的阶段，团队需要将精力集中在团队内部的实施活动上，而不再是反思团队的战略与目标了（Gupta & Wilemon, 1990）。另一方面，在实施团队任务的后期阶段，团队反思会引起对产品质量的新要求，这需要团队额外的投入以实现旧目标与新要求的整合。这种额外努力，可能会提升产品的最终质量，做到精益求精，但是，它必定会要求更多时间和成本的投入，因而对效率造成负面影响。

最后，需要说明的是，本书结果并没有显示团队反思与团队效率的显著负相关，这说明正向的团队反思—团队效率关系没有完全被负向关系所"抵消"。

四、知识团队反思的个体层次效应

研究团队反思的个人层次效应，既要研究团队反思对个人行为的直接影响，

第八章 研究结论与研究展望

还要研究作为情境变量的团队反思对个人特征与个人行为关系的调节作用。

知识团队成员的知识活动行为是一种复杂的组织行为,因为知识团队成员在组织中转移知识会影响其在组织中的利益。通过构建多层线性模型,本书发现,团队反思对知识员工的知识获取行为、创新行为与知识分享行为均具有显著正向影响,在高反思的知识团队中,其成员的知识获取行为、创新行为与知识分享行为要显著高于低反思的知识团队。团队反思除了具有这种主效应外,还对三维目标取向与知识员工行为间的关系具有不同程度的调节效应。

首先,过程反思可以调节学习取向与知识分享行为间的关系,在对团队方法、程序进行公开反思的知识团队中,知识员工学习取向对知识分享行为的正向影响会相对较强。

其次,过程反思在证明取向对知识获取行为与知识分享行为的影响中起显著正向调节作用,在对团队方法、程序进行公开反思的知识团队中,知识员工证明取向对知识获取与知识分享行为的正向影响会相对较强;任务反思、过程反思与行为调整三个维度对知识员工证明取向与创新行为间的关系具有显著调节作用,在任务反思、过程反思与行动调整水平较高的知识团队中,知识员工证明取向对创新行为的正向影响会相对较强。

最后,过程反思与行动调整在回避取向对知识获取行为的影响中起显著负向调节作用,在对团队方法、程序进行公开反思并根据环境变化对方法、程序进行调整的知识团队中,知识员工回避取向对知识获取行为的负向影响会相对较弱;研究还发现,任务反思、过程反思与行为调整三个维度对知识员工回避取向员工创新行为与知识分享行为的影响中具有显著负向调节作用,在任务反思、过程反思与行动调整水平较高的知识团队中,知识员工回避取向对创新行为对知识分享行为的负向影响相对较弱。

总之,团队反思作为一种团队过程,在知识员工个体目标取向与知识员工行为之间起到一种"调控"作用,说明知识员工的个人行为不仅受到其个人特征的影响,还会受到其所处环境的影响。团队反思作为一种集体过程,可以看作一种情境因素,会干扰到个人特征与个人行为之间的关系。

综上,本书对全书的构思框架图进行了简化,给出中国背景下知识团队反思研究的整合框架,重点呈现各水平变量间的逻辑关系,如图 8-1 所示。

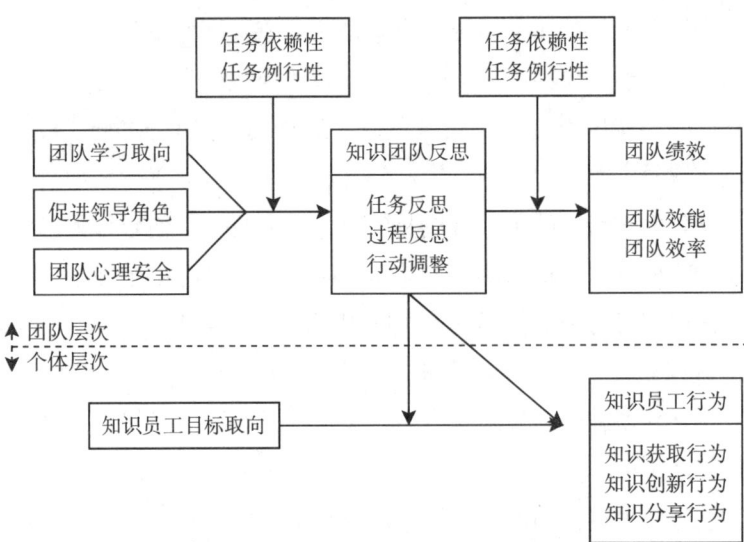

图 8-1　知识团队反思研究的整合框架

第二节　主要理论贡献

一、团队反思结构研究的新发现

本书编制了中国背景下的知识团队反思问卷，并使问卷尽可能测量到团队反思的不同要素与不同水平。目前对团队反思量表的开发仍处于探索阶段，虽然本书开发的量表总体上体现了团队反思的理论构思，但 West（1996，2000）认为完整的团队反思过程包括反思、计划与行动三个要素，本书所开发的量表只包括反思与行动两个要素，而没有包含"计划"这一要素，这与 West 的理论不相一致。本书认为，由于"计划"是由"反思"引发的不确定性所带来的，"反思"过后，团队的行动方向需要重新得到审视，行为目标需要得以形成，行动计划需要得到制定，执行能力也需要得到增强。因此，"计划"这一过程在前期的反思阶段与后期的行动阶段都可能有所体现，而本书中所测量反思与行动的项目中可能也包含了"计划"的内容。

尽管 West 从理论上将反思区分为轻度、中度、深度三个不同水平，但本书并没有将深度反思从其他反思中区分出来。本书认为，深度反思不会像轻度反思与中度反思那样经常发生，因为大部分团队都趋于认同自己的文化，而不会经常讨论自身的文化准则与价值观。深度反思可能不是一个独立的概念，或者这层反思很少发生以至于很难用量表测量。但是，深度反思可能对某种类型的团队较为重要，比如，对组织文化及其影响进行公开反思，可能更适合管理团队，而不适合技术团队。

本书量表与 Schippers 等（2007）开发的量表较为相似，但又有所区别。Schippers 等（2007）提出的"调整"概念是指团队成员在执行任务过程中保持意见一致的程度，与本书中的"行动调整"概念并不相同。而且 Schippers 等（2007）并未将测量"调整"的项目放进整个量表中进行探索性因素分析，而本书所得的三个维度是对量表中的所有项目进行探索性因素分析的结果，这更体现了本书中团队反思量表的"整体性"。因此，本书首次将团队反思中的行动调整因素纳入到测量团队反思的量表中，使本书量表具有"整体性"。

总之，通过本书所建立起来的团队反思量表具有较好的信度和效度，为以后从事团队反思的研究提供了有效的测量工具。

二、团队效能与效率研究的新视角

知识团队一般会面临持续变化的内外环境，不确定性（对特定行为的后果与影响缺乏认识）与含糊性（在需要做什么问题上模棱两可、含混不清）始终伴随着知识型团队。知识团队要提升其绩效，需要不断审视团队的环境变化并根据这些变化做出快速反应，而团队反思是团队能够审视环境并根据环境变化做出反应的一个关键点。因此本书从团队反思的视角研究知识团队绩效的形成机制。

本书研究发现，反思对知识团队效能与团队效率的影响存在较大差异。团队反思，即团队审视环境变化并根据环境变化对目标和方法进行调整的能力，是成功完成团队任务的一个关键要素。研究发现，团队反思的三个维度，即任务反思、过程反思与行动调整均对知识团队的效能具有显著正向影响。但是，本书也发现，任务反思、过程反思对团队效率不会产生显著正向影响。

通过研究还发现，任务依赖性与任务例行性对团队反思与团队绩效的关系具有不同程度的调节作用。说明在任务特征的不同水平，团队反思对团队绩效存在不同的影响效应。任务依赖性可以正向调节任务反思与任务绩效的关系、过程反

思与任务绩效的关系、过程反思与合作满意的关系、行动调整与合作满意的关系、过程反思与团队效率的关系以及行动调整与团队效率的关系；任务例行性可以负向调节过程反思与任务绩效的关系以及过程反思与团队效率的关系。

此外，研究还发现，团队反思作为一种团队过程，会在知识团队反思的前因变量与团队绩效之间起到一种"中介"作用。按照IPO模型，团队反思的前因变量作为一种投入因素，会通过团队反思这一团队过程，影响到团队效能。

这些研究发现为研究者从事知识团队绩效的研究提供了新的视角，并积累了更多的研究成果。

三、基于多层次的团队研究新思路

本书中的团队研究涉及两种模式：同层模式与跨层模式。

团队研究中的同层模型所描述关系中的构念均处于团队层次，但由于大多变量的测量一般都来自团队内部成员个体，因此需要首先确认团队构念的种类（如整体、共享、生成）。不同类型的团队构念，将有不同的测量与分析方法，因此需要采用适当的手段将个体层次数据聚合处理为团队层次数据，进而分析团队层次变量间的关系。本书中以触发因素为前因变量、反思为中介变量以及以团队绩效为结果变量的结构模型构建，就是基于这种同层模式的研究。

跨层模式所描述的关系中，自变量与因变量分属不同层次的构念。个体的行为是由个体的内在特质与其所在的社会环境共同决定的。为了更好地理解知识团队中知识员工的行为，需要从知识员工的个人特征与其所处的团队情境特征两者交互作用的视角加以分析。而个人特征与情境特征往往处在两个不同的层次，这需要运用跨层模型分析思路分析不同层次的因素对个人行为的影响。然而，在对知识员工行为的实证研究方面，当前研究大都从单一层次进行，真正落实到跨层次分析上的研究还相对较少。作为对知识员工行为跨层次研究的补充，本书以企业中的知识团队为研究对象，用跨层次方式探讨知识员工目标取向与团队反思对知识员工行为的交互影响。

总之，无论从理论还是从方法上，本书都为今后从事知识团队绩效与知识员工行为的研究进行了有价值的探索。

第八章 研究结论与研究展望

第三节 本书实践意义

在全球高度竞争与科技快速发展的环境下，当代组织越来越依赖于知识型员工与知识型团队，如何管理知识员工行为与如何提升知识团队绩效一直是管理者面临的难题。本书为此提供了重要思路。

一、知识团队反思过程的合理引导

反思是实现个人自我超越的前提。反思，就是在获取书本知识和工作技能的基础上，通过不断地反省，感悟个中道理，全面审视自身的优势与不足，客观地评价自我，明确前进的方向，进而反复修正，不断提升，超越自我。

反思也是改变团队的心智模式，实现系统思考的关键，知识团队的管理者要引导团队成员密切关注团队内外环境，经常对任务完成情况进行检验和总结，对团队目标、策略与方法等进行公开讨论与反思，并根据环境变化对团队计划和方法进行调整。因为这些反思活动都是成功完成团队任务、提升团队效能的重要保障。当然，本书所提的反思，不仅是事后的，还要做好事中和事前反思，这样，工作更快捷有效，员工也能得以更好地改变心智模式。

然而，由于团队反思自身可能会损耗效率，所以需要提醒管理者，在对知识团队进行反思干预时，要注意降低反思的干预"成本"，不要盲目追求效能，却忽略了效率。

二、知识团队成员的招聘与管理

管理者在人才选拔时，应当考虑团队成立的最终目标，挑选适当的人员进入团队。在复杂高难度的任务情境下，无论个体还是团队整体都必须具备较强的学习能力以适应外界环境变化与任务要求。因此知识团队的主管在寻求知识型员工时，要特别关注学习取向特质的个体，多吸纳这种特质的人才，以提升团队的学习取向水平，从而为提升团队反思与团队绩效提供条件。如果知识团队中现有员工大多为证明取向或回避取向时，由于这些员工过于关注自身目标的达成，团队

知识团队反思：测量、前因与结果

成员的目标很难达成一致，团队的整体利益也不会受到太多的关注。因此，在证明取向或回避取向占主体的知识团队中，团队主管应该采取有效措施，健全和完善内部规范，建立和维护知识员工之间的互利合作关系，统一个人目标和团队目标，以实现个人与团队的双赢。

三、知识团队主管领导角色的扮演

知识团队主管所担任领导角色，会影响团队成员之间的互动与工作绩效。研究表明，如果团队的主管扮演着促进型领导角色，即在团队中建立一种合作的氛围，团队反思与团队绩效的水平也将会得到有效提升。促进型领导要考察是否能够在团队中建立一种合作的氛围，从而确保团队交流是平等和安全的，并鼓励团队成员积极参与，共享信息以及公开讨论不同观点。同时，知识团队主管应支持团队成员的学习成长，为团队创造一个充满学习氛围的工作环境；并注意其自身的管理风格是否有过于注重短期绩效、抑制员工学习成长的倾向，防止建立一个过于功利主义的团队气氛。

四、知识团队心理安全气氛的建立

反思，除了个人研修、反省、感悟、修炼之外，还需要在团队中培育一种利于反思的氛围。团队的心理安全气氛是重要的无形资产。构建团队心理安全气氛是知识团队主管的重要工作。知识团队的管理者要给知识员工充足的时间思考与工作相关的新想法，鼓励知识员工相互合作，开发和应用新的方法来解决问题，最终在团队内部建立一种开放和建设性的气氛。使员工不致因为害怕"失败"而束缚了创新的手脚。当发生问题的时候，不能互相推诿埋怨，而是不计个人得失，群策群力，互相鼓励启迪，认真总结教训，这样才能长远发展。但影响知识员工行为的诸多环境因素能否影响到员工个体，关键看个体是否对外在因素的存在产生了知觉，因此团队管理者除了采取客观的措施外，更应关注员工对团队心理安全的知觉，使知识员工能够认识到整个团队确确实实是在鼓励创新与合作。

第四节　本书局限与研究展望

研究内容上，本书对知识团队反思与结果变量的关系进行了探讨。虽然高技术企业中的知识团队是研究反思的理想环境，但是，未来研究很有必要选用从事日常工作的团队作为研究对象，研究反思在不同团队中的状况及其影响。未来研究还要进一步探究反思对什么样的工作任务最为重要，以及各种不同层次的反思对哪种工作任务最为重要。

在研究设计和方法上，本书还存在一些不足之处。

第一，由于本书主要以团队为样本基础，并且需要较为完整的团队资料，为减少同源误差，又将问卷区分为主管问卷及成员问卷，数据收集难度较大，造成团队样本数量较少。

第二，数据测量方面，本书采用员工自评方式对知识员工行为进行测量，可能会产生社会愿望偏差（Social Desirability Bias），未来研究可采用不同来源的评比方式，包含主管、同事与员工自评，此方法可解决单一来源可能造成的偏差；对团队绩效的测量采用主观评价指标，相对于客观衡量指标，主观指标可能受回答者主观偏差的影响，因此建议未来研究收集绩效客观指标，并以主观与客观不同指标共同衡量团队绩效。

第三，本书采用横截面数据进行的实证研究。横向研究描述的变量间关系并不能完全代表因果关系，横向研究也很难回答下面的问题：对团队反思的感知是否会随着时间的推移而发生变化？团队反思在团队项目活动的早期阶段与后期阶段是否有着不一样的效果？纵向研究设计可以包含团队反思多个阶段的测量，并分阶段考察反思对结果变量的影响。所以未来研究有必要采用纵向研究设计加深对因果关系的认识。此外，运用多种研究设计去检验理论假设是克服方法弱点的最有效手段，因此研究者需要将多种研究方法结合起来对同一个理论观点进行检验。比如可以用实验与实证研究两种方法，去检验团队反思对团队绩效的影响。

附录　调查问卷

问卷调查说明

致敬启者：

　　您好！

　　这是一套学术调查问卷，目的在于研究影响组织中知识团队绩效的主要因素。仰望贵公司声誉，在业内非常具有代表性，故衷心期盼您能协助本书顺利完成。

　　本书采用问卷调查方式进行。发放问卷时烦请您注意以下要点：

　　一、本书调查以团队为单位，问卷分为"主管问卷"及"成员问卷"两部分。

　　1. 主管问卷请发放给该团队或部门的主管填写。

　　2. 成员问卷请发放给团队的每一位成员（主管除外）填写。

　　二、请将属于同一团队的问卷置于同一纸袋中，或装订在一起。请注意一定要将不同团队的问卷区别开来。

　　三、若同一位主管负责多个团队，则烦请主管为不同团队填写不同问卷。

　　四、烦请您能于两周内尽量完整回收这些问卷，并将完成分组的各组问卷，一并放入回邮信封中寄回。

　　感谢您的支持与协助。劳烦之处，尚祈见谅！

　　如果您在填写下面问卷过程中，有什么问题需要沟通，我们随时等待您的联系。祝您事业顺心，并预祝贵公司业务发展蒸蒸日上！

知识团队反思：测量、前因与结果

团队主管问卷

第一部分：公司与团队基本情况

企业所处行业：□电子通信　□机械制造　□食品化工　□银行保险　□软件服务　□房地产　□其他_____。

企业性质：□国有/集体　□民营/私企　□合资/外资。

企业规模：□1~49人　□50~99人　□100~499人　□500~999人　□1000人以上。

您所在团队（部门）职能：□生产/服务　□管理/参与　□技术/研发　□市场/销售　□其他_____。

团队运作年限：□1年以下　□1~4年　□4~7年　□7年以上　团队成员人数：_____人。

第二部分：团队绩效

	完全不同意	不同意	有些不同意	不确定	有些同意	同意	完全同意
A1. 我们团队工作成果的创新程度很高	1	2	3	4	5	6	7
A2. 团队产生了很多创意或新点子	1	2	3	4	5	6	7
A3. 团队工作成果的技术含量很高	1	2	3	4	5	6	7
A4. 团队适应环境变化的能力很强	1	2	3	4	5	6	7
B1. 团队的目标完成状况良好	1	2	3	4	5	6	7
B2. 团队的计划执行进度良好	1	2	3	4	5	6	7
B3. 团队取得了良好的工作成果	1	2	3	4	5	6	7
B4. 团队资源利用的成效良好	1	2	3	4	5	6	7
C1. 团队的运作速度非常快	1	2	3	4	5	6	7
C2. 团队能够最大程度地利用各种信息与资源	1	2	3	4	5	6	7
C3. 我们的团队是一个高效率的团队	1	2	3	4	5	6	7

第三部分：个人信息

性别：□男 □女。

年龄：□25 岁以下 □26~30 岁 □31~35 岁 □36~40 岁 □41~45 岁 □46 岁以上。

最高学历：□高中/中专 □大专 □本科 □硕士 □博士。

教育背景：□理 □工 □文 □法 □经管 □其他_____。

加入贵公司时间：_____年 加入贵团队（或部门）时间：_____年。

团队成员问卷

第一部分：个人与团队基本情况

性别：□男 □女。

年龄：□25 岁以下 □26~30 岁 □31~35 岁 □36~40 岁 □41~45 岁 □46 岁以上。

教育程度：□高中/中专及以下 □大专 □本科 □硕士 □博士。

教育背景：□理 □工 □文 □法 □经管 □其他。

你所从事工作：□生产 □研发 □工程技术 □营销 □财务 □人力行政 □其他_____。

加入本公司时间：□1 年以下 □1~4 年 □4~7 年 □7~10 年 □10 年以上。

加入本团队时间：□1 年以下 □1~4 年 □4~7 年 □7~10 年 □10 年以上。

您所服务的团队（或部门）名称：_____；团队人数：_____。

知识团队反思：测量、前因与结果

第二部分：团队反思

	完全不同意	不同意	有些不同意	不确定	有些同意	同意	完全同意
A1. 执行任务之前我们会花时间讨论完成任务的各种方法	1	2	3	4	5	6	7
A2. 我们会经常检查团队的工作是否符合当初设定的目标	1	2	3	4	5	6	7
A3. 团队任务完成后我们会对任务完成情况进行全面评估	1	2	3	4	5	6	7
A4. 我们会经常总结工作经验	1	2	3	4	5	6	7
A5. 我们经常重新审视当初制定的目标是否合适	1	2	3	4	5	6	7
A6. 我们经常讨论完成工作的方法是否合适	1	2	3	4	5	6	7
A7. 我们经常讨论团队成员能否有效合作	1	2	3	4	5	6	7
A8. 我们会根据环境变化调整团队目标	1	2	3	4	5	6	7
A9. 我们经常讨论团队成员如何有效沟通	1	2	3	4	5	6	7
A10. 如果团队环境发生变化，我们会制定应对计划和措施	1	2	3	4	5	6	7
A11. 如果团队工作程序不合理，将会很快得到调整	1	2	3	4	5	6	7

第三部分：个人行为与合作满意度

	完全不同意	不同意	有些不同意	不确定	有些同意	同意	完全同意
C1. 我总是寻求应用新的流程、技术与方法	1	2	3	4	5	6	7
C2. 我经常提出有创意的点子和想法	1	2	3	4	5	6	7
D1. 我经常从外部吸收知识进而产生新的想法	1	2	3	4	5	6	7
D2. 我经常从外部的研讨会或专业期刊中为公司带来新知识	1	2	3	4	5	6	7
D3. 我经常与同事互相提出工作方面的建议	1	2	3	4	5	6	7
D4. 我经常与同事交换彼此的知识和经验	1	2	3	4	5	6	7
E1. 我们团队成员之间合作愉快	1	2	3	4	5	6	7
E2. 我乐意与团队成员继续合作	1	2	3	4	5	6	7

第四部分：个人目标取向

	完全不同意	不同意	有些不同意	不确定	有些同意	同意	完全同意
N1. 我很在意能否表现得比我的同事好	1	2	3	4	5	6	7
N2. 我会努力去弄清楚需要做什么，从而证明我的能力	1	2	3	4	5	6	7
N3. 当其他同事知道我做得有多好时，我会觉得非常开心	1	2	3	4	5	6	7
N4. 我喜欢从事可以向其他人证明能力的工作	1	2	3	4	5	6	7
N5. 我希望选择有更多学习机会的挑战性任务安排	1	2	3	4	5	6	7
N6. 我常寻求发展新技能与新知识的机会	1	2	3	4	5	6	7
N7. 我喜欢从事对能力有较高要求的工作	1	2	3	4	5	6	7
N8. 发展工作能力是重要的，我愿意为此承担失败的风险	1	2	3	4	5	6	7
N9. 在工作中我尽量回避可能使我显得能力不足的新任务	1	2	3	4	5	6	7
N10. 在工作中我害怕从事可能会暴露本人不足的任务	1	2	3	4	5	6	7

第五部分：团队领导角色

	完全不同意	不同意	有些不同意	不确定	有些同意	同意	完全同意
F1. 主管会确保所有团队成员都具有发表意见的机会	1	2	3	4	5	6	7
F2. 主管会采取行动确保内部冲突不会对团队产生负面影响	1	2	3	4	5	6	7
F3. 主管会采取行动建立良好的团队内部关系	1	2	3	4	5	6	7
F4. 为完成团队任务，主管总能提出新的工作思路与方法	1	2	3	4	5	6	7
F5. 为确保最佳方案，主管会对现有问题解决方式提出质疑	1	2	3	4	5	6	7
F6. 主管会与团队成员商讨任务分配	1	2	3	4	5	6	7
F7. 主管会建立衡量工作优异的标准	1	2	3	4	5	6	7
F8. 主管会监控工作进度，并设置任务完成期限	1	2	3	4	5	6	7
F9. 主管倾向于与外界建立广泛的工作联系	1	2	3	4	5	6	7

第六部分：团队心理安全气氛

	完全不同意	不同意	有些不同意	不确定	有些同意	同意	完全同意
H1. 表示不同意见的人是不会受到排斥的	1	2	3	4	5	6	7
H2. 如果有人犯了错，我们通常能够容忍	1	2	3	4	5	6	7
H3. 没有人故意破坏其他人的努力成果	1	2	3	4	5	6	7
H4. 寻求其他成员的协助是很容易的	1	2	3	4	5	6	7
H5. 冒险能够被大家接受	1	2	3	4	5	6	7
H6. 团队成员互相尊重他人的独特技术与才能	1	2	3	4	5	6	7
H7. 团队成员能够接受其他人提出的质疑和异议	1	2	3	4	5	6	7

第七部分：团队任务特征

	完全不同意	不同意	有些不同意	不确定	有些同意	同意	完全同意
K1. 在我的团队内部，团队成员所从事的工作是相互关联的	1	2	3	4	5	6	7
K2. 团队成员要完成任务需要我提供相关的信息或资料	1	2	3	4	5	6	7
K3. 没有团队成员提供信息或资料，我就不能完成我的任务	1	2	3	4	5	6	7
J1. 我每天的工作内容几乎都是相同的	1	2	3	4	5	6	7
J2. 工作中遇到的问题都是固定的	1	2	3	4	5	6	7
J3. 工作中遇到问题时，解决方法都是固定的	1	2	3	4	5	6	7

参考文献

[1] 陈永霞等. 变革型领导、心理授权与员工的组织承诺：中国情景下的实证研究[J]. 管理世界, 2006（1）: 96-106.

[2] 丁岳枫, 谢小云, 王重鸣. 虚拟团队任务特征对团队绩效的影响模式研究[J]. 人类工效学, 2004（4）: 39-41.

[3] 郭富才, 金小云. 研发困局突围[M]. 北京: 电子工业出版社, 2011.

[4] 黄家齐, 黄荷婷. 团队成员目标导向对于自我与集体效能及创新之影响: 一个多层次研究[J]. 管理学报, 2006（3）: 327-346.

[5] 黄敏萍, 戚树诚, 黄国隆. 跨功能任务团队之结构与效能: 一项结构权变模式之观点[J]. 管理学报, 2002（6）: 979-1007.

[6] 侯杰泰, 温忠麟, 成子娟. 结构方程模型及其应用[M]. 北京: 教育科学出版社, 2004.

[7] 柯江林, 孙健敏, 石金涛等. 企业R&D团队之社会资本与团队效能关系的实证研究[J]. 管理世界, 2007（3）: 95-107.

[8] 柯江林. 基于社会资本的企业R&D团队效能形成机制研究: 以知识分享与整合为中介[D]. 上海交通大学博士学位论文, 2005.

[9] 林育理. 组织知识活动气候对员工知识活动行为影响之研究: 一个跨层次模式的验证[D]. 台湾元智大学博士学位论文, 2005.

[10] 刘宁, 贾俊生. 研发团队多元性、知识分享与创新绩效关系的实证研究[J]. 南开管理评论, 2012（6）: 85-92.

[11] 倪浩. 构建知识团队立体式信任机制[J]. 全球科技经济瞭望, 2003（11）: 28-29.

[12] 王济川, 谢海义, 姜宝法. 多层统计分析模型: 方法与应用[M]. 北京: 高等教育出版社, 2008.

[13] 温忠麟,侯杰泰,马什赫伯特.潜变量交互效应分析方法[J].心理科学进展,2003(5):593-599.

[14] 温忠麟,侯杰泰,马什赫伯特.结构方程模型检验:拟合指数与卡方准则[J].心理学报,2004(2):186-194.

[15] 温忠麟,张雷,侯杰泰,刘红云.中介效应检验程序及其应用[J].心理学报,2004(5):614-620.

[16] 于海波,方俐洛,凌文辁.组织研究中的多层面问题[J].心理科学进展,2004(3):462-471.

[17] 张雷,雷雳,郭伯良.多层线性模型应用[M].北京:教育科学出版社,2005.

[18] 张利华.华为研发:中国式研发创业标杆产业转型升级指南(第2版)[M].北京:机械工业出版社,2012.

[19] 张体勤.知识团队的绩效管理[M].北京:科学出版社,2002.

[20] 张体勤,丁荣贵.关于知识团队特性的研究[J].人类工效学,2002(3):41-44.

[21] 张文勤,石金涛.团队反思的影响效果与影响因素分析[J].外国经济与管理,2008(4):59-64.

[22] 张文勤,朱凌玲.研发团队绩效提升路径:阶段性团队过程视角[J].科学学与科学技术管理,2016(6):149-158.

[23] 周海炜.核心竞争力:知识管理战略与实践[M].南京:东南大学出版社,2002.

[24] 周辉.产品研发管理:构建世界一流的产品研发管理体系[M].北京:电子工业出版社,2012.

[25] 周志成,朱月龙.团队领导行为对团队效能影响之研究[J].应用心理学,2005(2):181-185.

[26] Amabile T. M. A Model of Creativity and Innovation in Organizations. In Staw B. M., Cummings L. L. (Eds.) Research in Organizational Behavior[M]. Greenwich, CT: JAI Press, 1988.

[27] Amabile T. M., Conti R., Coon H., et al. Assessing the Work Environment for Creativity[J]. Academy of Management Journal, 1996, 39(5): 1154-1184.

[28] Ancona D. G., & Caldwell D. F. Bridging the Boundary: External Activity and Performance in Organizational Teams [J]. Administrative Science Quarterly, 1992, 37 (4): 634-665.

[29] Argyris C. On Organizational Learning [M]. Malden, MA: Blackwell Publishers, 1992.

[30] Bachrach D. G., Powell B. C., Collins B. J., & Richey R. G. Effects of Task Interdependence on the Relationship Between Helping Behavior and Group Performance [J]. Journal of Applied Psychology, 2006, 91 (6): 1396-1405.

[31] Bandura A. Social Foundations of Thought and Action: A Social Cognitive Theory [M]. New Jersey: Englewood Cliffs, 1986.

[32] Baron R. M., & Kenny D. A. The Moderator-Mediator Variable Distinction in Social Psychological Research: Conceptual, Strategic, and Statistical Considerations [J]. Journal of Personality and Social Psychology, 1986, 51 (6): 1173-1182.

[33] Barry D. Managing the Bossless Team: Lessons in Distributed Leadership [J]. Organizational Dynamics, 1991, 20 (1): 31-47.

[34] Barry B., & Stewart G. L. Composition, Process, and Performance in Self-Managed Groups: The Role of Personality [J]. Journal of Applied Psychology, 1997, 82 (1): 62-78.

[35] Barsade S., Andrew J. W., Jean D. F., et al. To Your Heart's Content: A Model of Affective Diversity in Top Management Teams [J]. Administrative Science Quarterly, 2000, 45 (4): 802-836.

[36] Bartko J. J. On Various Intraclass Correlation Reliability Coefficients [J]. Psychological Bulletin, 1976, 83 (5): 762-765.

[37] Bell B. S., & Kozlowski W. J. Goal Orientation and Ability: Interactive Effects on Self-Efficacy, Performance, and Knowledge [J]. Journal of Applied Psychology, 2002, 87 (3): 497.

[38] Bunderson J. S., & Sutcliffe K. M. Comparing Alternative Conceptualizations of Functional Diversity in Management Teams: Process and Performance Effects [J]. Academy of Management Journal, 2002, 45 (5): 875-893.

[39] Bunderson J. S., & Sutcliffe K. M. Management Team Learning Orientation

and Business Unit Performance [J]. Journal of Applied Psychology, 2003, 88 (3): 552–560.

[40] Button S. B., Mathieu J. E., & Zajac D. M. Goal Orientation in Organizational Research: A Conceptual and Empirical Foundation [J]. Organizational Behavior & Human Decision Processes, 1996, 67 (1): 26–48.

[41] Campion M. A., & Medsker G. J., Higgs A. C. Relations Between Work Group Characteristics and Effectiveness: Implications for Designing Effective Work Groups [J]. Personnel Psychology, 1993, 46 (4): 823–850.

[42] Carter S. M., & West M. A. Reflexivity, Effectiveness, and Mental Health in BBC-TV Production Teams [J]. Small Group Research, 1998, 29 (5): 583–601.

[43] Clark K. B., & Fujimoto T. Product Development Performance [M]. Boston: Harvard Business School Press, 1991.

[44] Cohen S. G., & Bailey D. E. What Makes Teams Work: Group Effectiveness Research From the Shop Floor to the Executive Suite [J]. Journal of Management, 1997, 23 (3): 239–290.

[45] Cohen S. G., Ledford G. E. Jr, & Spreitzer G. M. A Predictive Model of Self-Managing Work Team Effectiveness [J]. Human Relations, 1996, 49 (5): 643–676.

[46] Cohen W. M., & Levinthal D. A. Absorptive Capacity: A New Perspective on Learning and Innovation [J]. Administrative Science Quarterly, 2000, 35 (1): 39–67.

[47] Damanpour F. Organizational Complexity and Innovation: Developing and Testing Multiple Contingency Models [J]. Management Science, 1996, 42 (5): 693–716.

[48] Davenport T. H. Ten Principles of Knowledge Management and Four Case Studies [J]. Knowledge and Process Management, 1997, 4 (3): 187–208.

[49] Davenport T. H., & Prusak L. Working Knowledge: How Organizations Manage What They Know [M]. Harvard Business School Press, Boston, MA, 1998.

[50] Davenport T. H., Prusak L, Stapleton S. L., et al. What's the Big Idea?: Creating and Capitalizing on the Best Management Thinking [M]. Harvard Business

School Press, 2003.

[51] De Dreu, C. K. W. Cooperative Outcome Interdependence, Task Reflexivity, and Team Effectiveness: A Motivated Information Processing Perspective [J]. Journal of Applied Psychology 2007, 92 (3): 628-638.

[52] De Dreu C. K. W. Team Innovation and Effectiveness: The Importance of Minority Dissent and Reflexivity [J]. European Journal of Work and Organizational Psychology, 2002, 11 (3): 285-298.

[53] De Dreu C. K. W., & West M. A. Minority Dissent and Team Innovation: The Importance of Participation in Decision Making [J]. Journal of Applied Psychology, 2001, 86 (6): 1191-1201.

[54] De Jong B. A., & Elfring T. How Trust Affects Performance of Ongoing Teams [J]. Academy of Management Journal, 2010, 53 (3): 535-549.

[55] De Vries R. E., Bart V. D. H., & De Ridder J. A. Explaining Knowledge Sharing [J]. Communication Research, 2006, 33 (2): 115-135.

[56] Dixon N. M. Common knowledge: How Company Thrive by Sharing What They Know [M]. Harvard Business School Press, Boston, MA, 2000.

[57] Dove R. The Knowledge Worker [J]. Automotive Manufacturing & Production, 1998, 110 (6): 26-28.

[58] Drucker P. F. The Theory of the Business [J]. Harvard Business Review, 1994, 72 (5): 95-104.

[59] Drucker P. F. Post-Capitalist Society [M]. New York: Harper Business, 1993.

[60] Du Toit M., & Du Toit S. Interactive LISREL: User's Guide [M]. Lincolnwood, IL: SSI, 2001.

[61] Dunegan K. J., Tierney T. P., & Duchon D. Perceptions of an Innovative Climate: Examining the Role of Divisional Affiliation, Work Group Interaction, and Leader/Subordinate Exchange [J]. IEEE Transactions on Engineer Management, 1992, 39 (3): 132-139.

[62] Dweck C. S. Motivational Processes Affecting Learning [J]. American Psychologist, 1986, 41 (10): 1040-1048.

[63] Dweck C. S., & Leggett E. L. A Social-Cognitive Approach to Motivation and Personality [J]. Psychological Review, 1988, 95 (2): 256-273.

[64] Dyer N. G., Hanges P. J., & Hall R. J. Applying Multilevel Confirmatory Factor Analysis Techniques to the Study of Leadership [J]. Leadership Quarterly, 2005, 16 (1): 149-167.

[65] Edmondson A. C. Learning from Mistakes is Easier Said Than Done: Group and Organizational Influences on the Detection and Correction of Human error [J]. Journal of Applied Behavioral Science, 1996, 32 (1): 5-28.

[66] Edmonson A. C. The Local and Variegated Nature of Learning in Organizations: A Group-Level Perspective [J]. Organization Science, 2002, 13 (2): 128-146.

[67] Edmondson A. C. Psychological Safety and Learning Behavior in Work Teams [J]. Administrative Science Quarterly, 1999, 44 (2): 350-383.

[68] Elliot A. J., & Harackiewicz J. M. Approach and Avoidance Achievement Goals and Intrinsic Motivation: A Mediational Analysis [J]. Journal of Personality & Social Psychology, 1996, 70 (3): 461-475.

[69] Ellis D. G., & Fisher A. B. Small Group Decision Making [M]. New York: McGraw Hill, 1994.

[70] Ennabih, A., Van R., Allard C. R., & Sasovova, Z. Antecedents of Team Learning in New Product Development Teams [R]. 23rd EGOS Colloquium, Vienna, 2007.

[71] Facchin S., & Tschan F. The Reflective Group: Group Reflexivity Enhances Team Performance [R]. 10th Congress of the Swiss Society of Psychology, Zurich, 2007.

[72] Fisher D. M. Distinguishing Between Taskwork and Teamwork Planning in Teams: Relations With Coordination and Interpersonal Processes [J]. Journal of Applied Psychology, 2014, 99 (3): 423-436.

[73] Fornell C., & Larcker D. F. Evaluating Structural Equation Models with Unobservable Variables and Measurement Error [J]. Journal of Marketing Research, 1981, 18 (1): 39-50.

[74] Ford J. K., Smith E. M., Weissbein D. A., et al. Relationships of Goal Orientation, Metacognitive Activity, and Practice Strategies With Learning Outcomes and Transfer [J]. Journal of Applied Psychology, 1998, 83 (2): 218-233.

[75] Foxall G. R., & Hackett P. M. W. The Factor Structure and Construct Validity of the Kirton Adaption-Innovation Inventory [J]. Personality & Individual Differences, 1992, 13 (9): 967-975.

[76] Fraser V., Marcella R., & Middleton L. Employee Perceptions of Knowledge Sharing: Employment Threat of Synergy for the Greater Good [J]. Competitive Intelligence Review, 2000, 11 (2): 39-52.

[77] Frese M. Innovation is Not Enough: Climates for Initiative and Psychological Safety, Process Innovations, and Firm Performance [J]. Journal of Organizational Behavior, 2003, 24 (1): 45-68.

[78] Frese M., & Zapf D. Action as the Core of Work Psychology: A German Approach. In Triandis H. C., Dunnette M D, Hough L M. (Eds.) Handbook of Industrial and Organizational Psychology [M]. Palo Alto, CA: Consulting Psychologists Press, 1994.

[79] Fry L. W., & Slocum J. W. Technology, Structure, and Workgroup Effectiveness: A Test of a Contingency Model[J]. Academy of Management Journal, 1984, 27 (2): 221-246.

[80] George J. Personality, Affect, and Behavior in Groups [J]. Journal of Applied Psychology, 1990, 75 (2): 107-116.

[81] George J. M., & Zhou J. When Openness to Experience and Conscientiousness Are Related to Creative Behavior: An Interactional Approach [J]. Journal of Applied Psychology, 2001, 86 (3): 513-524.

[82] Gladstein D. L. Groups in Context: Amodel of Task Group Effectiveness [J]. Administrative Science Quarterly, 1984, 29 (4): 499-517.

[83] Glick W. H. Conceptualizing and Measuring Organizational and Psychological Climate: Pitfalls in Multi-Level Research [J]. Academy of Management Review, 1985, 10 (3): 601-616.

[84] Gollwitzer P. M. The Volitional Benefits of Planning. In Gollwitzer P. M.,

Bargh J. A. (Eds.) The Psychology of Action: Linking Cognition and Motivation to Behavior [M]. New York: Guilford Press, 1996.

[85] Gong Y., & Fan J. Longitudinal Examination of the Role of Goal Orientation in Cross-Cultural Adjustment [J]. Journal of Applied Psychology, 2006, 91 (1): 176-184.

[86] Gong Y., Kim T. Y., Lee D. R., et al. Multilevel Model of Team Goal Orientation, Information Exchange, and Creativity [J]. Academy of Management Journal, 2013, 56 (3): 827-851.

[87] Griffin R. W., Bateman T. S., Wayne S. J., et al. Objective and Social Factors as Determinants of Task Perceptions and Responses: An Integrated Perspective and Empirical Investigation [J]. Academy of Management Journal, 1987, 30 (3): 501-523.

[88] Gurtner A., Tschan F., Semmer N. K., et al. Getting Groups to Develop Good Strategies: Effects of Reflexivity Interventions on Team Process, Team Performance, and Shared Mental Models [J]. Organizational Behavior & Human Decision Processes, 2007, 102 (2): 127-142.

[89] Gupta A. K., & Wilemon D. L. Accelerating the Development of Technology-Based New Products [J]. California Management Review, 1990, 32 (2): 24-44.

[90] Guzzo R. A., Noonan K. A., & Elron E. Expatriate Managers and the Psychological Contract [J]. Journal of Applied Psychology, 1994, 79 (4): 617-626.

[91] Hirst G., & Mann L. A Model of R&D Leadership and Team Communication: The Relationship With Project Performance [J]. R&D Management, 2004, 34 (2): 147-159.

[92] Hackman J. R. A Normative Model of Work Team Effectiveness [M]. New Haven, CT: Yale University, 1983.

[93] Hackman J. R. Group Influences in Organizations. In Dunnete M. D., & Hough L M. (Eds) Handbook of Industrial and Organizational Psychology [M]. Palo Alto, CA: Consulting Psychological Press, 1992.

[94] Hackman J. R. Groups That Work (and Those That Don't) [M]. San Francisco: Jossey-Bass, 1990.

[95] Hackman J. R., & Oldham G. R. Motivation Through Design of Work: Test of a Theory [J]. Organizational Behavior & Human Performance, 1976, 16 (2): 250-279.

[96] Haleblian J., & Finkelstein S. Top Management Team Size, CEO Dominance, and Firm Performance: The Moderating Roles of Environmental Turbulence and Discretion [J]. Academy of Management Journal, 1993, 36 (4): 844-863.

[97] Hammedi W., Van R., Allard C. R., & Sasovova Z. Reflexivity in the Screening Stage of the Innovation Process [R]. 23rd EGOS Colloquium, Vienna, July 5-7, 2007.

[98] Hansen M. T. Knowledge Networks: Explaining Effective Knowledge Sharing in Multiunit Companies [J]. Organization Science, 2002, 13 (3): 232-248.

[99] Henderson R. M., & Clark K. B. Architectural Innovation: The Reconfiguration of Existing Product Technologies and the Failure of Established Firms [J]. Administrative Science Quarterly, 1990, 35 (1): 9-30.

[100] Hendriks P. Why Share Knowledge? The Influence of ICT on the Motivation for Knowledge Sharing [J]. Knowledge and Process Management, 1999, 6 (2): 91-100.

[101] Hirokawa R. Y. The Role of Communication in Group Decision-Making Efficacy: A Task-Contingency Perspective [J]. Small Group Research, 1990, 21 (2): 190-204.

[102] Hoegl M., & Gemuenden H. G. Teamwork Quality and the Success of Innovative Projects: A Theoretical Concept and Empirical Evidence [J]. Organization Science, 2001, 12 (4): 435-449.

[103] Hoegl M., & Parboteeah K. P. Team Reflexivity in Innovative Projects [J]. R&D Management, 2006, 36 (2): 113-125.

[104] Hofmann D. A. Issues in Multilevel Research: Theory Development, Measurement, and Analysis. In: Rogelberg S. G. (Eds.) Handbook of Research Methods in Industrial and Organizational Psychology [M]. Blackwell Publishers, 2002.

[105] James L. R. Aggregation Bias in Estimates of Perceptual Agreement [J]. Journal of Applied Psychology, 1982, 67 (2): 219-229.

[106] James L. R., Demaree R. G., & Wolf G. Rwg: An Assessment of Within-Group Inter-Rater Agreement [J]. Journal of Applied Psychology, 1993, 78 (2): 306-309.

[107] James L., James L., & Ashe D. The Meaning of Organizations: The Role of Cognition and Values. In Schneider B. (Eds.) Organizational Climate and Culture [M]. San Francisco: Jossey-Bass, 1990.

[108] Janssen O., & Prins J. Goal Orientations and the Seeking of Different Types of Feedback Information [J]. Journal of Occupational & Organizational Psychology, 2011, 80 (2): 235-249.

[109] Janz B. D., Colquitt J. A., & Noe R. A. Knowledge Worker Team Effectiveness: The Role of Autonomy, Interdependence, Team Development, and Contextual Support Variables [J]. Personnel Psychology, 1997, 50 (4): 877-904.

[110] Janz B. D., Prasarnphanich P. Understanding the Antecedents of Effective Knowledge Management: The Importance of a Knowledge-Centered Culture [J]. Decision Sciences, 2003, 34 (2): 351-384.

[111] Kenny D. A., & Judd C. M. Estimating the Nonlinear and Interactive Effects of Latent Variables [J]. Psychological Bulletin, 1984, 96 (1): 201-210.

[112] Klein K. J., Dansereau F., & Hall R. J. Levels Issues in Theory Development, Data Collection, and Analysis [J]. Academy of Management Review, 1994, 19 (2): 195-229.

[113] Klein H. J., Noe R. A. & Wang, C. Motivation to Learn and Course Outcomes: The Impact of Delivery Mode, Learning Goal Orientation, and Perceived Barriers and Enablers [J]. Personnel Psychology, 2006, 59 (3): 665-702.

[114] King N. Modeling the Innovation Process: An Empirical Comparison of Approaches [J]. Journal of Occupational and Organizational Psychology, 1992, 65 (2): 89-100.

[115] King N., & Anderson N. Innovation and Change in Organizations [J]. Annals of Public & Cooperative Economics, 1995, 70 (4): 589-619.

[116] King N., & Anderson N. Innovation in Working Groups. In West M A, & Farr J. L. (Eds.) Innovation and Creativity at Work: Psychological and Organiza-

tional Strategies [M]. Wiley, 1990.

[117] Koopman P. L. Diversity and Team Outcomes: The Moderating Effects of Outcome Interdependence and Group Longevity and the Mediating Effect of Reflexivity [J]. Journal of Organizational Behavior, 2003, 24 (6): 779-802.

[118] Kozlowski S. W. J., & Bell B. S. Work Groups and Teams in Organizations: Review Update. In Schmitt N, & Highhouse S. (Eds.) Handbook of Psychology: Industrial and Organizational Psychology (2nd ed) [M]. Hoboken, NJ: Wiley, 2013.

[119] Kozlowski S. W. J., & Klein K. J. A Multilevel Approach to Theory and Research in Organizations: Contextual, Temporal, and Emergent Processes. In Klein K. J., & Kozlowski S W J. (Eds.) Multilevel Theory, Research, and Methods in Organizations [M]. San Francisco: Jossey-Bass, 2000.

[120] Lawler E. E., Mohrman S. A., Ledford G. E., et al. Creating High Performance Organizations: Practices and Results of Employee Involvement and Total Quality Management in Fortune 1000 Companies [M]. Jossey-Bass (San Francisco), 1995.

[121] Lewis K. Knowledge and Performance in Knowledge-Worker Teams: A Longitudinal Study of Transactive Memory Systems [J]. Management Science. 2004, 50 (11): 1519-1533.

[122] Lewis K. Measuring Transactive Memory Systems in the Field: Scale Development and Validation [J]. Journal of Applied Psychology, 2003, 88 (4): 587-604.

[123] Lovelace K., Shapiro D. L., & Weingart L. R. Maximizing Cross-Functional New Product Teams' Innovativeness and Constraint Adherence: A Conflict Communications Perspective [J]. Academy of Management Journal, 2001, 44 (4): 779-793.

[124] Lu L, Lin X. W., & Leung K. Goal Orientation and Innovative Performance: The Mediating Roles of Knowledge Sharing and Perceived Autonomy [J]. Journal of Applied Social Psychology, 2012, 42 (1): 180-197.

[125] Madjar N., Oldham G. R., & Pratt M. G. There's No Place Like Home? The Contributions of Work and Nonwork Creativity Support to Employees' Creative

Performance [J]. Academy of Management Journal, 2002, 45 (4): 757-767.

[126] Margaret T. Establishing Mutual Understanding in Systems Design: An Empirical Study [J]. Journal of Management Information Systems, 1994, 10 (4): 159-182.

[127] Marks M. A., Mathieu J. E., & Zaccaro S. J. A Temporally Based Framework and Taxonomy of Team Processes [J]. Academy of Management Review, 2001, 26 (3): 356-376.

[128] Mathieu J. E., Tannenbaum S. I., Donsbach J. S., & Alliger G. M. A Review and Integration of Team Composition Models: Moving Toward a Dynamic and Temporal Framework [J]. Journal of Management, 2014, 40 (1): 126-156.

[129] Mayer R. C., Davis H., & Schoorman F. D. An Integative Model of Organizational Trust [J]. Academy of Management Review, 1995, 20 (3): 709-734.

[130] McCrae R. R., & Costa P. T. An Introduction to the Five-Factor Model and its Applications [J]. Journal of Personality, 1992, 60 (2): 175-215.

[131] McDonough E. F. III. Investigation of Factors Contributing to the Success of Cross-Functional Teams [J]. Journal of Product Innovation, 2000, 17 (3): 221-235.

[132] McGrath J. E. Social psychology: A Brief Introduction [M]. New York: Holt, Rinchart & Winson, 1964.

[133] Mohrman S. A., Cohen S. G., & Mohrman A. M. J. Designing Team-Based Organization: New Forms for Knowledge Work [M]. San Francisco: Josscy-Bass Inc. 1995.

[134] Mohammed S., & Dumville B. C. Team Mental Models in a Team Knowledge Framework: Expanding Theory and Measurement across Disciplinary Boundaries [J]. Journal of Organizational Behavior, 2001, 22 (2): 89-106.

[135] Montoya-Weiss M. M., Massey A. P., & Song M. Getting it Together: Temporal Coordination and Conflict Management in Global virtual Teams [J]. Academy of Management Journal, 2001, 44 (6): 1251-1262.

[136] Muthen B. O. Multilevel Covariance Structure Analysis [J]. Sociological Methods and Research 1994, 22 (3): 376-398.

[137] Nahapiet J., & Ghoshal S. Social Capital, Intellectual Capital and The

Organizational Advantage [J]. Academy of Management Review, 1998, 23 (2): 242-266.

[138] Neuman G. A., & Wright J. Team Effectiveness: Beyond Skills and Cognitive Ability [J]. Journal of Applied Psychology, 1999, 84 (3): 376-389.

[139] Nonaka I., & Takeuchi H. The Knowledge-Creating Company [M]. New York: Holt, Rinehart, and Winston, 1995.

[140] Oldham G. R., & Cummings A. Employee Creativity: Personal and Contextual Factors at Work [J]. Academy of Management Journal, 1996, 39 (3): 607-634.

[141] Okhuysen G. A., & Eisenhardt K. M. Integrating Knowledge in Groups: How Formal Interventions Enable Flexibility [M]. INFORMS, 2002.

[142] Ostroff C. Comparing Correlations Based on Individual-Level and Aggregated Data [J]. Journal of Applied Psychology, 1993, 78 (4): 569-582.

[143] Ostroff C., & Bowen D. E. Moving HR to a Higher Level: HR Practices and Organizational Effectiveness. In Klein K. J, Kozlowski S. W. J (Eds.) Multilevel Theory, Research, and Methods in Organizations: Foundations, Extensions, and New Directions [M]. San Francisco: Jossey-Bass, 2000.

[144] Payne S. C., Youngcourt S. S., & Beaubien J. M. A Meta-Analytic Examination of the Goal Orientation Nomological Net[J]. Journal of Applied Psychology, 2007, 92 (1): 128-150.

[145] Pearce J. L., & Gregersen H. B. Task Interdependence and Extrarole Behavior: A Test of the Mediating Effects of Felt Responsibility [J]. Journal of Applied Psychology, 1991, 76 (6): 838-844.

[146] Pearsall M. J., & Venkataramani V. Overcoming Asymmetric Goals in Teams: The Interactive Roles of Team Learning Orientation and Team Identification [J]. Journal of Applied Psychology, 2015, 100 (3): 192~200.

[147] Pirola-Merlo A., Härtel C., Mann L., et al. How Leaders Influence the Impact of Affective Events on Team Climate and Performance in R&D Teams [J]. Leadership Quarterly, 2002, 13 (5): 561-581.

[148] Podsakoff P. M., MacKenzie S. B., Lee J. Y., & Podsakoff N. P. Common

Method Biases in Behavioral Research: A Critical Review of the Literature and Recommended Remedies [J]. Journal of Applied Psychology, 2003, 88 (5): 879-903.

[149] Porath C. L., & Bateman T. S. Self-Regulation: From Goal Orientation to Job Performance [J]. Journal of Applied Psychology, 2006, 91 (1): 185-192.

[150] Porter C. O. L. H. Goal orientation: Effects on Backing Up Behavior, Performance, Efficacy, and Commitment in Teams [J]. Journal of Applied Psychology, 2005 (90): 811-818.

[151] Raudenbush S. W. Hierarchical Linear Models: Applications and Data Analysis Methods [M]. Thousand Oaks, CA: Sage, 2002.

[152] Rogers E. W. Cooperative Knowledge Behavior in High Tech Organizations: Examining the Relationship Between Employee Perceptions of the Employment Game, Cooperative Knowledge Behavior and Firm Performance [D]. Ph. D. Dissertation, Cornell University, 2000.

[153] Rousseau D. M. The Construction of Climate in Organizational Research. In Cooper C. L., Robertson I. (Eds.) International Review of Industrial and Organizational Psychology [M]. Chichester: John Wiley & Sons Ltd., 1988.

[154] Salas E., Diazgranados D., Klein C., et al. Does Team Training Improve Team Performance? A Meta-Analysis [J]. Human Factors, 2008, 50 (6): 903.

[155] Sarin S., & McDermott C. The Effect of Team Leader Characteristics on Learning, Knowledge Application, and Performance of Cross-Functional New Product Development Teams [J]. Decision Sciences, 2003, 34 (4): 707-739.

[156] Scarbrough H. The Management of Knowledge Workers. In Currie W., Galliers R. (eds.) Rethinking Management Information Systems: An Interdisciplinary Perspective [M]. Oxford University Press, Oxford, 1999.

[157] Schein E. H., & Bennis W. G. Personal and Organizational Change Through Group Methods: The Laboratory Approach [M]. Wiley, 1965.

[158] Schneider B. The People Make the Place [J]. Personnel Psychology, 1987, 40 (3): 437-453.

[159] Schippers M. C., Hartog D. N. D., & Koopman P. L. Reflexivity in Teams: A Measure and Correlates [J]. Applied Psychology: An International Review,

2007, 56 (2): 189-211.

[160] Schulz M. The Uncertain Relevance of Newness: Organizational Learning and Knowledge Flows [J]. Academy of Management Journal, 2001, 44 (4): 661-681.

[161] Seers A., Petty M. M., & Cashman J. F. Team-Member Exchange Under Team and Traditional Management [J]. Group & Organization Management, 1995, 20 (1): 18-38.

[162] Senge P. M. The Fifth Discipline: The Art and Practice of the Learning Organization [M]. New York: Doubleday Currency, 1990.

[163] Sveiby K. E. The New Organisational Wealth [M]. Berret-Koehler, San Francisco, CA, 1997.

[164] Szulanski G. The Process of Knowledge Transfer: A Diachronic Analysis of Stickiness [J]. Organizational Behavior & Human Decision Processes, 2000, 82 (1): 9-27.

[165] Schwenk C. R. The Cognitive Perspective in Strategic Decision-Making [J]. Journal of Management Studies, 1988, 25 (1): 41-55.

[166] Scott S. G., & Bruce R. A. Determinants of Innovation Behavior: A Path Model of Individual Innovation in the Workplace [J]. Academy of Management Journal, 1994, 37 (3): 580-607.

[167] Shalley C. E., Gilson L. L., & Blum, T. C. Matching Creativity Requirements and the Work Environment: Effects on Satisfaction and Intentions to Leave [J]. Academy of Management Journal, 2000, 43 (2): 215-223.

[168] Sicotte H., & Langley A. Integration Mechanisms and R&D Project Performance [J]. Journal of Engineering and Technology Management, 2001, 17 (1): 1-37.

[169] Snell R., & Chak A. M. K. The Learning Organization: Learning and Empowerment For Whom? [J]. Management Learning, 1998, 29 (3): 337-364.

[170] Somech A. The Effects of Leadership Style and Team Process on Performance and Innovation in Functionally Heterogeneous Teams [J]. Journal of Management Official Journal of the Southern Management Association, 2006, 32 (1): 132-157.

[171] Steele-Johnson D., Beauregard R. S., Hoover P. B., et al. Goal Orien-

tation and Task Demand Effects on Motivation, Affect, and Performance [J]. Journal of Applied Psychology, 2000, 85 (5): 724-738.

[172] Swift T. A., & West M. A. Reflexivity and Group Processes: Research and practice [M]. Sheffield: The ESRC Centre for Organization and Innovation, 1998.

[173] Tampoe M. Motivating Knowledge Workers-The Challenge For the 1990s [J]. Long Range Planning, 1993, 26 (3): 49-55.

[174] Tjosvold D. Cooperative and Competitive Goal Approaches to Conflict: Accomplishments and Challenges [J]. Applied Psychology: An International Review, 1998, 47 (3): 285-342.

[175] Tjosvold D. Cooperative and Competitive Interdependence Collaboration Between Departments To Serve Customers [J]. Group & Organization Management, 1988, 13 (3): 274-289.

[176] Tjosvold D. Team organization: An Enduring Competitive Advantage [M]. Chichester, UK: Wiley, 1991.

[177] Tjosvold D., Chun H., & Ziyou Y. Conflict Management and Task Teflexivity for Team In-Role and Extra-Role Performance in China [J]. The International Journal of Conflict Management, 2003, 14 (2): 141-163.

[178] Tjosvold D., Tang M., & West M. A. Reflexivity for Team Innovation in China: The Contribution of Goal Interdependence [J]. Group and Organization Management, 2004, 29 (5): 540-559.

[179] Vandewalle D. Development and Validation of a Work Domain Goal Orientation Instrument [J]. Educational & Psychological Measurement, 1997, 57 (6): 995-1015.

[180] Vandewalle D., Cron W. L., & Slocum J. W. The Role of Goal Orientation Following Performance Feedback [J]. Journal of Applied Psychology, 2001, 86 (4): 629-640.

[181] West M. A. Reflexivity and Work Group Effectiveness: A Conceptual Integration. In West M A. (Ed.) Handbook of Work Group Psychology [M]. Chichester, England: Wiley, 1996.

[182] West M. A. Reflexivity, Revolution and Innovation in Work Teams. In

Beyerlein M M, Johnson D. A., Beyerlein S. T. (Eds.) Product Development Teams [M]. Stamford, CT: JAI Press, 2000.

[183] West M. A. Sparkling Fountains or Stagnant Ponds: An Integrative Model of Creativity and Innovation Implementation in Work Groups [J]. Applied Psychology: An International Review, 2002, 51 (3): 355-424.

[184] West M. A., Anderson N. R. Innovation in Top Management Teams [J]. Journal of Applied Psychology, 1996, 81 (6): 680-693.

[185] West M. A, Borrill C. S, Dawson J. F., et al. Leadership Clarity and Team Innovation in Health Care [J]. Leadership Quarterly, 2003, 14 (4): 393-410.

[186] West M. A., Garrod S., & Carletta J. Group Decision-Making and Effectiveness: Unexplored Boundaries. In Cooper C L, Jackson S E. (Eds.) Creating Tomorrow's Organizations: A Handbook for Future Research in Organizational Behavior [M]. Chicester: John Wiley & Sons, 1997.

[187] West M. A., Hirst G., Richter A., & Shipton H. Twelve Steps to Heaven: Successfully Managing Change Through Developing Innovative Teams. European Journal of Work and Organizational Psychology, 2004, 13 (2): 269-299.

[188] Widaman K. F. Common Factor Analysis Versus Principal Component Analysis: Differential Bias in Representing Model Parameters? [J]. Multivariate Behavioral Research, 1993, 28 (3): 263.

[189] Williams H. M., & Allen N. J. Teams at Work. In Barling J, & Cooper C L. (Eds.) The SAGE Handbook of Organizational Behavior [M]. London: SAGE Publications Ltd., 2008.

[190] Withey M., Daft R. L., & Cooper W. H. Measures of Perrow's Work Unit Technology: An Empirical Assessment and a New Scale [J]. Academy of Management Journal, 1983, 26 (1): 45-63.

[191] Woodman R. W., Sawyer J. E., & Griffin R. W. Toward a Theory of Organizational Creativity [J]. Academy of Management Review, 1993, 18 (2): 293-321.

[192] Yukl G. Leadership in Organizations (5th ed.) [M]. New Jersey: Prentice Hall, 2002.

[193] Zaccaro S. J., Rittman A. L., & Marks M. A. Team Leadership [J].

Leadership Quarterly, 2001, 12 (4): 451-483.

[194] Zhang W. et al. Exploring the Effects of Job Autonomy on Engagement and Creativity: The Moderating Role of Performance Pressure and Learning Goal Orientation [J]. Journal of Business and Psychology, 2017, 32 (3): 235-251.

[195] Zhou J., & George J. M. When Job Dissatisfaction Leads to Creativity: Encouraging the Expression of Voice [J]. Academy of Management Journal, 2001, 44 (4): 682-696.